高等学校交通运输专业规划教材

铁路运输安全管理
（第 2 版）

主 编　张开冉　张　南

西南交通大学出版社
·成 都·

图书在版编目（CIP）数据

铁路运输安全管理 / 张开冉，张南主编. —2 版
. —成都：西南交通大学出版社，2022.1（2023.9 重印）
ISBN 978-7-5643-8436-4

Ⅰ. ①铁… Ⅱ. ①张… ②张… Ⅲ. ①铁路运输 – 交
通运输安全 – 安全管理 Ⅳ. ①U298

中国版本图书馆 CIP 数据核字（2021）第 257870 号

Tielu Yunshu Anquan Guanli

铁路运输安全管理

（第 2 版）

主编　张开冉　张　南

责 任 编 辑	周　杨
封 面 设 计	何东琳设计工作室
	西南交通大学出版社
出 版 发 行	（四川省成都市金牛区二环路北一段 111 号
	西南交通大学创新大厦 21 楼）
发行部电话	028-87600564　028-87600533
邮 政 编 码	610031
网　　　址	http://www.xnjdcbs.com
印　　　刷	成都中永印务有限责任公司
成 品 尺 寸	185 mm×260 mm
印　　　张	13
字　　　数	323 千
版　　　次	2014 年 9 月第 1 版
	2022 年 1 月第 2 版
印　　　次	2023 年 9 月第 7 次
书　　　号	ISBN 978-7-5643-8436-4
定　　　价	39.00 元

第 2 版前言

  铁路是国家的重要基础产业、国民经济的大动脉、现代化统一运输网中的骨干和中坚。铁路运输生产的性质和基本特点，决定了安全是铁路运输的生命线，必须把安全放在首要地位，任何时候都不能动摇。铁路运输安全是伴随着生产过程而存在的，只要存在运输生产活动，就会出现安全问题。安全又是生产的前提和保证，正常有序的生产同系统的安全运行和管理是不可分割的。在铁路运输生产过程中，必须正确处理好安全与效率、效益的矛盾。

  铁路运输安全工作的关键是管理。铁路运输生产过程是由车、机、工、电、辆等多工种联合的多环节作业过程，涉及的设备数量庞大、种类繁多，设备布局的延续纵深和操作人员岗位独立分散的特点，使铁路运输各个部门的有效工作都离不开严格而有效的管理。

  首先，本书具体分析了铁路运输安全基本理论与方法，具体包括铁路运输安全基本理论、铁路运输安全分析方法、铁路运输安全评价方法。其次，详细介绍了铁路运输安全管理基本概念、铁路运输安全管理的意义和原则、我国铁路运输安全管理机制。再次，本书建立了铁路运输安全管理体系，具体包含三个子体系：铁路运输安全预防体系、铁路运输安全保障体系和铁路运输安全事故处理及救援管理体系。最后，本书详述了铁路运输安全系统管理的不足与改善散施，以建立完善的铁路运输安全管理系统。

  在本书的编写过程中，研究生佘丰昊月、汪宴宾、王若成、邱谦谦、马礼萍、史佩鸟等做了大量工作，在此表示感谢。

  由于编者学识有限，书中难免存在疏漏之处，恳请各位专家、读者批评指正。

编 者

2021 年 6 月

目　录

第一章 绪 论

铁路是国家的重要基础产业、国民经济的大动脉、现代化统一运输网中的骨干和中坚。随着国民经济的发展和国防建设的需要，铁路在运输组织和技术设备方面有了长足的进步，但社会主义市场经济的发展也对铁路运输生产中的安全工作提出了更加严格的要求。

铁路运输是我国最主要的交通运输方式，承担着大部分的物资和客流运输的任务，铁路运输在我国经济中举足轻重。同时，铁路交通的出行安全不仅和国家的经济建设密不可分，还联系着千家万户，关系着亿万旅客的生命和财产安全，直接影响着整个社会的安定团结，也决定着我国铁路交通运输业的长远发展。因此，在我国铁路行业高速发展的大环境下，加强铁路交通安全的管理显得尤为重要。如果发生事故，尤其是发生特别重大、重大事故，造成行车中断、车毁人亡的严重后果，会给国家和人民生命财产带来巨大的损失，造成严重的社会影响，还可能引发许多复杂的社会问题，如果处理不当，还会酿成社会动荡，甚至影响国家的声誉和形象。

对铁路本身来说，事故是最大的浪费，安全是最大的节约，只有尽量减少或消灭事故，铁路的经济效益才能不断提高。无数事例说明，一起重大、大事故除了可能造成人员伤亡、设备破坏外，还可能造成直接经济损失达数万元、数十万元、数百万元，甚至数千万元。

铁路运输安全是运输生产系统运行秩序正常、旅客生命财产平安无险、货物和运输设备完好无损的综合表现，也是运输生产全过程中为达到上述目的而进行的全部生产活动协调运作的结果。铁路运输生产的根本任务就是把旅客和货物安全及时地运送到目的地，而"畅通无阻、四通八达、安全正点、当好先行"是党和国家对铁路部门最基本的要求，也是铁路各部门，广大干部、职工的光荣职责。在市场经济深入发展的情况下，各种运输方式之间竞争激烈，因此，安全对铁路运输具有特别重要的意义，更加显示出安全是铁路运输的生命线。实践证明：安全不好，路无宁日。安全工作的好坏与铁路的兴衰息息相关。铁路运输生产的作用、性质和特点，决定了安全工作在铁路运输生产中至关重要的位置。

1. 安全是铁路各项工作质量的综合反映

铁路运输生产的特点是点多、线长，分布广泛，而且是由机务、车务、工务、电务、车辆、水电等多部门共同来完成的，它犹如一架巨大的联动机，昼夜不间断地运转，每个工作环节必须紧密联系，协同动作；各部门、各单位、各工种必须安全、准确、迅速、协调地进行生产活动，任何一个环节发生问题，往往影响一线或一片，甚至涉及整个运输生产。因此，没有安全就没有正常的运输秩序和生产秩序。在运输生产全过程中，各部门、各工种人员只有认真负责、遵章守纪，才能确保旅客和货物运输安全。

2. 安全是铁路运输产品最重要的质量标志

铁路运输也是物质生产部门，但它的生产形式、产品与其他物质生产部门不同。它的生产方式是通过长大列车在高速度的运动中实现的。它的产品是"位移"，其计量单位是吨公里、人公里或换算吨公里。产品质量特性包括安全、准确、迅速、经济、便利和文明服务，其中安全最为重要。任何企业的产品只有从产地安全运送到消费地后，才能实现其使用价值，产品的整个生产过程才算最后完结，运输产品"位移"的质量和社会价值也同样得到体现。"位移"这种产品有它的特殊性，既不能储存，也不能调剂，它在运输生产的同时就被消费掉了。货物运输如果在发站、到站或运输途中因安全得不到保证，发生事故导致货物毁损，不但毁坏了其他物质生产部门的产品，铁路运输本身的产品也失去了意义。因此，在运输产品质量特性中，安全是最重要的质量标志。

3. 安全是加快铁路改革与发展的重要保证

加快铁路改革和发展，必须要有一个稳定的运输安全局面。如果安全形势不稳，经常发生重大、大事故，势必打乱运输秩序，干扰总体部署，分散工作精力，降低经济效益，铁路工作就会处于被动状态，铁路改革和发展就会失去重要的前提与基础，影响改革的顺利进行。在市场经济不断深入发展的今天，铁路要发展，必须要走向市场，这就更需要提高产品质量，确保运输安全，树立良好的铁路运输企业形象。当前，面对日趋灵活多变的市场需求，铁路通过运输管理体制、经营方式的改革，实行重载、提速、调图以及多元化经营，采用新设备、新技术，这样就给运输安全提出了更高的要求。因此，铁路越是深化改革、加快发展、走向市场，越要强化安全基础，搞好安全生产。

综上所述，铁路运输生产的性质和基本特点，决定了安全是铁路运输的生命线，必须把安全放在首要地位，任何时候都不能动摇。管理者要从根源上寻找导致这些问题出现的原因，然后从管理方面入手，对这些问题进行有效的改善与治理，从而全面推动整个铁路运输行业的进步与革新，最终实现我国铁路运输行业安全性的全面提升。

第二章　铁路运输安全基本理论与方法

第一节　铁路运输安全基本理论

一、安全科学基础知识

（一）安全科学概述

1. 安全科学形成过程

安全问题存在于生产活动的各个方面。随着生产力的发展，生产活动中的安全问题也变得越加突出。为保证生产活动中的安全，形成了安全工程学科。安全工程学科具有明显的对象性，与具体的生产活动内容密切相关，随生产力的发展而发展。

到 20 世纪初许多西方国家已经建立了与安全科学有关的组织和科研机构。据 1977 年统计，德国建立 36 个，英国 44 个，美国 31 个，法国 46 个，荷兰 13 个。

从内容上看，安全科学包括安全工程、卫生工程、人机工程、灾害预防处理、预防事故的经济学、职业病理论分析和科学防范等内容。

世界各国安全科学发展并不均衡，美国是发展较快的国家，20 世纪 70 年代末，美国的一部分大学就设立了卫生工程、安全工程、安全管理、毒物学和安全教育方面的硕士和博士学位。最早通过的有关安全的法律保障有 1833 年《蒸汽船舶检验法》（美国）、1848 年《公共卫生法》（英国）等。最早成立有关安全的研究机构有 1879 年法国成立的安全保卫中心、1882 年比利时成立的劳动卫生中心等。

2. 安全科学理论发展

安全科学的发展从理论上讲大体分为三个阶段：

（1）经验型阶段（事后反馈决策型）。

长期以来，人们认为安全仅仅以技术形式依附于生产，从属于生产，仅仅在事故发生后进行调查研究、统计分析和整改措施，以经验作为科学，安全处于被动局面，人们对安全的理解与追求是自发的、模糊的。

（2）事后预测型阶段（预期控制型）。

人们对安全有了新的认识，运用事件链分析、系统过程化、动态分析与控制等方法，达到防止事故的目的。

安全技术建立在事故统计基础上，这基本属于一种纯反应式的。安全科学缺乏理性，人们仅仅在各种产业的局部领域发展和应用不同的安全技术，以致对安全规律的认识停留在相互隔离、重复、分散和彼此缺乏内在联系的状态。

（3）综合系统论阶段（综合对策型）。

认为事故是人、技术与环境的综合功能残缺所致，安全问题的研究应放在开放系统中，建立安全的科学性、系统性、动态性。从事故的本质中去防治事放，揭示各种安全机理并将其系统化、理论化，变成指导解决各种具体安全问题的科学依据。在这一阶段中安全科学不仅涉及人体科学和思维科学，而且涉及行为科学、自然科学、社会科学等所有大的科学门类。

在 20 世纪 80 年代初期，我国安全研究和管理人员深感必须采用系统工程的方法，才能真正改变企业安全工作的被动局面。也就是说，必须首先发现问题，采用系统工程方法找出系统中存在的所有危险性，加以辨识、分析和评价，从而找出解决问题的措施，防患于未然。我国的安全研究和应用也大致经历了四个发展阶段：

（1）安全技术工作和系统安全分工合作时期。

初期安全工作者和产品系统安全工作者的分工是明确的，前者负责工人的安全，后者负责产品安全，两者分工协作、密切配合，共同完成生产任务。

（2）安全技术工作引进系统安全分析方法阶段。

由于系统安全分析是针对系统各个环节本身的特点和环境条件进行定性和定量的安全性分析，做出科学的评价，并据此采取针对性的安全措施，所以这种方法对安全工作十分有用。

（3）安全管理引用安全系统工程方法阶段。

由于安全系统工程不仅可以评价各个环节的可靠性和安全性问题，而且对系统开发的各个阶段也可以进行评价。因此，企业的安全管理等阶段（检查、操作、维修、培训）都可以使用这种方法提高系统性和准确性。

（4）以安全系统工程方法改革传统安全工作阶段。

在安全工作中广泛使用安全系统工程方法，使传统安全工作进行改革的趋势需要不断地在实践中总结经验。目前，贯穿系统科学思想的安全管理方法不断涌现，并延伸出很多新学科。

（二）安全科学基本概念

1. 安　全

安全与否是一种认识，因人而异，可归纳为两种安全观：绝对安全观和相对安全观。

绝对安全观——安全指没有危险，不受威胁，不出事故，即消除能导致人员伤害，发生疾病、死亡或造成设备财产破坏、损失，以及危害环境的条件，包括以下几项：

（1）不存在危险和风险。

（2）免于能引起人员伤亡或财产损失的条件。

（3）安全意味着系统不具有引起事故的能力。

（4）安全即是无事故，没有遭受或引起创伤、损失或损伤。

绝对安全观认为发生死亡、工伤等的概率为零，这在现实生产系统中是不存在的，它是安全的一种极端理想的状态。由于绝对安全观过分强调安全的绝对性，使其应用范围受到了很大的限制，特别是在分析社会—技术系统的安全问题时更是如此。

相对安全观——安全是相对的，绝对安全是不存在的。

安全就是被判断为不超过允许极限的危险性，即判明的危险性不超过允许限度，也就是指没有受到损害的危险或损害概率低的通用术语。

由相对安全的定义可获得三个结论：

（1）安全是在具有一定危险性条件下的状态，安全并非绝对无事故。

（2）事故与安全是对立的，但事故并不是不安全的全部内容，而只是在安全与不安全这一对矛盾斗争过程中某些瞬间突变结果的外在表现。

（3）安全不是瞬间的结果，而是对系统在某一时期，某一阶段过程状态的描述。

需要说明的有以下五个方面：

（1）这里所讨论的安全是指生产领域中的安全问题，既不涉及军事或社会意义的安全与保安，也不涉及与疾病有关的安全。

（2）安全不是瞬间的结果，而是对某种过程状态的描述。

（3）安全是相对的，绝对安全是不存在的。

（4）构成安全问题的矛盾双方是安全与危险，而非安全与事故。因此，衡量一个生产系统是否安全，不应仅仅依靠事故指标；

（5）不同的时代及生产领域，可接受的损失水平是不同的，因而衡量系统是否安全的标准也是不同的。

综上，安全是指在生产活动过程中，能将人或物的损失控制在可接受水平的状态，即安全意味着人或物遭受损失的可能性是可以接受的，若这种可能性超过了可接受的水平，即为不安全。

2. 危　险

作为安全的对立面，危险定义为：在生产活动过程中，人或物遭受损失的可能性超出了可接受范围的一种状态。危险与安全一样，是与生产过程共存的过程，是一种连续型的过程状态。危险包含了尚未为人所认识的，以及虽为人们所认识但尚未为人所控制的各种隐患。危险还包含了安全与不安全一对矛盾斗争过程中某些瞬间突变发生外在表现出来的事故结果。

3. 风　险

风险是描述系统危险程度的客观量，也称危险性。

一是把风险看成是一个系统内有害事件或非正常事件出现可能性的量度；

二是把风险定义为发生一次事故的后果大小与该事故出现概率的乘积。

一般意义上的风险具有概率和后果的二重性 $R=f(p,c)$。简单起见，大多数文献中将风险表达为概率与后果的乘积：$R=p\times c$。

4. 事　故

在牛津词典的事故定义"意外的、特别有害的事件"；海因里希（Heinrich）认为，事故是"非计划的、失去控制的事件"；伯克霍夫（Bbrckhoff）定义事故是人（个人或集体）在为实现某种意图而进行的活动过程中，突然发生的、违反人的意志的、迫使活动暂时或永久停止的事件；甘拉塔勒等人从更为一般的意义上提出，"事故是与系统设计条件具有不可容忍的偏差的事件"；吉雷进一步补充说明了"事故是指任何计划之外的事件，可能引起或不会引起损失或伤害"；还有的学者从能量观点出发解释事故，认为事故是能量逸散的结果，事故是管理不善的反映。

1）事故的定义

事故是指在生产活动过程中，由于人们受到科学知识和技术力量的限制，或者由于认识上的局限，当前还不能防止，或能防止而未有效控制所发生的违背人们意愿的事件序列。它的发生，可能迫使系统暂时或较长期地中断运行，也可能造成人员伤亡、财产损失或者环境破坏，或者其中二者或三者同时出现。

2）事故的主要特点

（1）事故是违背人们意愿的一种现象。

（2）事故的随机性：从表象上看，事故的发生是不确定事件，但其发生形式受必然性的支配，也不可避免地受到偶然性的影响。

（3）事故的因果性：目前尚未认识到的原因；已经认识，但目前尚不可控制的原因；已经认识，目前可以控制而未能有效控制的原因。

（4）事故的潜伏性：危险触发→以一定的逻辑顺序出现的一系列事件→产生不良后果。

3）事故发生的后果

事故一旦发生，可以造成以下几种后果：

人受到伤害，物受到损失；人受到伤害，物未受损失；人未受伤害，物受到损失；人、物均未受到伤害或损失。

但是，事故≠事故后果，事故和事故后果（Consequence）是互为因果的两件事情：由于事故的发生产生了某种事故后果。关于事故后果有如下理论：

（1）海因里希（W.H.Heinrich）法则如图2.1所示。

严重伤害：轻微伤害：无伤害 = 1：29：300

（2）博德（F.E.Bird）比例。

严重伤害：轻微伤害：财产损失：无伤害财产损失 = 1：10：30：600。

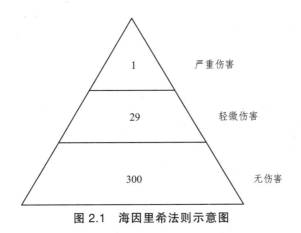

图 2.1　海因里希法则示意图

4）事故的划分

根据《生产安全事故报告和调查处理条例》，事故划分为特别重大事故、重大事故、较大事故和一般事故 4 个等级。

（1）特别重大事故，是指造成 30 人以上死亡，或者 100 人以上重伤，或者 1 亿元以上直接经济损失的事故。

（2）重大事故，是指造成 10 人以上 30 人以下死亡，或者 50 人以上 100 人以下重伤，或者 5000 万元以上 1 亿元以下直接经济损失的事故。

（3）较大事故，是指造成 3 人以上 10 人以下死亡，或者 10 人以上 50 人以下重伤，或者 1 000 万元以上 5 000 万元以下直接经济损失的事故。

（4）一般事故，是指造成 3 人以下死亡，或者 10 人以下重伤，或者 1 000 万元以下直接经济损失的事故。

5. 隐　患

隐患是指在生产活动过程中，由于人们受到科学知识和技术力量的限制，或者由于认识上的局限，而未能有效控制的有可能引起事故的一种行为（一些行为）或一种状态（一些状态）或二者的结合。

隐患是事故发生的必要条件，隐患一旦被识别，就要予以消除。对于受客观条件所限，不能立即消除的隐患，要采取措施降低其危险性或延缓危险性增长的速度，减少其被触发的"几率"。

6. 危险源

危险源是可能导致人员伤害或财物损失事故的、潜在的不安全因素。

根据危险源在事故发生、发展中的作用，把危险源划分为两大类：

第一类危险源是指系统中存在的、可能发生意外释放的能量或危险物质，实际工作中往往把产生能量的能量源或拥有能量的能量载体作为第一类危险源处理。

第二类危险源是指导致约束、限制能量措施失效或破坏的各种不安全因素，包括人、物、环境。

（三）概念间的相互关系

1. 安全与危险

安全与危险是一对此消彼长、动态发展变化的矛盾双方。

一方面双方互相反对、互相排斥、互相否定；另一方面两者互相依存，共同处于一个统一体中，存在着向对方转化的趋势。安全与危险这对矛盾的运动、变化和发展推动着安全科学的发展和人类安全意识的提高。

2. 安全与事故

事故与安全是对立的，但事故并不是不安全的全部内容，而只是在安全与不安全一对矛盾斗争过程中某些瞬间突变结果的外在表现。

系统处于安全状态并不一定不发生事故，系统处于不安全状态，也未必完全是由事故引起的。

3. 危险与事故

危险不仅包含了作为潜在事故条件的各种隐患，同时还包含了安全与不安全的矛盾激化后表现出来的事故结果。

事故发生，系统不一定处于危险状态；事故不发生，也不能否认系统不处于危险状态。事故不能作为判别系统危险与安全状态的唯一标准。

4. 事故与隐患

事故总是发生在操作的现场，总是伴随隐患的发展而发生在生产过程之中。事故是隐患发展的结果，而隐患则是事故发生的必要条件。

5. 危险源与事故

一起事故的发生是两类危险源共同起作用的结果。

第一类危险源的存在是事故发生的前提，没有第一类危险源就谈不上能量或危险物质的意外释放，也就无所谓事故。

如果没有第二类危险源破坏对第一类危险源的控制，也不会发生能量或危险物质的意外释放。第二类危险源的出现是第一类危险源导致事故的必要条件。

在事故的发生、发展过程中，两类危险源相互依存、相辅相成。

第一类危险源在事故发生时释放出的能量是导致人员伤害或财物损坏的能量主体，决定事故后果的严重程度。

第二类危险源出现的难易决定事故发生的可能性的大小。

两类危险源共同决定危险源的危险性。

（四）安全的基本特性

1. 安全的系统性

安全问题涉及技术系统的各个方面，包括人员、设备、环境等因素，而这些因素又涉及经济、政治、科技、教育和管理等许多方面。

对于交通运输这样的开放系统，安全既受系统内部因素的制约，也受到系统外部环境的干扰。事故，不仅可能造成系统内部的损害，而且可能造成系统外部环境的损害。研究和解决安全问题应从系统观点出发，运用系统工程的方法，进行综合治理。

2. 安全的相对性

凡是人类从事的生产活动，都有安全问题，所不同的只是发生事故的可能性有大有小，危害程度有轻有重而已。

安全的相对性表现在三个方面：

（1）绝对安全的状态是不存在的，系统的安全是相对于危险而言的。

（2）安全标准是相对于人的认识和社会经济的承受能力而言，抛开社会环境讨论安全是不现实的。

（3）人的认识是无限发展的，对安全机理和运行机制的认识也在不断深化，即人对安全的认识具有相对性。

由安全的相对性可知：

（1）各种生产和生活活动过程中事故或危害事件是可以避免的，但难以完全避免。

（2）各种事故或危害事件的不良作用、后果及影响可能避免，但难以完全避免。

（3）事故是可以预防的，可以利用安全系统工程的原理和技术，预先发现、鉴别、判明各种隐患，并采取安全对策，从而防患于未然。

3. 安全的依附性

安全是依附于生产而存在的，它不可能脱离具体的生产过程而独立存在，只要存在生产活动，就会出现安全问题。

安全是生产的前提和保障，安全工作搞得不好，生产便无法顺利进行。因此，需要经常持久地抓好安全工作。

4. 安全的间接效益性

要保证生产安全必须在人员、设备、环境和管理方面有相应适时的安全投入，但安全投入所产生的经济和社会效益却是间接的、无形的，难以定量计算。安全投入往往被忽视，只有发生事故造成了损失之后才会意识到安全投入的必要性和重要性。

安全的效益除了减少事故的直接和间接经济损失外，更重要的是在提高人员素质、改进设备性能、改善环境质量和加强生产管理等方面所创造的积极的经济和社会效益。

5. 安全的长期性和艰巨性

人对安全的认识在时间上往往是滞后的，很难预先完全认识到系统存在和面临的各种危险。而且，即使认识到了，有时也会由于受到当时技术条件的限制而无法予以控制。

随着技术进步和社会发展，旧的安全问题解决了，新的安全问题又会产生。高技术总是伴随着高风险，随着现代科学技术的发展，各种技术系统的复杂化程度增加了，危险性也随之增加。

事故是一种小概率的随机偶发事件，仅仅利用已有的事故资料不足以及时、深入地对系统的危险性进行分析。

以现代交通运输系统为例，无论从规模、速度、设备和管理上都发生了极大的飞跃，一旦发生事故，其影响之大、伤亡之多、损失之重、补救之难，都是传统运输方式不可比拟的。认识事故机理，不断揭示系统安全的各种隐患，确实是艰巨的任务。安全工作是一个长期的过程，必须坚持不懈、始终如一地努力才行。

二、可靠性理论

可靠性理论作为一门独立的工程基础学科于 20 世纪 30 年代初率先在美国形成。最初，它运用统计方法于工业产品的质量控制中。第二次世界大战期间，许多复杂系统，如航空电子设备、通信系统以及武器系统，都暴露出低下的可靠性水平，特别是 20 世纪五六十年代美国着手实施各类太空研究计划，成为推动可靠性工程兴起和发展的主要动力。1965 年，国际电工委员会（EIC）可靠性专业委员会的成立，标志着可靠性技术成为了一门较为新兴的学科——可靠性工程。

（一）可靠性工程的基本内容

可靠性工程涉及面广，需要从科研、设计、试验、制造、运输、储存，直到使用和维护等方面，进行研究和实施的工作。详见表 2.1。

表 2.1　可靠性工程的基本内容

1. 可靠性基本理论	可靠性数学与故障物理学； 集合论与逻辑代数； 概率论与数理统计； 图论与随机过程； 系统工程与人素工程学； 环境工程学与环境应力分析； 试验及分析基础理论	4. 可靠性制造	质量控制手段和方法
2. 可靠性设计	贮备设计和裕度设计； 降额设计和构件概率设计； 热设计、抗机械力设计； 防潮、腐蚀、盐雾、尘设计； 电磁兼容设计和抗辐射设计； 维修性设计和使用性设计； 质量、体积、重量和经济指标综合设计	5. 可靠性保障	使用和维护规程制订； 操作和维修人员培训； 安全性设计； 人-机匹配设计和环境设计
3. 可靠性试验	环境试验； 寿命试验； 筛选试验	6. 可靠性信息	现场数据收集、分析、整理和反馈； 试验数据处理和反馈； 元器件失效率汇集和交换； 各种可靠性信息搜集和交换； 用户调查和反馈

7. 可靠性原件	制定原件可靠性； 元件失效分析与可靠性评价； 元器件及原材料的合理选择； 元器件的老化筛选； 元器件现场使用情况调查和反馈	10. 可靠性管理	建立可靠性管理机构和研究机构； 制订可靠性管理纲要； 制订产品可靠性管理规范； 建立质量反馈制度； 开展产品可靠性评审
8. 可靠性系统	可靠性预计与分配； 失效模式效应与危害度分析； 事件树分析法（ETA）； 故障树分析法（FTA）； 可靠性综合评估		
9. 可靠性教育	举办各种可靠性学习班与讲座； 内外培训和内外考察； 专业技术会议； 出版可靠性刊物、可靠性教材	11. 可靠性标准	基础标准； 试验方法标准； 认证标准； 管理标准； 设计标准； 产品标准

由于可靠性理论的应用，提高了工程结构和工程系统抵御自然灾害和人为灾害的能力，可靠性理论被引入到一般工业领域。20 世纪 90 年代以来，系统可靠性工程理论也被应用于铁路运输安全领域。随着科学技术的迅速发展，可靠性技术日益受到人们的关注，目前可靠性技术已经成为科研和生产中不可或缺的内容了。

（二）可靠性的基本概念

概率论和数理统计是研究可靠性问题的主要工具。概率论能确定可靠性数量特性之间的相互关系。因此，可靠性理论的许多概念是与概率论中的概念密切相关的。而可靠性的测定则主要采用数理统计方法。

一般所说的"可靠性"指的是"可信赖的"或"可信任的"。说一个人是可靠的，就是说这个人言出必行，说到做到。

同样，一台仪器设备，当人们要求它工作时，它就能工作，则说它是可靠的；而当人们要求它工作时，它有时工作，有时不工作（或不一定能按计划进行工作），则称它是不可靠的。因此，在非技术范围内，可靠性指的是确实能完成某项工作，不可靠性是指不一定能完成某项工作。但就其实质来说，可用一句话来定义可靠性：即一台仪器设备，在给定时间内，在预期应用中能正常工作的能力。

根据国家标准规定，产品可靠性的定义是指产品在规定的时期内，在规定条件下，在规定的时间内完成规定功能的能力。

这里的产品，是指作为单独研究和分别试验的对象的任何元器件、设备和系统。从定义不难看出，产品的可靠性的高低，必须是在规定的时间内，在规定的条件下，按完成规定功能的大小来衡量。如果离开了这三个"规定"，就失去了衡量可靠性高低的前提。

规定的条件是指产品所处的使用环境与维护条件，包括机械条件、气候条件、生物条件、物理条件和使用维护条件等。这是对可靠性附加的第一种约束条件。由于这些条件对产品失效都有影响，条件变化了，产品可靠性也随着变化。因此，只能在指定的条件下谈产品可靠性。

规定的时期是指产品储存期，规定的时间是指产品执行任务的时间，这是对可靠性附加的第二种约束条件，也是最重要的约束条件。由于产品交付使用后，会受到各种环境应力的影响，可靠性随着时间的延长而逐步下降。不同的时期和不同的时间，对产品失效的影响也不相同。产品在规定的储存期内，一般都应是可靠的，但超出储存期使用，问题就较多。如导弹（产品）在规定的发射准备时间内完成检测，并使系统处于良好的可发射状态，称导弹（产品）有效。否则，在规定的时间内不能完成发射准备，称导弹（产品）无效。因此，只能在规定的时期和规定的时间之内谈可靠性。

规定的功能是指产品设计文件上对产品规定的技术性能，这是对可靠性附加的第三种约束条件。各个产品在系统中承担着不同的任务，有着不同的功能。产品完成了规定的功能要求，就算是可靠的，否则，就说是不可靠的。完成功能的能力，通常表示可靠性的定性要求。完成功能的概率，通常表示可靠性的定量要求，是可靠性大小的度量。

以上对可靠性的定义只是定性的，为了使可靠性的定义有一个确定的定量量度，下面给出便于应用数理统计方法，并能广泛使用的可靠性的定量定义。

可靠性就是一个系统在时间 t 内不失效的概率 $P(t)$。无故障工作概率的含义是指：

在规定的条件及规定的时间内不发生故障的概率。设 t 为需要确定的无故障工作概率的时间，T 为系统从开始工作到首次发生故障的概率，那么有下式

$$P(t) = P(T > t) \tag{2.1}$$

即无故障工作的概率是指系统从开始工作到首次发生故障的时间 T 大于待确定无故障工作概率的时间 t 这一事件发生的概率。

由无故障工作概率的定义，显然可得 $P(t)$ 具有下面三条性质：

（1）$P(t)$ 为时间的递减函数。

（2）$0 < P(t) < 1$。

（3）$P(0) = 1, P(\infty) = 0$。

定量研究可靠性，首先，要认识到可靠性所具有的时间特性。产品的可靠性是一个与时间有密切关系的属性，使用时间越长，就越不可靠。所以，在评价一种产品的可靠性时，必须指明是多长时间内的可靠性，离开了时间谈可靠性是毫无意义的。其次，要认识到可靠性所具有的统计特性，建立概率统计的观点。最后，要认识到可靠性具有综合性的特点。

产品的可靠性不是从某一个侧面来衡量产品的优劣的，而是从整体上看产品能否完成预期的功能。因此综合性表现了产品的耐久性、无故障性、维修性、可用性和经济性等。

总而言之，可靠性有其可定量的概率统计特性，在设计中可以预计，在试验中可以测定，在生产中可以保证，在使用中可以保持，在整个寿命周期内可以控制。在研究产品可靠性问题时，必须注意可靠性的三大要素，即条件、时间和功能，建立一个基本的观点，即概率统计的观点，并充分认识可靠性具有的时间性、统计性和综合性的特点。

（三）可靠性特征量

概率论和数理统计是可靠性工程重要的数学基础。在可靠性工程中，产品寿命、可靠度、失效率等许多基本概念以及各种寿命试验、可靠性设计等解决可靠性问题的重要方法都与概率统计紧密相关。因此理解和掌握概率统计中最基本的概念、方法是学习和掌握可靠性技术的重要前提。本章首先介绍可靠性特征量、维修性特征量、有效性特征量及其含义，然后讨论可靠性工程中常用的概率论与数理统计基础知识。

如前所述，可靠性的确切含义是"产品在规定的条件下和规定的时间内，完成规定功能的能力"。产品的可靠性具有定性和定量两层含义。由于可靠性所研究的产品是相当广泛的，因此用来度量产品可靠性的"能力"也是多种多样的。那么在定量研究产品的可靠性时，就需要各种数量指标，以便说明产品的可靠性程度。把表示和衡量产品的可靠性的各种数量指标统称为可靠性特征量。产品的可靠性特征量主要有可靠度、失效概率密度、累积失效概率、失效率、平均寿命以及可靠寿命、中位寿命等，下面将分别予以介绍。

1. 可靠度与不可靠度

可靠度是"产品在规定条件下和规定时间内完成规定功能的概率"。即

$$R = R(t) = P(E) = P(T > t) \qquad t \geq 0 \qquad （2.2）$$

式中　E——"产品在规定条件下和规定时间内完成规定功能"这一事件；

　　　T——"产品寿命"这一随机变量；

　　　t——规定的时间。

不可靠度：（累积失效概率）

$$F(t) = 1 - R(t) = P(T \leq t)$$

可靠度与不可靠度的估计值：

假设在有 $t = 0$ 时有 N 件产品开始工作，到 t 时刻有 $n(t)$ 个失效，仍有 $N - n(t)$ 个产品能正常工作，则

$$R(t) = \frac{N - n(t)}{N} \qquad F(t) = \frac{n(t)}{N}$$

$$R(0) = 1, R(\infty) = 0; F(0) = 0, F(\infty) = 1$$

变化规律如图 2.2 所示。

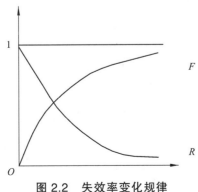

图 2.2　失效率变化规律

2. 失效概率密度 $f(t)$

由上式可知，$F(t)$ 是随机变量 T 的分布函数，其密度函数为：

$$f(t) = \frac{\mathrm{d}F(t)}{\mathrm{d}t} = -\frac{\mathrm{d}R(t)}{\mathrm{d}t} \qquad (2.3)$$

$$F(t) = \int_0^t f(x)\mathrm{d}x \qquad (2.4)$$

失效概率密度的估计值：

$$f(t) = \frac{\mathrm{d}F(t)}{\mathrm{d}t} = \frac{F(t+\Delta t) - F(t)}{\Delta t} = \frac{n(t+\Delta t) - n(t)}{N\Delta t} = \frac{\Delta n(t)}{N\Delta t} \qquad (2.5)$$

式中，$\Delta n(t)$ 表示在时间间隔 $(t, t+\Delta t)$ 内失效的产品数。

3. 失效率

失效率（瞬时失效率）是工作到 t 时刻尚未失效的产品，在 t 时刻以后的单位时间内发生失效的概率，也称为失效率函数，记为 $\lambda(t)$。

根据定义，t 时刻完好的产品，在 $(t, t+\Delta t)$ 时间内失效的概率为：

$$P(t < T \leqslant t+\Delta t \mid T > t)$$

在 Δt 时间内的平均失效率如图 2.3 所示。

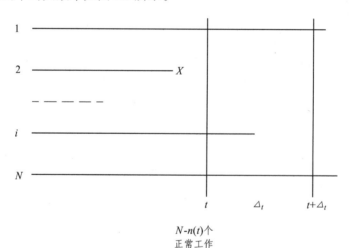

图 2.3 平均失效率图

$$\lambda(t, \Delta t) = \frac{P(t < T \leqslant t+\Delta t \mid T > t)}{\Delta t}$$

$$\lambda(t) = \lim_{\Delta t \to 0} \lambda(t, \Delta t) = \lim_{\Delta t \to 0} \frac{P(t < T \leqslant t+\Delta t \mid T > t)}{\Delta t}$$

$$= \lambda(t) = \lim_{\Delta t \to 0} \lambda(t, \Delta t) = \lim_{\Delta t \to 0} \frac{P(t < T \leqslant t+\Delta t \mid T > t)}{\Delta t}$$

$$= \lim_{\Delta t \to 0} \frac{F(t + \Delta t) - F(t)}{\Delta t R(t)} = \frac{F'(t)}{R(t)} = \frac{f(t)}{R(t)} = -\frac{R'(t)}{R(t)}$$

由 $\lambda(t) = -\dfrac{R'(t)}{R(t)}$ 得

$$\lambda(t)\mathrm{d}t = -\frac{\mathrm{d}R(t)}{R(t)}$$

积分：

$$\int_0^t \lambda(t)\mathrm{d}t = -\ln R(t)$$

即

$$R(t) = \exp(-\int_0^t \lambda(t)\mathrm{d}t)$$

产品的失效率越小，产品的可靠性越高；反之，失效率越大，产品的可靠性越低。

$\lambda(t)$ 的估计值：

$$\hat{\lambda}(t) = \frac{\text{在时间}(t, t + \Delta t)\text{内每单位时间失效的产品数}}{\text{在时刻}t\text{仍正常工作的产品数}}$$

$$= \frac{\Delta n(t)}{(N - n(t))\Delta t}$$

失效率的单位通常用时间的倒数表示。失效率的基本单位用菲特（Fit）定义，

1菲特$=10^{-9}/\mathrm{h} = 10^{-6}/10^3\mathrm{h}$，它的意义是每 1000 个产品工作 $10^6\mathrm{h}$，只有一个失效。有时不用时间的倒数而用与其相当的"动作次数""转数""距离"等的倒数更适宜些。

失效率曲线如图 2.4 所示：

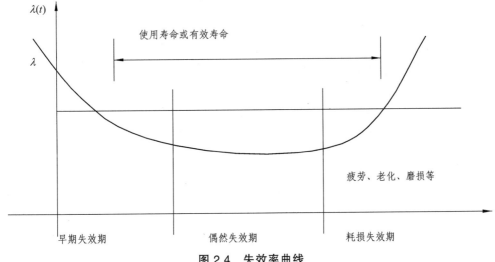

图 2.4　失效率曲线

4. 平均寿命

平均寿命的含义是寿命的数学期望，平均寿命是一个标志产品平均能工作多长时间的特

征量。

不可修复（指失效后无法修复或不修复而进行替换）产品的平均寿命是指产品失效前的平均工作时间，记为 MTTF（Mean Time To Failures）；可修产品的平均寿命是指相邻两次故障间的平均工作时间，称为平均无故障工作时间或平均故障间隔时间，记作 MTBF（Mean Time Between Failures）。

MTTF 与 MTBF 本质上是一样的，因此统称为平均寿命，用 θ 表示。若已知产品总体的失效密度函数分 $f(t)$，由概率论中数学期望的定义，有

$$\theta = E(t) = \int_0^{+\infty} tf(t)\mathrm{d}t \quad (t > 0)$$

$$= \int_0^{+\infty} t\left(-\frac{\mathrm{d}R(t)}{\mathrm{d}t}\right)\mathrm{d}t = -\int_0^{+\infty} t\mathrm{d}R(t)$$

$$= -[tR(t)]_0^{+\infty} + \int_0^{+\infty} R(t)\mathrm{d}t = \int_0^{+\infty} R(t)\mathrm{d}t$$

由此可见，将可靠度函数在 $[0, +\infty]$ 区间上进行积分，便可得到产品总体的平均寿命。

MTTF 的估计值为：$\hat{MTTF} = \frac{1}{n}\sum_{i=1}^{n} t_i$

式中　n——测试的产品总数；

　　　t_i——第 i 个产品失效前的工作时间，h。

MTBF 的估计值为：

$$\hat{MTBF} = \frac{1}{N}\sum_{i=1}^{n}\sum_{j=1}^{n_i} t_{ij} \qquad (2.6)$$

式中　n——测试的产品总数；

　　　$N = \sum_{i=1}^{n} n_i$ ——测试产品的所有故障数；

　　　n_i——第 i 个产品的测试故障数；

　　　t_{ij}——第 i 个产品的第 $j-1$ 次到第 j 次故障的时间。

MTTF 和 MTBF 的估计值可表示为：

$$\hat{\theta} = \frac{1}{N}\sum_{i=1}^{N} t_i = \frac{\text{所有产品总的工作时间}}{\text{总的故障数}}$$

5. 寿命方差和寿命标准差

平均寿命能够说明一批产品寿命的平均水平，而寿命方差和寿命标准差则能够反映产品寿命的离散程度。

产品的寿命方差定义为：

$$\sigma^2 = \int_0^{+\infty} (t-\theta)^2 \mathrm{f}(t)\mathrm{d}t = \int_0^{+\infty} t^2 f(t)\mathrm{d}t - \theta^2$$

寿命方差的估计值为：

$$\hat{\sigma}^2 = \frac{1}{n}\sum_{i=1}^{n}(t_i - \theta)^2$$

寿命均方差估计值为：

$$\hat{\sigma} = \sqrt{\frac{1}{n}\sum_{i=1}^{n}(t_i - \theta)^2}$$

当 n 不大时，或对于小样本来说，其寿命方差和标准差分别为：

$$\hat{\sigma}^2 = \frac{1}{n-1}\sum_{i=1}^{n}(t_i - \theta)^2$$

$$\hat{\sigma} = \sqrt{\frac{1}{n-1}\sum_{i=1}^{n}(t_i - \theta)^2}$$

6. 可靠寿命、中位寿命和特征寿命（如何计算）

$R(t)$ 已知，可求出任意时间 t 的可靠度；反之可靠度已知，可求出相应的工作寿命。可靠寿命就是指可靠度等于给定值 r 时产品的寿命，记作 $t(r)$ ，即 $R[t(r)] = r$ 。

可靠寿命的表达式为（反函数）：

$$t(r) = R^{-1}(r)$$

$R = 0.5$ 时→中位寿命 $\quad t(0.5) = R^{-1}(0.5)$

$R = 1/e \approx 0.368$→特征寿命 $\quad t(0.368) = R^{-1}(0.368)$

对于失效规律服从指数分布的产品而言， $R(T) = e^{-\lambda t}$

$$t = -\frac{\ln R(t)}{\lambda}$$

特征寿命：

$$t(e^{-1}) = -\frac{\ln(e^{-1})}{\lambda} = \frac{1}{\lambda}$$

平均寿命：

$$\theta = \int_0^{+\infty} R(t)\mathrm{d}t = \int_0^{+\infty} e^{-\lambda t}\mathrm{d}t = \frac{1}{\lambda}$$

特征寿命等于平均寿命，因此约有 63.2% 的产品将在达到平均寿命前失效。

从定义可看出，产品工作到可靠寿命 $t(r)$ ，大约有 $100(1 - r)\%$ 的产品失效；产品工作到中位寿命 $t(0.5)$ ，大约有一半失效；产品工作到特征寿命，大约有 63.2% 的产品失效，对于失效规律服从指数分布的一批产品而言，其特征寿命就是平均寿命，因此约有 63.2% 的产品将在达到平均寿命前失效。就是说，能够工作到平均寿命的产品仅占 36.8% 左右。

7. 维修度与修复率

维修性：在规定条件下使用的产品，在规定的时间内，按规定的程序和方法进行维修时，保持或恢复到能完成规定功能的能力。

维修度 $M(t)$：对可修产品在发生故障或失效后，在规定的条件下和规定的时间 $(0,t)$ 内完成修复的概率。维修度与时间的变化关系如图 2.5 所示。

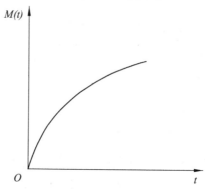

图 2.5　维修度随时间变化曲线

如 Y 表示维修时间（实际修复）：Y 为一随机变量。

$M(t) = P(Y \leqslant t)$，t 为规定的维修时间。

修复率：指修理时间已达到某一时刻但尚未修复的产品在该时刻后的单位时间内完成修理的概率。

$$修复率 \mu(t) = \frac{1}{1-M(t)} \cdot \frac{\mathrm{d}M(t)}{\mathrm{d}t} = \frac{m(t)}{1-M(t)}$$

由上式可进一步推得

$$M(t) = 1 - \exp\left[-\int_0^t \mu(t)\mathrm{d}t \right]$$

当维修度服从指数分布，即

$$M(t) = 1 - \mathrm{e}^{-\mu t}$$

则修复率为常数 μ。

（对离散）　　　　$\mathrm{MTTR} = \dfrac{1}{n} \sum_{i=0}^{n} t_i$

（连续型）　　　　$\mathrm{MTTR} = E(T) = \displaystyle\int_0^{+\infty} tm(t)\mathrm{d}\tau = \int_0^{+\infty} t\frac{\mathrm{d}M(t)}{\mathrm{d}t}\mathrm{d}t = \int_0^{+\infty} t\mathrm{d}M(t)$

$$= \int_0^{+\infty} t\mathrm{d}(1-G(t)) = -\int_0^{+\infty} t\mathrm{d}G(t) = -t \cdot G(t)\Big|_0^{+\infty} + \int_0^{+\infty} G(t)\mathrm{d}\tau$$

$$= \int_0^{+\infty} G(t)\mathrm{d}\tau$$

对指数分布：代入上式可得

$$\mathrm{MTTR} = \frac{1}{\mu} \qquad\qquad M(t) = 1 - \mathrm{e}^{-\mu t}$$

8. 有效度

有效性是可靠性与维修性的一个综合特征，用有效度度量。

有效度：可维修产品在某时刻 t 具有或维持其功能的概率，用 $A(t)$ 表示。有效度又称为利用率、可用度等（对不可修产品，有效度等于可靠度）。不同有效度的表示如图 2.6 所示。

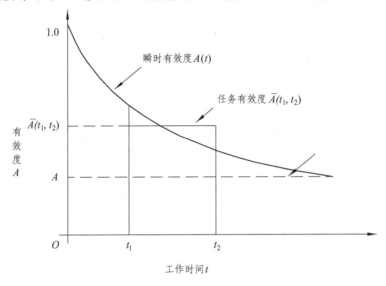

图 2.6　不同有效度的表示

瞬时有效度 $A(t)$：在某一特定瞬时，可能维修的产品保持正常使用状态或功能的概率。只反映 t 时刻产品的有效度，而与 t 时刻以前是否失效无关。

平均有效度：$\overline{A(t)}$

$$\overline{A(t)} = A(t_1, t_3) = \frac{1}{t_2 - t_1} \int_{t_1}^{t_2} A(t) \mathrm{d}t \qquad (0, T) \text{内}$$

稳态有效度（时间有效度）：$A(t)$

$$A = \lim_{t \to \infty} A(t) \ t \to \infty$$

可表示为

$$A = \frac{\mathrm{MTBF}}{\mathrm{MTBF} + \mathrm{MTTR}}$$

（四）人的可靠性管理

人的可靠性是在 20 世纪 50 年代发展起来的一门综合性的边缘学科，也是可靠性学科的重要分支。在现代企业生产和生活的大系统中，物的不安全因素具有一定的稳定性，而人则由于其自身及社会的影响，具有相当大的偶然性和随意性。有资料表明，70% ~ 90%的事故灾害直接或间接与人失误、管理失控有关。

人的可靠性定义为：人在系统工作中的任何阶段，在规定的最小时间限度内（假定时间要求是给定的）成功地完成一项工作或任务的概率。近年来，人的可靠性越来越多地受到了人们的重视，主要有两方面的原因：一是人-机-环境系统已向高度精密和高度复杂化发展，而导致系统失效，将可能产生深远影响和不可预测的后果，如美国三哩岛核电站事故；二是各种研究表明，系统失效很大一部分是由于人为筹措造成的。由于事故的主要根源在于人为筹措，而人为差错的产生则是由人的不可靠性引起的。因此人的可靠性管理在系统工程可靠性中起着重要的作用。

以往对人员可靠性的管理基本上是立足于技术方面的，但是仅从技术手段是不可能从根本上解决问题的。因此，中南工学院的张力和邓志良将可靠性技术手段与组织管理手段相结合，构成人员可靠性综合管理系统，如图2.7所示。

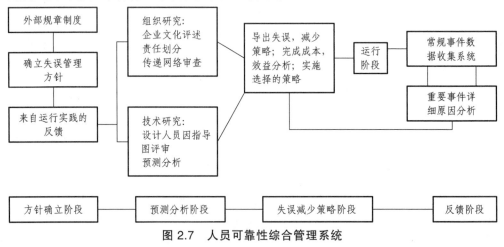

图 2.7 人员可靠性综合管理系统

人员可靠性综合管理系统将组织行为学、管理心理学与可靠性技术手段相结合，力图对人误问题提供广泛和完善的管理模式。这个系统的精髓是人的社会属性和精神属性，强调组织管理对减少失误、提高系统可靠性的贡献。它的有效使用需要全企业从上到下的通力合作，包括体制方面的支持。

三、事故致因理论

事故致因理论是从大量典型事故的本质原因的分折中所提炼出的事故机理和事故模型。这些机理和模型反映了事故发生的规律性，能够为事故原因的定性、定量分析，为事故的预测预防，为改进安全管理工作，从理论上提供科学的、完整的依据。

随着科学技术和生产方式的发展，事故发生的本质规律在不断变化，人们对事故原因的认识也在不断深入，因此先后出现了十几种具有代表性的事故致因理论和事故模型。

（一）事故致因理论的发展

在20世纪50年代以前，资本主义工业化大生产飞速发展，美国福特公司的大规模流水线生产方式得到广泛应用。这种生产方式利用机械的自动化迫使工人适应机器，包括操作要求和工作节奏，一切以机器为中心，人成为机器的附属和奴隶。与这种情况相对应，人们往往将生产中的事故原因推到操作者的头上。

1919年，由格林伍德（M. Greenwood）和伍兹（H. Woods）提出了"事故倾向性格"论，后来又由纽伯尔德（Newboid）在1926年以及法默（Farmer）在1939年分别对其进行了补充。该理论认为，从事同样的工作和在同样的工作环境下，某些人比其他人更易发生事故，这些人是事故倾向者，他们的存在会使生产中的事故增多；如果通过人的性格特点区分出这部分人而不予雇佣，则可以减少工业生产的事故。这种理论把事故致因归咎于人的天性，至今仍有某些人赞成这一理论，但是后来的许多研究结果并没有证实此理论的正确性。

1936年美国人海因里希（W. H. Heinrich）提出事故因果连锁理论。海因里希认为，伤害事故的发生是一连串的事件，按一定因果关系依次发生的结果。他用五块多米诺骨牌来形象地说明这种因果关系，即第一块牌倒下后会引起后面的牌连锁反应而倒下，最后一块牌即为伤害。因此，该理论也被称为"多米诺骨牌"理论。多米诺骨牌理论建立了事故致因的事件链这一重要概念，并为后来者研究事故机理提供了一种有价值的方法。

海因里希曾经调查了75 000件工伤事故，发现其中有98%是可以预防的。在可预防的工伤事故中，以人的不安全行为为主要原因的占89.8%，而以设备的、物质的不安全状态为主要原因的只占10.2%。按照这种统计结果，绝大部分工伤事故都是由于工人的不安全行为引起的。海因里希还认为，即使有些事故是由于物的不安全状态引起的，其不安全状态的产生也是由于工人的错误所致。因此，这一理论与事故倾向性格论一样，将事件链中的原因大部分归于操作者的错误，表现出时代的局限性。

第二次世界大战爆发后，高速飞机、雷达、自动火炮等新式军事装备的出现，带来了操作的复杂性和紧张度，使得人们难以适应，常常发生动作失误。于是，产生了专门研究人类的工作能力及其限制的学问——人机工程学，它对战后工业安全的发展也产生了深刻的影响。人机工程学的兴起标志着工业生产中人与机器关系的重大改变。以前是按机械的特性来训练操作者，让操作者满足机械的要求；现在是根据人的特性来设计机械，使机械适合人的操作。

这种在人机系统中以人为主、让机器适合人的观念，促使人们对事故原因重新进行认识。越来越多的人认为，不能把事故的发生简单地说成是操作者的性格缺陷或粗心大意，应该重视机械的、物质的危险性在事故中的作用，强调实现生产条件、机械设备的固有安全，才能切实有效地减少事故的发生。

1949年，葛登（Gorden）利用流行病传染机理来论述事故的发生机理，提出了"用于事故的流行病学方法"理论。葛登认为，流行病病因与事故致因之间具有相似性，可以参照分析流行病因的方法分析事故。

流行病的病因有三种：① 当事者（病者）的特征，如年龄、性别、心理状况、免疫能力等；② 环境特征，如温度、湿度、季节、社区卫生状况、防疫措施等；③ 致病媒介特征，如病毒、细菌、支原体等。这三种因素的相互作用，可以导致人的疾病发生。与此相类似，对于事故，一要考虑人的因素，二要考虑作业环境因素，三要考虑引起事故的媒介。

这种理论比只考虑人失误的早期事故致因理论有了较大的进步，它明确地提出事故因素间的关系特征，事故是三种因素相互作用的结果，并推动了关于这三种因素的研究和调查。

但是，这种理论也有明显的不足，主要是关于致因的媒介。作为致病媒介的病毒等在任何时间和场合都是确定的，只是需要分辨并采取措施防治；而作为导致事故的媒介到底是什么，还需要识别和定义，否则该理论无太大用处。

1961 年由吉布森（Gibson）提出，并在 1966 年由哈登（Hadden）引申的"能量异常转移"论，是事故致因理论发展过程中的重要一步。该理论认为，事故是一种不正常的，或不希望的能量转移，各种形式的能量构成了伤害的直接原因。因此，应该通过控制能量或者控制能量的载体来预防伤害事故，防止能量异常转移的有效措施是对能量进行屏蔽。

能量异常转移论的出现，为人们认识事故原因提供了新的视野。例如，在利用"用于事故的流行病学方法"理论进行事故原因分析时，就可以将媒介看成是促成事故的能量，即有能量转移至人体才会造成事故。

20 世纪 70 年代后，随着科学技术不断进步，生产设备、工艺及产品越来越复杂，信息论、系统论、控制论相继成熟并在各个领域获得广泛应用。对于复杂系统的安全性问题，采用以往的理论和方法已不能很好地解决，因此出现了许多新的安全理论和方法。

在事故致因理论方面，人们结合信息论、系统论和控制论的观点、方法，提出了一些有代表性的事故理论和模型。相对来说，20 世纪 70 年代以后是事故致因理论比较活跃的时期。

20 世纪 60 年代末（1969 年）由瑟利（J. Surry）提出，20 世纪 70 年代初得到发展的瑟利模型，是以人对信息的处理过程为基础描述事故发生因果关系的一种事故模型。这种理论认为，人在信息处理过程中出现失误从而导致人的行为失误，进而引发事故。与此类似的理论还有 1970 年的海尔（Hale）模型，1972 年威格里沃思（Wigglesworth）的"人失误的一般模型"，1974 年劳伦斯（Lawrence）提出的"金矿山人失误模型"，以及 1978 年安德森（Anderson）等人对瑟利模型的修正等。

这些理论均从人的特性与机器性能和环境状态之间是否匹配和协调的观点出发，认为机械和环境的信息不断地通过人的感官反映到大脑，人若能正确地认识、理解、判断，作出正确决策和采取行动，就能化险为夷，避免事故和伤亡；反之，如果人未能察觉、认识所面临的危险，或判断不准确而未采取正确的行动，就会发生事故和伤亡。由于这些理论把人、机、环境作为一个整体（系统）看待，研究人、机、环境之间的相互作用、反馈和调整，从中发现事故的致因，揭示出预防事故的途径，所以，也有人将它们统称为系统理论。

动态和变化的观点是近代事故致因理论的又一基础。1972 年，本尼尔（Benner）提出了在处于动态平衡的生产系统中，由于"扰动"（Perturbation）导致事故的理论，即 P 理论。此后，约翰逊（Johnson）于 1975 年发表了"变化-失误"模型，1980 年诺兰茨（W. E. Talanch）在《安全测定》一书中介绍了"变化论"模型，1981 年佐藤音信提出了"作用-变化与作用-连锁"模型。

近十几年来，比较流行的事故致因理论是"轨迹交叉"论。该理论认为，事故的发生不外乎是人的不安全行为（或失误）和物的不安全状态（或故障）两大因素综合作用的结果，即人、物两大系列时空运动轨迹的交叉点就是事故发生的所在，预防事故的发生就是设法从时空上避免人、物运动轨迹的交叉。与轨迹交叉论类似的理论是"危险场"理论。危险场是指危险源能够对人体造成危害的时间和空间的范围。这种理论多用于研究存在诸如辐射、冲击波、毒物、粉尘、声波等危害的事故模式。

事故致因理论的发展虽还很不完善，还没有给出对于事故调查分析和预测预防方面的普遍和有效的方法。然而，通过对事故致因理论的深入研究，必将在安全管理工作中产生以下深远影响：

（1）从本质上阐明事故发生的机理，奠定安全管理的理论基础，为安全管理实践指明正确的方向。

（2）有助于指导事故的调查分析，帮助查明事故原因，预防同类事故的再次发生。

（3）为系统安全分析、危险性评价和安全决策提供充分的信息和依据，增强针对性，减少盲目性。

（4）有利于认定性的物理模型向定量的数学模型发展，为事故的定量分析和预测奠定基础，真正实现安全管理的科学化。

（5）增加安全管理的理论知识，丰富安全教育的内容，提高安全教育的水平。

（二）几种有代表性的事故致因理论

1. 事故频发倾向论

事故频发倾向论是阐述企业工人中个别人容易发生事故的、稳定的、个人的内在倾向的一种理论。

据国外文献介绍，事故频发倾向者往往有如下的性格特征：

（1）感情冲动，容易兴奋。

（2）脾气暴躁。

（3）厌倦工作，没有耐心。

（4）慌慌张张，不沉着。

（5）动作生硬而工作效率低。

（6）喜怒无常，感情多变。

（7）理解能力低，判断和思考能力差。

（8）极度喜悦和悲伤。

（9）缺乏自制力。

（10）处理问题轻率、冒失。

（11）运动神经迟钝，动作不灵活。日本的丰原恒男发现容易冲动的人、不协调的人、不守规矩的人、缺乏同情心的人和心理不平衡的人发生事故次数较多，见表2.2。

表2.2　事故频发倾向者特征表

性格特征	容易冲动	不协调	不守规矩	缺乏同情心	心理不平衡
事故频发者	38.9%	42.0%	34.6%	30.7%	52.5%
其他人	21.9%	26.0%	26.8%	0	25.7%

对于我国的广大安全专业人员来说，事故频发倾向的概念可能十分陌生。然而，企业职工队伍中存在少数容易发生事故的人这一现象并不罕见，例如某钢铁公司把容易发生事故的人调离原工作岗位后，企业的伤亡事故明显减少；某铁路运输公司规定发生事故多的司机不能担负长时间运输任务，也取得了较好的事故效果。

其实，工业生产中的许多操作对操作者的素质都有一定的要求，或者说，人员有一定的职业适合性。当人员的素质不符合生产操作要求时，人在生产操作中就会发生失误或不安全行为，从而导致事故发生。危险性较高的、重要的操作，特别要求人的素质较高。例如，特种作业的场合，操作者要经过专门的培训、严格的考核，获得特种作业资格后才能从事。因此，尽管事故频发倾向论把工业事故的原因归因于少数事故频发倾向者的观点是错误的，然而从职业适合性的角度来看，关于事故频发倾向的认识也有一定可取之处。

2. 事故因果连锁论

在事故因果连锁论中，以事故为中心，事故的结果是伤害（伤亡事故的场合），事故的原因包括三个层次：直接原因，间接原因，基本原因。由于对事故各层次的原因的认识不同，形成了不同的事故致因理论。因此，人们也经常用事故因果连锁的形式来表达某种事故致因理论。

1）海因里希事故因果连锁论

海因里希是最早提出事故因果连锁理论的，他用该理论阐明导致伤亡事故的各种因素之间，以及这些因素与伤害之间的关系。该理论的核心思想是：伤亡事故的发生不是一个孤立的事件，而是一系列原因事件相继发生的结果，即伤害与各原因相互之间具有连锁关系。

海因里希把工业伤害事故的发生、发展过程描述为具有一定因果关系的事件的连锁发生过程，即

（1）人员伤亡的发生是事故的结果。

（2）事故的发生是由于人的不安全行为或物的不安全状态。

（3）人的不安全行为或物的不安全状态是由于人的缺点造成的。

（4）人的缺点是由于不良环境诱发的，或者是由先天的遗传因素造成的。

海因里希提出的事故因果连锁过程（见图2.8）包括如下五种因素：

第一，遗传及社会环境（M）。遗传及社会环境是造成人的缺点的原因。遗传因素可能使人具有鲁莽、固执、粗心等对于安全来说不良的性格；社会环境可能妨碍人的安全素质培养，助长不良性格的发展。这种因素是因果链上最基本的因素。

第二，人的缺点（P）。即由于遗传和社会环境因素所造成的人的缺点。人的缺点是使人产生不安全行为或造成物的不安全状态的原因。这些缺点既包括诸如鲁莽、固执、易过激、神经质、轻率等性格上的先天缺陷，也包括诸如缺乏安全生产知识和技能等的后天不足。

第三，人的不安全行为或物的不安全状态（H）。这二者是造成事故的直接原因。海因里希认为，人的不安全行为是由于人的缺点而产生的，这是造成事故的主要原因。

第四，事故（D）。事故是一种由于物体、物质或放射线等对人体发生作用，使人员受到或可能受到伤害的、出乎意料的、失去控制的事件。

第五，伤害（A）。即直接由事故产生的人身伤害。

上述事故因果连锁关系，可以用5块多米诺骨牌来形象地加以描述（见图2.8）。如果第一块骨牌倒下（即第一个原因出现），则发生连锁反应，后面的骨牌相继被碰倒（相继发生）。

该理论积极的意义就在于，如果移去因果连锁中的任一块骨牌，则连锁被破坏，事故过程被中止。海因里希认为，企业安全工作的中心就是要移去中间的骨牌——防止人的不安全行为或消除物的不安全状态，从而中断事故连锁的进程，避免伤害的发生。

海因里希的理论有明显的不足，如它对事故致因连锁关系的描述过于绝对化、简单化。事实上，各个骨牌（因素）之间的连锁关系是复杂的、随机的。前面的牌倒下，后面的牌可能倒下，也可能不倒下。事故并不是全都造成伤害，不安全行为或不安全状态也并不是必然造成事故等。尽管如此，海因里希的事故因果连锁理论促进了事故致因理论的发展，成为事故研究科学化的先导，具有重要的历史地位。

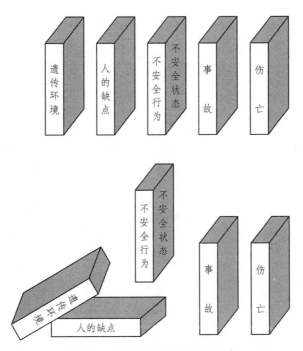

图2.8 海因里希事故因果连锁

2）轨迹交叉论

轨迹交叉论认为，在一个系统中，人的不安全行为和物的不安全状态的形成过程中，一旦发生时间和空间的运动轨迹交叉，就会造成事故。按照轨迹交叉论描绘的事故模型如图2.9所示。

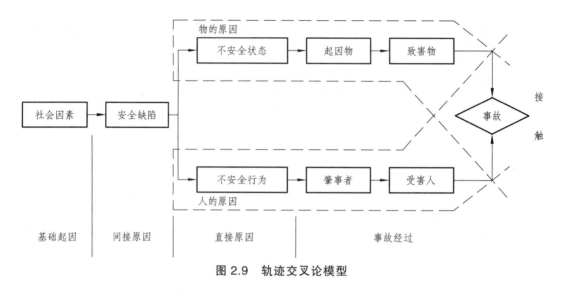

图 2.9 轨迹交叉论模型

由图可以看出轨迹交叉理论是指人的运动轨迹与物的运动轨迹发生意外交叉。即人的不安全因素和物的不安全状态发生在同一时间、同一空间，或者说相遇时，则将在此时间和空间发生事故。

在实际工作中，应用轨迹交叉论预防事故，可以从三个方面考虑：

（1）防止人、物运动轨迹的时空交叉。按照轨迹交叉论的观点，防止和避免人和物的运动轨迹的交叉是避免事故发生的根本出路。例如，防止能量逸散、隔离、屏蔽，改变能量释放途径，脱离受害范围，保护受害者等防止能量转移的措施，同样是防止轨迹交叉的措施。另外，防止交叉还有另一层意思，就是防止时间交叉。例如，容器内有毒有害物质的清洗、冲压设备的安全装置等。人和物都在同一范围内，但占用空间的时间不同。例如，危险设备的联锁装置；电气维修或电气作业中切断电源、挂牌、上锁、工作票制度的执行；十字路口的车辆、行人指挥灯系统等。

（2）控制人的不安全行为。控制人的不安全行为的目的是切断轨迹交叉中行为的形成系列。人的不安全行为在事故形成的过程中占有主导位置，因为人是机械、设备、环境的设计者、创造者、使用者、维护者。人的行为受多方面影响，如作业时间紧迫程度、作业条件的优劣、个人生理心理素质、安全文化素质、家庭社会影响因素等。安全行为科学、安全人机学等对控制人的不安全行为都有较深入的研究。概括起来，主要有如下控制措施：

① 职业适应性选择。选择合格的职工以满足职业的要求，对防止不安全行为发生有重要作用。出于工作的类型不同，对职工的要求亦不同。如搬运工和中央控制室操作员。因此，在招工和职业聘用时应根据工作的特点、要求，选择适合该职业的人员，认真考虑其各方面的素质。特别是从事特种作业的职工的选择，以及职业禁忌症的问题。避免因职工生理、心理素质的欠缺而造成工作失误。

② 创造良好的行为环境和工作环境。创造良好的行为环境，首先是良好的人际关系，积极向上的集体精神。融洽和谐的同事关系、上下级关系，能使工作集体具有凝聚力，职工工作才能心情舒畅、积极主动地配合；实行民主管理，职工参与管理，能调动其积极性、创造

性；关心职工生活，解决实际困难。做好家属工作，可以促进良好的、安全的环境气氛、社会气氛。创造良好的工作环境，就是尽一切努力消除工作环境中的有害因素。使机械、设备、环境适合人的工作，也使人容易适应工作环境。使工作环境真正达到安全、舒适、卫生的要求，从而减少人失误的可能性。

③ 加强培训、教育，提高职工的安全素质，应包括三方面内容：文化素质、专业知识和技能、安全知识和技能。事故的发生与这两种素质密切相关。因此，企业安全管理除对职工的安全素质提高以外，还应注重文化知识的提高、专业知识技能的提高，密切注视文化层次低、专业技能差的人群。坚持一切行之有效的安全教育制度、形式和方法。如三级教育、全员教育、特殊工种教育等制度；利用影视、广播、图片宣传等形式；知识竞赛、无事故活动、事故处理坚持"四不放过"等方法。

④ 严格管理。建立健全管理组织、机构，按国家要求配备安全人员。完善管理制度。贯彻执行国家安全生产方针和各项法规、标准。制订、落实企业安全生产长期规划和年度计划。坚持第一把手负责，实行全面、全员、全过程的安全管理。使企业形成人人管安全的气氛，才能有效防止"三违"现象的发生。

（3）控制物的不安全状态。控制物的不安全状态的目的是切断轨迹交叉中物的形成系列。最根本的解决办法是创造本质安全条件，使系统在人发生失误的情况下，也不会发生事故。在条件不允许的情况下，应尽量消除不安全因素，或采取防护措施，以削弱不安全状态的影响程度。这就要求，在系统的设计、制造、使用等阶段，采取严格的措施，使危险被控制在允许的范围之内。

3）博德事故因果连锁理论

在早期的事故因果连锁中，海因里希把遗传和社会环境看作事故的根本原因，表现出了它的时代局限性。尽管遗传因素和人员成长的社会环境对人员的行为有一定的影响，却不是影响人员行为的主要因素。在企业中，如果管理者能够充分发挥管理机能中的控制机能，则可以有效地控制人的不安全行为、物的不安全状态。

博德在海因里希事故因果连锁理论的基础上，提出了与现代安全观点更加吻合的事故因果连锁理论，如见图 2.10 所示。

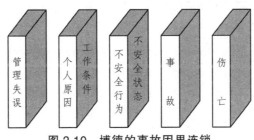

图 2.10 博德的事故因果连锁

博德的事故因果连锁过程同样为五个因素,但每个因素的含义与海因里希的都有所不同。

① 管理缺陷。对于大多数企业来说，由于各种原因，完全依靠工程技术措施预防事故既不经济也不现实，只能通过完善安全管理工作，经过较大的努力，才能防止事故的发生。企

业管理者必须认识到，只要生产没有实现本质安全化，就有发生事故及伤害的可能性，因此，安全管理是企业管理的重要一环。

安全管理系统要随着生产的发展变化而不断调整完善，十全十美的管理系统不可能存在。由于安全管理上的缺陷，致使能够造成事故的其他原因出现。

② 个人及工作条件的原因。这是由于管理缺陷造成的。个人原因包括缺乏安全知识或技能，行为动机不正确，生理或心理有问题等；工作条件原因包括安全操作规程不健全，设备、材料不合适，以及存在温度、湿度、粉尘、气体、噪声、照明、工作场地状况（如打滑的地面、障碍物、不可靠支撑物）等有害作业环境因素。只有找出并控制这些原因，才能有效地防止后续原因的发生，从而防止事故的发生。

③ 直接原因。人的不安全行为或物的不安全状态是事故的直接原因。这种原因是安全管理中必须重点加以追究的原因。但是，直接原因只是一种表面现象，是深层次原因的表征。在实际工作中，不能停留在这种表面现象上，而要追究其背后隐藏的管理上的缺陷原因，并采取有效的控制措施，从根本上杜绝事故的发生。

④ 事故。这里的事故被看作是人体或物体与超过其承受阈值的能量接触，或人体与妨碍正常生理活动的物质的接触。因此，防止事故就是防止接触。可以通过对装置、材料、工艺等的改进来防止能量的释放，或者操作者提高识别和回避危险的能力，佩带个人防护用具等来防止接触。

⑤ 损失。人员伤害及财物损坏统称为损失，包括工伤、职业病、精神创伤等。

在许多情况下，可以采取恰当的措施使事故造成的损失最大限度地减小。例如，对受伤人员进行迅速正确的抢救，对设备进行抢修以及平时对有关人员进行应急训练等。

4）亚当斯事故因果连锁理论

亚当斯提出了一种与博德事故因果连锁理论类似的因果连锁模型，该模型以表格的形式给出，见表2.3。

表 2.3　亚当斯事故因果连锁模型

管理体制	管理失误		现场失误	事故	伤害或损坏
目标	领导者在下述决策错误或者没作决策	安技人员在下述方面管理失误或疏忽	不安全行为	伤亡事故	
组织	政策	行为	不安全状态	损坏事故	对人
	目标	责任			
	权威	权威			
	责任	规则			
	职责	指导			
机能	注意范围	主动性			对物
	权限授予	积极性			
		业务活动			

在该理论中，事故和损失因素与博德理论相似。这里把人的不安全行为和物的不安全状态称作现场失误，其目的在于提醒人们注意不安全行为和不安全状态的性质。

亚当斯理论的核心在于对现场失误的背后原因进行了深入的研究。操作者的不安全行为及生产作业中的不安全状态等现场失误，是由于企业领导和安技人员的管理失误造成的。管理人员在管理工作中的差错或疏忽，企业领导人的决策失误，对企业经营管理及安全工作具有决定性的影响。管理失误又由企业管理体系中的问题所导致，这些问题包括：如何有组织地进行管理工作，确定怎样的管理目标，如何计划、如何实施等。管理体系反映了作为决策中心的领导人的信念、目标及规范，它决定各级管理人员安排工作的轻重缓急、工作基准及指导方针等重大问题。

5）北川彻三事故因果连锁理论

日本人北川彻三在西方学者提出的事故因果连锁理论的基础上提出了另一种事故因果连锁理论。

西方学者的事故因果连锁理论把考察的范围局限在企业内部，用以指导企业的事故预防工作。实际上，工业伤害事故发生的原因是复杂多样的，一个国家或地区的政治、经济、文化、教育、科技水平等诸多社会因素，对企业内部伤害事故的发生和预防有着重要的影响。北川彻三基于这种考虑把事故原因归为表 2.4 所示。

表 2.4 北川彻三事故因果连锁理论

基本原因	间接原因	直接原因		
学校教育原因 社会和历史原因 管理原因	技术原因 教育原因 身体原因 精神原因	不安全行为 不安全状态	事故	伤害

北川彻三认为，事故的基本原因应该包括下述 3 个方面的原因：

（1）管理原因。企业领导者不够重视安全，作业标准不明确，维修保养制度方面的缺陷，人员安排不当，职工积极性不高等管理上的缺陷。

（2）学校教育原因。小学、中学、大学等教育机构的安全教育不充分。

（3）社会或历史原因。社会安全观念落后，安全法规或安全管理、监督机构不完备等。

在上述原因中，管理原因可以由企业内部解决，后两种原因需要全社会的努力才能解决。

间接原因包括以下四个方面：

（1）技术原因。机械、装置、建筑物等的设计、建造、维护等技术方面的缺陷。

（2）教育原因。由于缺乏安全知识及操作经验，不知道、轻视操作过程中的危险性和安全操作方法，或操作不熟练、习惯操作等。

（3）身体原因。身体状态不佳，如头痛、昏迷、癫痫等疾病，或近视、耳聋等生理缺陷，或疲劳、睡眠不足等。

（4）精神原因。消极、抵触、不满等不良态度，焦躁、紧张、恐惧、偏激等精神不安定，狭隘、顽固等不良性格，以及智力方面的障碍。

在上述的 4 个间接原因中，前面两个原因比较普遍，后两种原因较少出现。

3. 能量意外转移理论

在生产过程中能量是必不可少的，人类利用能量做功以实现生产目的。人类为了利用能量做功，必须控制能量。在正常生产过程中，能量在各种约束和限制下，按照人们的意志流动、转换和做功。如果由于某种原因能量失去了控制，发生了异常或意外的释放，则称发生了事故。

如果意外释放的能量转移到人体，并且其能量超过了人体的承受能力，则人体将受到伤害。吉布森和哈登从能量的观点出发，曾经指出：人受伤害的原因只能是某种能量向人体的转移，而事故则是一种能量的异常或意外的释放（见图 2.11）。

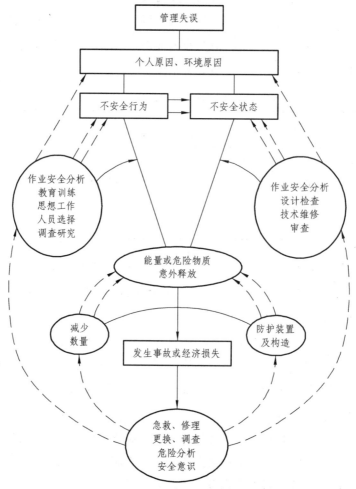

图 2.11　能量意外转移论模型图

能量的种类有很多，如动能、势能、电能、热能、化学能、原子能、辐射能、声能和生物能等。人受到伤害都可以归结为上述一种或若干种能量的异常或意外转移。麦克法兰特（Mc Farland）认为："所有的伤害事故（或损坏事故）都是因为：① 接触了超过机体组织（或结构）抵抗力的某种形式的过量的能量；② 有机体与周围环境的正常能量交换受到了干扰（如窒息、淹溺等）。因而，各种形式的能量构成伤害的直接原因。"根据此观点，可以将能量引起的伤害分为两大类：

第一类伤害是由于转移到人体的能量超过了局部或全身性损伤阈值而产生的。人体各部分对每一种能量的作用都有一定的抵抗能力，即有一定的伤害阈值。当人体某部位与某种能量接触时，能否受到伤害及伤害的严重程度如何，主要取决于作用于人体的能量大小。作用于人体的能量超过伤害阈值越多，造成伤害的可能性越大。例如，球形弹丸以 4.9 N 的冲击力打击人体时，最多轻微地擦伤皮肤，而重物以 68.9 N 的冲击力打击人的头部时，会造成头骨骨折。

第二类伤害则是由于影响局部或全身性能量交换引起的。例如，因物理因素或化学因素引起的窒息（如溺水、一氧化碳中毒等），因体温调节障碍引起的生理损害、局部组织损坏或死亡（如冻伤、冻死等）。

能量转移理论的另一个重要概念是：在一定条件下，某种形式的能量能否产生人员伤害，除了与能量大小有关以外，还与人体接触能量的时间和频率、能量的集中程度、身体接触能量的部位等有关。

用能量转移的观点分析事故致因的基本方法是：首先确认某个系统内的所有能量源；然后确定可能遭受该能量伤害的人员，伤害的严重程度；进而确定控制该类能量异常或意外转移的方法。

能量转移理论与其他事故致因理论相比，具有两个主要优点：一是把各种能量对人体的伤害归结为伤亡事故的直接原因，从而决定了以对能量源及能量传送装置加以控制作为防止或减少伤害发生的最佳手段这一原则；二是依照该理论建立的对伤亡事故的统计分类，是一种可以全面概括、阐明伤亡事故类型和性质的统计分类方法。

能量转移理论的不足之处是：由于意外转移的机械能（动能和势能）是造成工业伤害的主要能量形式，这就使得按能量转移观点对伤亡事故进行统计分类的方法尽管具有理论上的优越性，然而在实际应用上却存在困难。它的实际应用尚有待于对机械能的分类作更加深入细致的研究，以便对机械能造成的伤害进行分类。

从能量意外转移的观点出发，预防伤亡事故就是防止能量或危险物质的意外释放，从而防止人体与过量的能量或危险物质接触。在工业生产中，经常采用的防止能量意外释放的措施有以下几种：

（1）用较安全的能源替代危险大的能源。例如：用水力采煤代替爆破采煤；用液压动力代替电力等。

（2）限制能量。例如：利用安全电压设备；降低设备的运转速度；限制露天爆破装药量等。

（3）防止能量蓄积。例如：通过良好接地消除静电蓄积；采用通风系统控制易燃易爆气体的浓度等。

（4）降低能量释放速度。例如：采用减振装置吸收冲击能量；使用防坠落安全网等。

（5）开辟能量异常释放的渠道。例如：给电器安装良好的地线；在压力容器上设置安全阀等。

（6）设置屏障。屏障是一些防止人体与能量接触的物体。屏障的设置有三种形式：第一，屏障被设置在能源上，如机械运动部件的防护罩、电器的外绝缘层、消声器、排风罩等；第二，屏障设置在人与能源之间，如安全围栏、防火门、防爆墙等；第三，由人员佩戴的屏障，即个人防护用品，如安全帽、手套、防护服、口罩等。

（7）从时间和空间上将人与能量隔离。例如道路交通的信号灯；冲压设备的防护装置等。

（8）设置警告信息。在很多情况下，能量作用于人体之前，并不能被人直接感知到。因此使用各种警告信息是十分必要的，如各种警告标志、声光报警器等。

以上措施往往几种同时使用，以确保安全。此外，这些措施也要尽早使用，做到防患于未然。

四、事故预防理论

（一）事故预防的原则

事故有其固有规律，除了人类无法左右的自然因素造成的事故（如地震、洪水、泥石流等）以外，在人类生产和生活中所发生的各种事故都是可以预防的。

事故的预防工作应该从技术和管理两个方面考虑，应当遵循的基本原则是：

1. 技术原则

在生产过程中，客观上存在的隐患是事故发生的前提。因此，要预防事故的发生，就需要针对隐患采取有效的技术措施进行治理。在采取有效技术措施进行治理过程中，应当遵循的基本原则是：

（1）消除潜在危险原则。即从本质上消除事故隐患。其基本做法是，以新的系统、新的技术和工艺代替旧的不安全的系统和工艺，从根本上消除发生事故的可能性。例如，用不可燃材料代替可燃材料，改进机器设备，消除人体操作对象和作业环境的危险因素，消除噪声、尘毒对工人的影响等，从而最大可能地保证生产过程的安全。

（2）降低潜在危险严重度的原则。即在无法彻底消除危险的情况下，最大限度地限制和减少危险程度。例如，手电钻工具采用双层绝缘措施，利用变压器降低回路电压，在高压容器中安装安全阀等。

（3）闭锁原则。在系统中通过一些元器件的机器联锁或机电、电气互锁作为保证安全的条件。例如，冲压机械的安全互锁器，电路中的自动保护器等。

（4）能量屏蔽原则。在人、物与危险源之间设置屏蔽，防止意外能量作用到人体和物体上，以保证人和设备的安全。例如，建筑高空作业的安全网、核反应堆的安全壳等都应起到保护作用。

（5）距离保护原则。当危险和有害因素的伤害作用随着距离的增加而减弱时，应尽量使人与危害源离远一些。例如，化工厂建立在远离居民区、爆破时的危险距离控制等。

（6）个体保护原则。根据不同作业性质和条件，配备相应的保护用品及用具，以保护作业人员的安全和健康。例如，采取安全带、护目镜、绝缘手套等保护用品及用具。

（7）警告、禁止信息原则。用光、声、色等其他标志作为传递组织和技术信息的目标，以保证安全。例如，警灯、警报器、安全标志、宣传画等。

此外，还有时间保护原则、薄弱环节原则、坚固性原则、代替作业人员原则等，可以根据需要，确定采取相关的预防事故的技术原则。

2. 组织管理原则

预防事故的发生，不仅要遵循上述的技术原则，而且还要在组织管理上采取相关的措施，才能最大限度地减少事故发生的可能性。

（1）系统整体性原则。安全工作是一项系统性、整体性的工作，它涉及企业生产过程中的各个方面。安全工作的整体性要体现出：有明确的工作目标，综合地考虑问题的原因，动态地认识安全状况，而且落实措施要有主次，要有效地抓住各个环节，并且能够适应变化的要求。

（2）计划性原则。安全工作要有计划和规划，近期的目标和长远的目标要协调进行。工作方案、人财物的使用要按照规划进行，并且有最终的评价，形成闭环的管理模式。

（3）效果性原则。安全工作的好坏，要通过最终成果的指标来衡量。但是，由于安全问题的特殊性，安全工作的成果既要考虑经济效益，又要考虑社会效益。正确认识和理解安全的效果性，是落实安全生产措施的重要前提。

（4）党政工团协调安全工作原则。党制定正确的安全生产方针和政策，教育干部和群众遵章守法，了解和解决工人的思想负担，把不安全行为变成为安全行为。政府实行安全监察管理职责，不断改善劳动条件，提高企业生产的安全性。工会代表工人的利益，监督政府和企业把安全工作搞好。青年是劳动力中的有生力量，青年工人中往往事故发生率较高，因此，动员青年开展事故预防活动，是安全生产的重要保证。

（5）责任制原则。各级政府及相关的职能部门和企事业单位应当实行安全生产责任制，对违反劳动安全法规和不负责任的人员而造成的伤亡事故应当给予行政处罚，造成重大伤亡事故的应当追究刑事责任。只有将安全责任落到实处，安全生产才能得以保证，安全管理才能有效。

综上所述，事故的预防要从技术、组织管理和教育多方面采取措施，从总体上提高预防事故的能力，才能有效地控制事故，保证生活的安全。

3. 事故预防的 3E 原则

海因里希把造成人的不安全行为和物的不安全状态的主要原因归结为四个方面的问题：

（1）不正确的态度。个别职工忽视安全，甚至故意采取不安全行为。

（2）技术、知识不足。缺乏安全生产知识，缺乏经验，或技术不熟练。

（3）身体不适。生理状态或健康状况不佳，如听力、视力不良，反应迟钝、疾病、醉酒或其他生理机能障碍。

（4）不良的工作环境。照明、温度、湿度不适宜，通风不良，强烈的噪声、振动，物料堆放杂乱，作业空间狭小，设备、工具缺陷等不良的物理环境，以及操作规程不合适、没有安全规程，其他妨碍贯彻安全规程的事物。

对这四个方面的原因。海因里希提出了防止工业事故的四种有效的方法，后来被归纳为众所周知的3E原则。

（1）Engineering——工程技术。运用工程技术手段消除不安全因素，实现生产工艺、机械设备等生产条件的安全。

（2）Education——教育。利用各种形式的教育和训练，使职工树立"安全第一，预防为主"的思想，掌握安全生产所必需的知识和技能。

（3）Enforcement——强制。借助于规章制度、法规等必要的行政乃至法律的手段约束人们的行为。

一般地讲，在选择安全对策时应该首先考虑工程技术措施，然后是教育、训练。实际工作中，应该针对不安全行为和不安全状态的产生原因，灵活地采取对策。例如，针对职工的不正确态度问题，应该考虑工作安排上的心理学和医学方面的要求，对关键岗位上的人员要认真挑选，并且加强教育和训练，如能从工程技术上采取措施，则应该优先考虑；对于技术、知识不足的问题，应该加强教育和训练，提高其知识水平和操作技能；尽可能地根据人机学的原理进行工程技术方面的改进，降低操作的复杂程度。为了解决身体不适的问题，在分配工作任务时要考虑心理学和医学方面的要求，并尽可能从工程技术上改进，降低对人员素质的要求。对于不良的物理环境，则应采取恰当的工程技术措施来改进。

即使在采取了工程技术措施，减少、控制了不安全因素的情况下，仍然要通过教育、训练和强制手段来规范人的行为，避免不安全行为的发生。

为了防止事故发生，不仅要在上述三个方面实施事故预防与控制的对策，而且还应始终保持三者间的均衡，合理地采取相应措施和综合使用上述措施，才有可能搞好事故预防工作。

（二）海因里希工业安全公理

美国安全工程师海因里希在《工业事故防止》一书中，对事故预防工作进行了深入研究，提出了工业事故预防的十项原则，称为海因里希工业安全公理（Axioms of Industrial Safety）。具体内容如下：

（1）工业生产过程中人员伤亡的发生，往往是处于一系列因果连锁至末端的事故的结果；而事故常常起因于人的不安全行为或（和）机械、物质（统称为物）的不安全状态。

（2）人的不安全行为是大多数工业事故的原因。

（3）由于不安全行为而受到了伤害的人是经历几乎重复了300次以上没有造成伤害的同样事故。换言之，人员在受到伤害之前，已经数百次面临来自物方面的危险。

（4）在工业事故中，人员受到伤害的严重程度具有随机性质。大多数情况下，人员在事故发生时可以免遭伤害。

（5）人员产生不安全行为的主要原因有：

① 不正确的态度；

② 技术、知识不足；

③ 身体不适；

④ 物的不安全状态及不良的物理环境。

这些因素是采取预防不安全行为产生措施的依据。

（6）防止工业事故的四种有效的方法是：

① 工程技术方面的改进；

② 对人员进行说服、教育；

③ 人员调整；

④ 惩戒。

（7）防止事故的方法与企业生产管理、成本管理及质量管理的方法类似。

（8）企业领导者有进行事故预防工作的能力，并且能把握进行事故预防工作的时机，因而应该承担预防事故工作的责任。

（9）专业安全人员及车间干部、班组长是预防事故的关键，他们工作的好坏对能否做好事故预防工作有极为重要的影响。

（10）除了人道主义动机之外，下面两种强有力的经济因素也是促进企业事故预防工作的动力：

① 安全的企业生产效率也高，不安全的企业生产效率也低；

② 事故后用于赔偿及医疗费用的直接经济损失，只不过占事故总经济损失的1/5。

尽管随着时代的前进和人们认识的深化，该"公理"中的一些观点已经不再是"自明之理"了，许多新观点、新理论相继问世。但是该理论中的许多内容仍然具有强大的生命力，在现今的事故预防工作中仍产生重大影响。

（三）事故预防工作五阶段模型

海因里希定义事故预防是为了控制人的不安全行为和物的不安全状态而开展，以某些知识、态度和能力为基础的综合性工作，一系列相互协调的活动。

掌握事故发生及预防的基本原理：拥有对人类、国家、劳动者负责的基本态度，以及从事事故预防工作的知识和能力，是开展事故预防工作的基础，在此基础上，事故预防工作包括以下五个阶段的努力：

（1）建立健全事故预防工作组织，形成由企业领导牵头的，包括安全管理人员和安全技术人员在内的事故预防工作体系，并切实发挥其效能。

（2）通过实地调查、检查、观察及对有关人员的询问，加以认真的判断、研究，以及对事故原始记录的反复研究，收集第一手资料，找出事故预防工作中存在的问题。

（3）分析事故及不安全问题产生的原因。它包括弄清伤亡事故发生的频率、严重程度、场所、工种、生产工序、有关的工具、设备及事故类型等，找出其直接原因和间接原因，主要原因和次要原因。

（4）针对分析事故和不安全问题得到的原因，选择恰当的改进措施。改进措施包括工程技术方面的改进、对人员说服教育、人员调整、制订及执行规章制度等。

（5）实施改进措施。通过工程技术措施实现机械设备、生产作业条件的安全，消除物的不安全状态。通过人员调整、教育、训练消除人的不安全行为，在实施过程中要进行监督。

以上对事故预防工作的认识被称作事故预防工作五阶段模型。该模型包括了企业事故预防工作的基本内容。但是，它以实施改进措施作为事故预防的最后阶段，不符合"认识—实践—再认识—再实践"的认识规律以及事故预防工作永无止境的客观规律。因此，对事故预防工作五阶段模型进行改进，得到图 2.12 所示的模型。

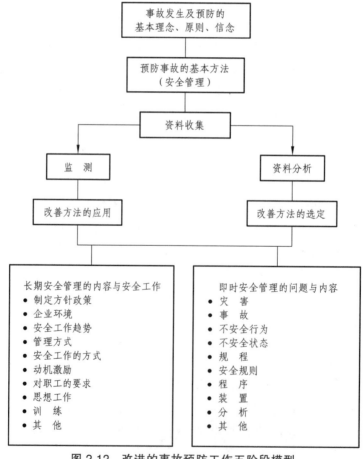

图 2.12　改进的事故预防工作五阶段模型

事故预防工作是一个不断循环进行、不断提高的过程，不可能一劳永逸。在这里，预防事故的基本方法是安全管理，它包括：资料收集，对资料进行分析来查找原因，选择改进措施，实施改进措施，对实施过程及结果进行检测和评价，在监测和评价的基础上再收集资料，发现问题等。

事故预防工作的成败，取决于有计划、有组织地采取改进措施的情况，特别是执行者工作的情况至关重要。因此，为了获得预防事故工作的成功，必须建立健全事故预防工作组织，采用系统的安全管理方法，唤起和维持广大干部、职工对事故预防工作的关心，坚持不断地做好日常安全管理工作。

海因里希认为，建立与维持职工对事故预防工作的兴趣是事故预防工作的第一原则，其次是要不断地分析问题和解决问题。

改进措施可分为直接控制人员操作及生产条件的即时措施，以及通过指导、教育和训练逐渐养成安全操作习惯的长期的改进措施。前者对现存的不安全状态及不安全行为立即采取措施解决；后者用于克服隐藏在不安全状态及不安全行为背后的深层原因。

如果有可能运用技术手段消除危险状态、实现本质安全时，则不管是否存在人的不安全行为，都应该首先考虑采取工程技术上的对策。当某种人的不安全行为引起了或可能引起事故，而又没有恰当的工程技术手段防止事故发生时，则应立即采取措施防止不安全行为重复发生。这些即时的改进对策是十分有效的。然而，管理者绝不能忽略了所有造成工人不安全行为的背后原因，这些原因更重要。否则，改进措施仅仅解决了表面的问题，而事故的根源没有被铲除掉，以后还会发生事故。

（四）本质安全化方法

本质安全一词的提出源于 20 世纪 50 年代世界宇航技术的发展，这一概念的广泛接受是和人类科学技术的进步以及对安全文化的认识密切相连的，是人类在生产、生活实践的发展过程中，对事故由被动接受到积极事先预防，以实现从源头杜绝事故和人类自身安全保护需要，在安全认识上取得的一大进步。狭义的概念指的是通过设计手段使生产过程和产品性能本身具有防止危险发生的功能，即使在误操作的情况下来说也不会发生事故。广义的角度来说就是通过各种措施（包括教育、设计、优化环境等）从源头上堵住事故发生的可能性，即利用科学技术手段使人们生产活动全过程实现安全无危害化，即使出现人为失误或环境恶化也能有效阻止事故发生，使人的安全健康状态得到有效保障。

本质安全化方法主要是从物的方面考虑，包括降低事故发生的概率和降低事故严重程度。

1. 降低事故发生概率的措施

影响事故发生概率的因素很多，如系统的可靠性、系统的抗灾能力、人的失误和违章等。在生产作业过程中，既存在自然的危险因素，也存在人为的生产技术方面的危险因素。这些因素能否导致事故发生，不仅取决于组成系统各要素的可靠性而且还受到企业管理水平和物质条件的限制。因此，降低系统事故的发生概率，最根本的措施是设法使系统达到本质安全化，使系统中的人、物、环境和管理安全化。一旦设备或系统发生故障时，能自动排除、切换或安全地停止运行；当人发生操作失误时，设备、系统能自动保证人机安全。

欲做到系统的本质安全化，应采取以下综合措施：

1）提高设备的可靠性

要控制事故的发生概率，提高设备的可靠性是基础。为此，应采取以下措施：

（1）提高元件的可靠性。设备的可靠性取决于组成元件的可靠性，要提高设备的可靠性，必须加强对元件的质量控制和维修检查，一般可采取：

① 使元件的结构和性能符合设计要求和技术条件，选用可靠性高的元件代替可靠性低的元件；

② 合理规定元件的使用周期，严格检查维修，定期更换或重建。

（2）增加备用系统。在规定时间内，多台设备同时全部发生故障的概率等于每台设备单独发生故障的概率的乘积。因此，在一定条件下，增加备用系统（设备），使每台单独设备或系统都能完成同样的功能。一旦其中一台或几台设备发生故障时，系统仍能正常运转，不致中断正常运行，从而提高系统运行的可靠性，也有利于系统的抗灾救灾。例如，对企业中的一些关键性设备，如供电线路、电动机、水泵等均配置一定量的备用设备，以提高其抗灾能力。

（3）对处于恶劣环境下运行的设备采取安全保护措施。为了提高设备运行的可靠性，防止发生事故，对处于恶劣环境下运行的设备应当采取安全保护措施。如对处于有摩擦、腐蚀、侵蚀等条件下运行的设备，应采取相应的防护措施。对振动大的设备应加强防震、减振和隔振等措施。

（4）加强预防性维修。预防性维修可以有效排除事故隐患、排除设备的潜在危险。为此，应制订相应的维修制度，并认真贯彻执行。

2）选用可靠的工艺技术，降低危险因素的感度

危险因素的存在是事故发生的必要条件。危险因素的感度是指危险因素转化成为事故的难易程度。降低危险因素的感度，关键是选用可靠的工艺技术。

3）提高系统的抗灾能力

系统的抗灾能力是指当系统受到自然灾害和外界事物干扰时，自动抵抗而不发生事故的能力，或者指系统中出现某危险事件时，系统自动将事态控制在一定范围的能力。例如采用漏电保护装置、安全监制、监控装置等安全防护装置。

4）减少人的失误

由于人在生产过程中的可靠性远比机电设备差，很多事故是因人的失误造成的。降低系统事故发生概率，必须首先减少人的失误，主要方法有：

（1）对工人进行充分的安全知识、安全技能、安全态度等方面的教育和训练。

（2）以人为中心，改善工作环境，为工人提供安全性较高的劳动生产条件。

（3）提高机械化程度，尽可能用机器操作代替人工操作，减少现场工作人员。

（4）注意用人机工程学原理进行系统设计，合理分配人机功能，并改善人机接口的安全状况。

5）加强监督检查

建立健全各种自动制约机制，加强专职与兼职、专管与群管相结合的安全检查工作。对系统中的人、事、物进行严格的监督检查，在各种劳动生产过程中是必不可少的。实践表明，只有加强安全检查工作，才能有效地保证企业的安全生产。

2. 降低事故严重度的措施

事故严重度是指因事故造成的财产损失和人员伤亡的严重程度。事故的发生是由于系统中的能量失控造成的，事故的严重度与系统中危险因素转化为事故时释放的能量有关，能量越高，事故的严重度越大。因此，降低事故严重度具有十分重要的作用。目前，一般可采取的措施有：

1）限制能量或分散风险

为了减少事故损失，必须对危险因素的能量进行限制。如各种油库、火药库的储存量的限制，各种限流、限压、限速等设备就是对危险因素的能量进行的限制。此外，通过把大的事故损失化为小的事故损失可达到分散风险的效果。

2）防止能量逸散的措施

防止能量逸散就是设法把有毒、有害、有危险的能量源储存在有限允许范围内，而不影响其他区域的安全。如防暴设备的外壳、密闭墙、密闭火区、放射性物质的密封装置等。

3）加装缓冲能量的装置

在生产中，设法使危险源能量释放的速度减慢，可大大降低事故的严重度，而使能量释放速度减慢的装置称为缓冲能量装置。在工业企业和生活中使用的缓冲能量装置较多。如汽车、轮船上装备的缓冲装置，缓冲阻车器，以及各种安全带、安全阀等。

4）避免人身伤亡的措施

避免人身伤亡的措施包括两个方面的内容：一是防止发生人身伤害，二是一旦发生人身伤害时，采取相应的急救措施。采用遥控操作，提高机械化程度，使用整体或局部的人身个体防护都是避免人身伤害的措施。在生产过程中及时注意观察各种灾害的预兆，以便采取有效措施，防止事故发生。即使不能防止事故发生，也可及时撤离人员，避免人员伤亡。做好救护和工人自救准备工作，对降低事故的严重度有着十分重要的意义。

（五）人机匹配法

事故的发生往往因人的不安全行为和物的不安全状态造成。因此，为了防止事故的发生，主要应当防止出现人的不安全行为和物的不安全状态。在此基础上充分考虑人和机的特点，使之在工作中相互匹配，对防止事故的发生十分有益。

1. 防止人的不安全行为及物的不安全状态

为了防止出现人的不安全行为，首先，要对人员的结构和素质情况进行分析，找出容易发生事故的人员层次和个人以及最常见的人的不安全行为。然后，在对人的身体、生理、心理进行检查测验的基础上，合理选配人员。从研究行为科学出发，加强对人的教育、训练和管理，提高生理，心理素质，增强安全意识，提高安全操作技能，从而最大限度地减少、消除不安全行为。可采取的具体措施包括：

（1）职业适应性检查。

（2）人员的合理选拔和调配。

（3）安全知识教育。

（4）安全态度教育。

（5）安全技能培训。

（6）制订作业标准和异常情况处理标准。

（7）作业前的培训。

（8）制订和贯彻实施安全生产规章制度。

（9）开好班前会。

（10）实行确认制。

（11）作业中的巡视检查，监督指导。

（12）竞赛评比，奖励惩罚。

（13）经常性的安全教育和活动。

为了消除物的不安全状态，应把重点放在提高技术装备（机械设备、仪器仪表、建筑设备等）的安全化水平上。技术设备安全化水平的提高也有助于改善安全管理和防止人的不安全行为。可以说，技术设备的安全化水平在一定程度上，决定了工伤事故和职业病的发生频率。

为了提高技术设备的安全化水平，必须大力推行本质安全技术。具体地说，它包括以下两个方面的内容：

（1）失误安全功能，指操作者即使操纵失误也不会发生事故和伤害。或者说设备、设施或工艺技术具有自动防止人的不安全行为的功能。

（2）故障安全功能，指设备、设施发生故障或损失时还能暂时维持正常工作或自动转变为安全状态。

上述安全功能应该潜藏于设备、设施或工艺技术内部，即在其规划设计阶段就被纳入，而不应在事后再行补偿。

2. 人机功能特性比较

1）人的主要功能

（1）人能够通过感觉器官接受环境信息，感知系统的作业情况和机器的状态。

（2）人能够通过大脑对信息处理进行记忆、分析和加工，并做出判断和评价，如做出继续、停止或改变操作的决定。

（3）人能够通过指令和四肢动作对机器进行操作，如开关机器等。

2）机器的主要功能

（1）机器能够通过传感器和按键、键盘等装置接收信息和指令。

（2）机器能够通过储存装置储存信息。

（3）机器能够按照设计的程序对信息进行运算、加工和处理。

（4）机器能够通过本身的内部结构产生控制作用，控制运行的速度和力度；此外机器还能借助信号把指令从一个环节传递到另一个环节。

对人与机器主要功能进行分析比较，总结见表 2.5。

表 2.5　人机功能特性比较

项 目	人	机 器
感受能力	能够识别物体的大小、形状、位置和颜色等特征，能够分辨不同音色和某些化学物质	能够接受超声、辐射、微波、磁场等人不能感知的信号，且在感觉速度方面优于人
操纵能力	能够进行各种控制，在自由度、调节和联系能力等方面优于机器，能"独立运行"	操纵力、速度、精密度、操作数量和范围等方面优于人，但不能"独立运行"
处理能力	有智力和主观能动性，有创造、辨别、归纳、演绎、综合、分析、记忆、联想、判断、抽象思维等能力，能发现事物运动规律，对问题提出见解和决策措施	无智力（智能机例外）和主观能动性，没有创造能力，只能按照程序设计机械地辨别、归纳、演绎、综合、分析、记忆、判断，不能对问题提出见解
学习能力	具有很强的学习能力，能阅读、归纳和判断，形成概念和方法	无学习能力
计算能力	计算慢且容易产生误差，不能进行高阶运算，但善于修正误差	计算快而精确，可进行高阶运算，但不善于修正误差
记忆能力	能够记忆大量信息，并进行多途径存取，擅长对原则和策略的记忆	能够迅速存取信息，信息传递能力、记忆速度和保持能力都比人高很多
工作效能	能够依次完成多种功能作业，但不能同时完成多种操纵和在恶劣条件下作业	能够在恶劣环境下工作，可同时完成多种操纵控制，单调、重复的工作也不降低效率
可靠性	就人脑而言，可靠性高于机器，但在疲劳与紧急事态下，可能极不可靠，人的技术高低，生理及心理状况等对可靠性都有影响，能够处理意外的紧急事件	按照恰当设计制造的机器，能保持高速可靠性，但在超负荷情况下可靠性可能突降，其本身的检查和维修能力非常薄弱，不能处理意外的紧急事件
连续性	容易产生疲劳，不能长时间的连续工作，且受年龄、性别与健康状况等因素的影响	耐久性高，能长期连续工作，但需要适当维护
灵活性	通过教育训练，能够具有多方面的应变能力，适应和应付突发事件能力强	如果是专用机械，不调整则不能改变其作业用途

从表 2.5 可以看出：

（1）人在复杂感受能力、信息处理能力、智力、综合判断能力、对情况的决策处理能力、灵活应变能力等方面优于机器；但在准确度、体力、速度和知觉能力等方面受限。

（2）机器在操纵力、速度、精确度、高阶运算能力、存储能力、连续作业能力和耐久性等方面优于人；但在性能维持能力、正常动作、判断能力、造价、运营费用等方面受限。

3. 人机功能匹配

将人和机器特性有机结合起来，可以组成高效、安全的人机系统。例如，将人在紧急情况下处理意外事态和进行维护修理的能力与机器在正常情况下持久工作能力结合起来，可以较好地保证系统的可靠性和安全性。载人航天实践中，绕月球飞行中全自动飞行的成功率为22%，人参与飞行的成功率为70%，人承担维修任务的飞行成功率可达到93%，具有高智能的人和最先进的机器相结合的人机环境系统最有发展前途。在实际应用中，并不是简单地把人和机器联系在一起就算解决了人机功能分配问题。哪些功能由人来完成，哪些功能由机器来完成，必须进行具体的分析和研究。

为了充分发挥人与机器各自的优点，让人和机器合理地分配工作任务，实现安全高效的生产，应根据人与机器功能特征的不同，进行人和机器的功能分配。其具体的分配原则如下：

（1）利用人的有利条件。

① 能判断被干扰阻碍的信息；

② 在图形变化的情况下，能识别图形；

③ 对多种输入信息能辨别；

④ 对于发生频率低的事态，在判断时，人的适应性好；

⑤ 解决需要归纳推理的问题；

⑥ 对意外发生的事态能预知、探讨，要求报告信息状况时，用人较好。

（2）利用机器的有利条件。

① 对决定的工作能反复计算，能储存大量的信息资料；

② 迅速地给予很大的物理力；

③ 整理大量的数据；

④ 受环境限制由人来完成有危险或易犯错误的作业；

⑤ 需要调整操作速度；

⑥ 对操纵器需要精密的施加力；

⑦ 需要施加长时间的力时，用机器好。

概括地说，在进行人、机功能分配时，应该考虑人的准确度、体力、动作的速度及知觉能力四个方面的基本界限。人员适合从事要求智力、视力、听力、综合判断力、应变能力及反应能力较高的工作，机器适于承担功率大、速度快、重复性作业及持续作业的任务。应该注意，即使是高度自动化的机器，也需要人员来监视其运行情况。另外，在异常情况下需要由人员来操作，以保证安全。

1）人机功能匹配的含义

人机功能匹配是指对人与机器的特性进行权衡分析，将系统的不同功能分配给人或机器。

其目的是通过合理分配人与机器的功能，将人与机器的优点结合起来，取长补短，从而构成高效、安全的人机系统。

人机功能匹配要注意以下几个方面：

（1）要考虑人与机器各自功能的局限性。

（2）要考虑机器的操纵程度高低对操纵者的要求及操纵者的功能限制对机器的要求，实现人机相互配合，相互补充和协调。

（3）要注意人监控机器和机器监控人。

2）人机功能匹配的不合理分配

（1）没有科学合理地进行人机功能分配，而错误地把适合人的功能分配给了机器，把适合机器的功能分配给了人。

（2）没有考虑好机器的操纵程度高低对操纵者的要求及操纵者的功能限制对机器的要求。结果造成人承担的负荷或速度超过了人的能力极限。

（3）没有根据人执行功能的特点找出人与机器之间最适宜的相互联系的途径与手段。

3）人机功能匹配的原则

笨重的、快速的、精细的、规律性的、单调重复的、高阶运算的、大功率的、高温剧毒、对人有危害的操作等功能应该让机器承担，而人则适合于指令和程序的安排，图形的辨认或多种信息输入，机器系统的监控、维修运用、设计调试、革新创造、故障处理及应付突然事件等功能。

4）人机功能匹配应该注意的问题

（1）信息由机器的显示器传递给人时，应该选择适宜的信息通道，避免信息通道过载而失误，同时设计应该考虑符合人机学的原则。

（2）信息从人的运动器官传递到机器时，应该考虑人的能力极限和操作范围，所设计的控制器应高效、安全、灵敏、可靠。

（3）设计时，应该充分利用人与机器的各自优势。

（4）使用人机结合面的信息通道和传递频率不能超过人的能力极限，并使设计适合大多数人。

（5）要考虑机器发生故障的可能性，以及简单排除故障的方法和工具。

（6）要考虑小概率事件的处理，对可能造成破坏的小概率事件要事先安排监督和控制方法。

第二节　安全分析方法

一、安全分析方法概述

交通安全分析时使用系统工程的原理和方法，辨别、分析交通系统中存在的危险因素，并根据实际需要对其进行定性、定量描述的技术方法。其目的是保证系统安全运行，查明系统中的危险因素，以便采取相应控制措施控制危险。

（一）安全分析的内容

安全分析是从安全的角度对交通系统中的危险因素进行分析，主要分析导致系统故障或事故的各种因素及其相关关系，通常包括如下内容：

（1）对可能出现的、初始的、诱发的及直接引起事故的各种危险因素及其相互关系进行调查和分析。

（2）对与系统有关的环境条件、设备、人员及其他有关因素进行调查和分析。

（3）对能够利用适当的设备、规程、工艺或材料控制或根除某种特殊危险因素的措施进行分析。

（4）对可能出现的危险因素的控制措施及实施这些措施的方法进行调查和分析。

（5）对不可能根除的危险因素失去控制或减少控制可能出现的后果进行调查分析。

（6）对危险因素一旦失去控制，为防止伤害和损害的安全防护措施进行调查和分析。

（二）安全分析方法的分类

安全分析方法有许多种，在危险因素辨别中得到广泛应用的安全分析方法主要有以下几种：

（1）统计图表分析（Statistic Figure Analysis，SFA）。

（2）因果分析图（Cause-Consequence Analysis，CCA）。

（3）安全检查表（Safety Check List，SCL）。

（4）预先危险性分析（Preliminary Hazard Analysis，PHA）。

（5）故障模式及影响分析（Failure Model and Effects Analysis，FMEA）。

（6）危险性和可操作性研究（Hazard and Operability Analysis，HAZOP）。

（7）事件树分析（Event Tree Analysis，ETA）。

（8）事故树分析（Fault Tree Analysis，FTA）。

（9）风险矩阵法（Risk Matrix Method）。

（10）子系统危害分析（Subsystem Hazard Analysis, SSHA）。

（11）操作和支持危害分析（Operating and Support Hazard Analysis, OSHA）。

（12）失效模式，影响和临界分析（Failure Mode，Effects and Critical Analysis, FMECA）

（13）基于图的分析（Diagraph-based Analysis, DA）

此外，尚有管理疏忽和风险树分析、原因-后果分析、共同原因分析等方法，可用于特定目的的危险因素辨别。

（三）安全分析方法的特点及适用范围

各种安全分析方法都是根据危险性的分析、预测以及特定的评价需要而研究开发的，因此，它们都有各自的特点和一定的适用范围。

（1）统计图表分析。是一种定量分析方法，适用于对系统发生事故情况进行统计分析，便于找出事故发生规律。

（2）因果分析图。将引发事故的重要因素分层（枝）加以分析，分层（枝）的多少取决于安全分析的广度和深度要求，分析结果可供编制安全检查表和事故树用。此方法简单、用途广泛，但难以揭示因素之间的组合关系。

（3）安全检查表。按照一定方式（检查表）检查设计、系统和工艺过程，查出危险性所在。此方法简单、用途广泛，没有任何限制。

（4）预先危险性分析。确定系统的危险性，尽量防止采用不安全的技术路线、危险性的物质、工艺和设备。其特点是把分析工作做在行动之前，避免由于考虑不周而造成的损失，当然在系统运行的周期的其他阶段，如检修后开车。制定操作规程、技术改造之后、使用新工艺等情况，都可以采用这种方法。预先危险性分析通常涉及：确定可能存在的危害和可能的影响；确定在设计过程中要使用的一组清晰的准则和目标；制定应对重大危险的计划；分配危害控制的责任（管理和技术）；分配时间和资源来处理危害。

（5）事故模式及影响分析。以硬件为对象，对系统中的元件进行逐个研究，查明每个元件的故障模式，然后再进一步查明每个故障模式对子系统以至系统的影响。本方法易于理解，是广泛采用的标准化方法。但一般用于考虑非危险性失效，费时较多，而且一般不能考虑人、环境和部件之间的相互关系等因素，主要用于设计阶段的安全分析。

（6）致命性分析。确定系统中的每个元件发生故障后造成多大程度的严重性，按其严重度定出等级，以便改进系统性能。本方法用于各类系统、工艺过程、操作程序和系统中的元件，是较完善的标准方法，易于理解，但需要在故障模式及影响分析之后进行。与故障模式及影响分析一样，不能包含人和环境部件之间的相互作用因素。

（7）事故树分析。由于不希望事件（顶事件）开始，找出引起顶事件的各种失效的事件及其组合，最适用于找出各种失效事件之间的关系，即找出系统失效的可能方法。本方法可包含人、环境和部件之间相互作用等因素，加上简明、形象化的特点，已成为安全系统工程的主要分析方法。

（8）事件树分析。由初始（希望或不希望）的事件出发，按照逻辑推论其发展过程及结果，即由此引起的不同事件链。本法广泛用于各种系统，能够分析出各种事件发展的可能结果，是一种动态的宏观分析方法。

（9）危险性和可操作性研究。研究工艺状态参数的变动，以及操作控制中偏差的影响及其发生的原因，其特点是由中间的状态参数的偏差开始，分别向下找原因，享受判明其后果，是故障模式及影响分析和事故树分析方法的延伸，具有二者的优点，适用于流体或能量的流动情况分析，特别是大型化工企业。

（10）原因-后果分析。是事件树分析和事故树分析方法的结合，从某一初始条件出发，向前用事件树分析，向后用事故树分析，兼有二者的优缺点。此方法灵活性强，可以包罗一切可能性，易于文件化，可以简明地表示因果关系。

（11）共因失效分析。共因失效是一种相依失效事件，避免了故障模式及影响分析仅从单一输入的故障模式的缺点，因此，本方法是故障模式及影响分析和事故分析方法的补充。

（12）基于图的分析。基于图的分析（DA）是一种自底向上、基于事件的定性技术。它通常用于过程工业，因为建立所需的信息相对较少。在 DA 中，节点对应于状态变量、警报条件或故障起因，边缘代表偶然节点之间的影响。从构造的图、状态变化的原因和方式可以找到相关传播的特征。

（13）失效模式，影响和临界分析。进行故障模式、影响和临界分析（FMECA）的过程是从两个细节层面进行了研究。失效模式和影响分析（FMEA）是第一级分析，包括识别组成项目的潜在失效模式（组件或子系统）以及对系统性能的影响（通过识别潜在的效果的严重性）。第二级分析是"关键性分析"，用于被调查的物品。

（14）马尔可夫链。马尔可夫方法对评估具有多个状态（例如正常、退化和临界状态）。

（15）定量安全性分析。定量安全分析利用了有关故障的已知的每个组件的特征以建立关联的数学模型，包含以下一些或全部信息：故障率、维修率、任务时间、系统逻辑、维护时间表、人为错误。

（16）定性安全分析。定性安全分析用于查找可能的危害并确定适当的预防措施，可以减少此类危险的发生频率或后果。通常这种技术的目的是生成正在考虑的系统潜在故障的列表。因此该方法不需要故障数据作为分析的输入，它严重依赖于工程判断力和过去的经验。

（四）交通安全分析方法的选择

在进行交通安全分析方法选择时，应根据实际情况考虑以下几个问题：

1. 分析的目的

交通安全分析方法的选择应该能够满足对分析的要求。交通安全分析的最终目的是辨识危险源，而在实际工作中要达到一些具体目的，例如：

（1）对系统中所有危险源，查明并列出清单。

（2）掌握危险源可能导致的事故，列出潜在事故隐患清单。

（3）列出降低危险性的措施和需要深入研究部位的清单。

（4）将所有危险源按危险大小排序。

（5）为定量的危险性评价提供依据。

由于每种方法都有其自身的特点和局限性，并非处处通用。使用中有时要综合应用多种方法，以取长补短或相互比较，验证结果的正确性。

2. 资料的影响

关于资料收集的多少、详细程度、内容的新旧等，都会对选择系统安全分析方法有着至关重要的影响。

一般来说，资料的获取与被分析的系统所处的阶段有直接的关系。例如，在方案设计阶段采用危险性和可操作性研究或故障类型和影响分析的方法就难以获取详细的资料。随着系统的发展，可获得的资料越来越多、越详细。为了能够进行正确的分析，应该收集最新的、高质量的资料。

3. 系统的特点

要针对被分析系统的特点选择交通安全分析方法。

对于复杂和规模大的系统，由于需要的工作量和时间较多，应先用较简洁的方法进行筛选，然后根据分析的详细程度选择相应的分析方法。

对于不同类型的操作过程，若事故的发生是由单一故障（或失误）引起的，则可以选择危险性和可操作性研究；若事故的发生是由许多危险因素共同引起的，则可以选择事故树分析、事件树分析等方法。

4. 系统的危险性

当系统的危险性较高时，通常采用系统、严格、预测性的方法，如故障类型和影响分析、事件树分析、事故树分析等方法；当危险性较低时，一般采用经验的、不太详细的分析方法，如安全检查表法等。

使用交通安全分析方法时应注意：

（1）使用现有分析方法不能生搬硬套，必要时应进行改造或简化。

（2）不能局限于已有分析方法的应用，而应从系统原理出发，开发新的交通安全分析方法。

二、统计图表分析法

统计图表分析法（Statistic Figure Analysis，SFA），就是利用统计图表对交通事故数据进行整理并进行粗略的原因分析，这也是交通安全管理工作中常用的分析方法。

（一）比重图

比重图是一种表示事物构成情况的平面图形，可以在平面上形象、直观地反映事物的各种构成所占的比例。利用比重图可以方便地对各类交通事故进行统计分析，如图 2.13 所示。

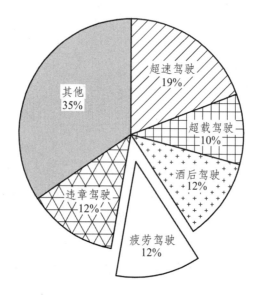

图 2.13　道路交通事故成因分析

（二）趋势图

趋势图是按一定的时间间隔统计数据,利用曲线的连续变化来反映事物动态变化的图形。趋势图借助于连续曲线的升降变化来反映事物的动态变化过程,可以帮助管理者掌握交通事故的发生规律,预测其未来的变化趋势。

趋势图通常用直角坐标系表示,横坐标表示时间间隔,纵坐标表示事物数量尺度。根据事物动态数据资料,在直角坐标系上确定各趋势点,然后将各点连接起来,即为趋势图,如图 2.14 所示,可知早 6 时及晚 18 时至 19 时为案发高峰期。

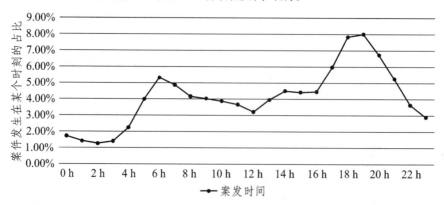

图 2.14　交通肇事特点及趋势

在绘制趋势图的过程中，如果事物的历史数据变化范围较大，可以用纵坐标轴表示事物数据的对数，即以对数数列为尺度。由于对数数列与数列本身的变化趋势是一样的，这就保证了所做的对数趋势图与原趋势图的总的趋势是相同的。由此可解决作图的技术难题。

（三）直方图

直方图是交通安全分析中较为常用的统计图表。它由建立在直角坐标系上的一系列高度不等的柱形图形组成，因而也被称作柱状图。直角坐标系的横坐标表示需要分析的各种因素，柱状图形的高度则代表了对应横坐标的某一指标的数值。采用直方图进行交通事故统计分析，可以直观、形象地表示出各种因素对交通事故的影响程度。

（四）排列图法

排列图全称为主次因素排列图，也称为巴雷特图，可用于确定系统安全的关键因素，以便明确主攻方向和工作重点所在。

排列图由两个纵坐标、一个横坐标、几个直方图和一条曲线组成。左边纵坐标表示频数，右边纵坐标表示累积频率（0～100%）。横坐标表示事故原因或事故分类，一般按影响因素的主次从左向右排列。直方图的高低表示某个因素影响的大小，曲线表示各因素影响大小的累计百分数。

如图 2.15 所示，排列图主次因素的排列，可分为三类：累积频率在 0～80% 的因素称为 A 类因素，显然是主要因素；累积频率在 80%～90% 的因素称为 B 类次主要因素；累积频率在 90%～100% 的因素称为 C 类次要因素。此管理方法有时也被称为 ABC 管理法。

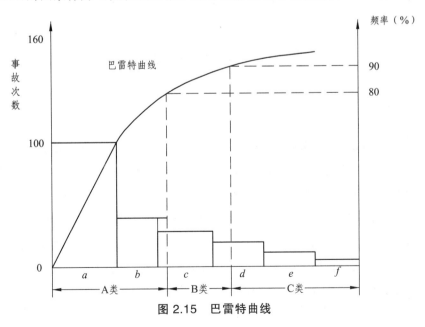

图 2.15　巴雷特曲线

这种排列图工具因分析目的的不同而改变横坐标中的因素。例如，分析机动车驾驶员事故原因时可以把横坐标设为酒后开车、超速行驶、无证驾驶、违章超车、违章会车等项目；分析道路交通事故现象时可以把横坐标设为汽车与自行车相撞、汽车与行人相撞、汽车与拖拉机相撞、汽车自身事故等项目。但分析时所采用的因素不宜过多，要列出主要因素，去掉次要因素，以便突出主要矛盾。

（五）圆图法

圆图法是一种比较新颖的方法，是一种比较形象直观的方法，它把要分析的项目按比例画在一个圆内，可以比较直观地看出各因素所占的比例，如图 2.16 所示。

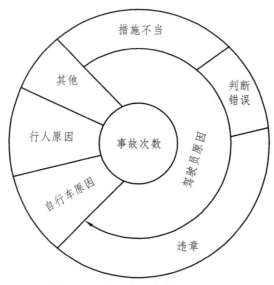

图 2.16　道路交通事故发生原因

三、因果分析图

因果分析图（Cause-Consequence Analysis，CCA）也称鱼刺图或特性因素图。运输过程安全与否是交通参与者、运载工具、运输线路等多方面因素综合作用的结果，这些因素与交通安全的关系复杂，它们彼此之间也存在着错综复杂的关系。当分析引起交通事故的原因时，可以将各种可能的事故原因进行归纳分析，用简明的文字和线条表现出来，如图 2.17所示。用鱼刺图分析法分析交通安全问题，可以使复杂的原因系统化、条块化，而且直观，逻辑性强，因果关系明确，便于把主要原因弄清楚。但是对于多因素之间共同作用导致的事故，鱼刺图就无法充分体现因素之间的联系和相互关系。

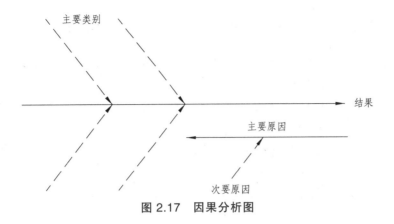

图 2.17　因果分析图

因果分析图法在分析交通事故的具体案例,对吸取事故教训,采取防范措施,防止类似事故的再次发生等方面具有重要作用。

铁路调车作业事故鱼刺图如图 2.18 所示。

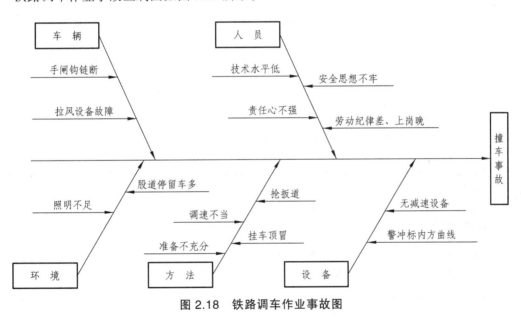

图 2.18　铁路调车作业事故图

四、安全检查表

安全检查表(Safety Check List,SCL)是交通系统安全分析中一种常用的分析方法。其基本任务是发现和查明系统的各种危险和隐患,监督各项安全法规、制度、标准的实施,制止违法行为,预防事故,消除危险,保障安全。在交通安全管理中,对安全检查是十分重视的。为了使安全检查工作能够正确、及时地发现问题和解决问题,需要一种按系统工程思想进行检查的方法。安全检查表就是为此目的而编制的。实践证明,安全检查表是进行系统安全检查、预防事故、改善劳动条件的一种重要有效的手段。

（一）安全检查表的内容及要求

（1）安全检查表的项目及要求：安全检查表的检查项目，应列出所有可能导致事故发生的因素或状态。即要求所列检查项目系统、全面、完善。

（2）安全检查表采用的方式：安全检查表一般采用正面提问的方式，要求发问明确，回答清楚，并以"是"或"否"来回答。

（3）检查依据：为了使提出的问题有依据，可以收集有关此项问题的规章制度、规范标准中所规定的要求，分别简要列出它们的名称和所在章节，附于每项提问后面，以便查对。

（二）安全检查表的特点

安全检查表在是调查分析事故行之有效的基本方法，具有以下五个特点：

（1）预先对检查对象进行调查研究和分析。
（2）依据法规和标准，目的明确，内容具体。
（3）能准确地查出隐患，得出确切的结论。
（4）易于推行安全生产责任制。
（5）使用简单易行，易于被安全管理人员和广大职工掌握和接受。

（三）安全检查表的分类

安全检查表的类型繁多，分类的方式不一，绝大多数是按用途分类的。根据铁路运输业的特点，按其用途安全检查表可分为下列几种类型。

1. 运输设备、机械装置、设施定期安全检查表

由于铁路运输系统是庞大的联动机，部门复杂、设备繁多，所以应该按车务、机务、电力、车辆、水电、房建等部门，根据各自的设备情况，制订相应的安全检查表，供进行日常巡回检查或定期检查时使用。

2. 铁路运输生产用安全检查表

保证铁路运输安全，做到四通八达、畅通无阻是铁路全体员工的奋斗目标。为达到此目标，需要采取各种手段和措施，对铁路行车工作、货运工作和客运工作制订相应的安全检查表，不定期地进行检查，发现问题并采取措施，预防事故的发生。

3. 消防用安全检查表

铁路运输部门的货场、仓库、油库等要害部位，防止火灾发生是一个十分重要的问题。如果防火工作做得不好，措施不力，一旦发生火灾，将会造成惨重的损失。因此，在上述要害地点必须建立严格的防火制度，设立必要的消防器材，制订切实可行的具体措施，并经常或定期进行检查，发现问题及时解决。

4. 专业性安全检查表

这种检查表由专业机构或职能部门编制和使用，主要用于进行定期的安全检查或季节性检查，如对电气设备、锅炉及压力容器、特殊装置与设施等专业性检查。

5. 设计审查用安全检查表

如果在设计时能够设法把不安全因素消除掉，则可以取得事半功倍的效果。因此，在设计之前，应为设计人员提供相应的安全检查表。表中还应列出应该遵循的有关规程、标准。这样既可以扩大设计者的知识面，而且能使他们乐于采纳这些标准中所列的数据要求，避免与安全人员意见不同时发生争议。设计人员事先参照安全检查表进行设计，比设计完成后再照检查表修改要省事得多。

（四）安全检查表的编制方法及步骤

1. 编制方法

（1）经验法。找熟悉被检查对象的人员和具有实践经验的人员，以三结合的方式（工人、工程技术人员、管理人员）组成一个小组。依据人、物、环境的具体情况，根据以往积累的实践经验以及有关统计数据，按照规程、规章制度等文件的要求，编制安全检查表。

（2）分析法。根据已编制的事故树的分析、评价结果来编制安全检查表。通过事故树进行定性分析，求出事故树中的最小割集，按最小割集中基本事件的多少，找出系统中的薄弱环节，以这些薄弱环节作为安全检查的重点对象，编制成安全检查表。还可以通过对事故树的结构重要度分析、概率重要度分析和临界重要度分析，分别按事故树中基本事件的结构重要度系数、概率重要度系数和临界重要度系数的大小，编制安全检查表。

2. 编制步骤

（1）确定被检查对象，组织有关人员。

（2）熟悉被分析的系统。

（3）调查不安全因素。

（4）搜集与系统有关的规范、标准、制度等。

（5）明确规定的安全要求。

（6）根据具体情况和要求确定编制方法，编制安全检查表。

（7）通过反复使用，不断修改、补充完善。

（五）安全检查表的格式及应用实例

安全检查表的格式是由它的性质决定的，它是以问答的形式出现，一般由两部分内容组成。

第一部分：标明安全检查表的名称和被检查系统名称（单位、工种）、检查日期、检查者等。

第二部分：顺号，检查项目（即检查内容，要求逐条编号），检查结果，整改措施等内容。

安全检查表在铁路运输系统的安全生产管理、设备管理、人身安全等方面有很高的实用价值，在预测、预防事故方面发挥了积极的作用。铁路调车作业安全检查表如表 2.6 所示。

表 2.6 调车作业安全检查表

检查单位：×× 　　　检查人：××× 　　　检查时间：×年×月×日

序号	检查项目	检查结果		整改措施（备注）
		是	否	
1	接班前班组长是否从行动、外表检查了职工的思想、精神状态			
2	接班前班组长是否检查了职工的着装、工具等上岗准备情况			
3	作业前是否召开了安全预想会，并布置了安全注意事项			
4	作业前是否明确分工并强调了作业纪律			
5	是否做到了调车长、提钩组长、铁鞋组长负责全组的安全工作			
6	对危及安全生产的关键因素是否反复强调并对职工进行了布置，做到互相监督确保安全			
7	对喝酒上岗和身体不适的职工是否采取了有效措施			
8	当发现有危及安全的情况时，是否立即采取果断措施及时制止			
9	是否按规定巡视了线路、车辆和货物情况等			

（六）安全检查表的优点

（1）安全检查表可以事先编制，集思广益。

（2）针对不同的对象和要求编制相应的安全检查表，可实现安全检查的标准化、规范化。

（3）依据安全检查表进行检查，是监督各项安全规章制度的实施和纠正违章指挥、违章作业的有效方式。

（4）安全检查表整改责任明确，可作为安全检查人员或现场作业人员履行职责的凭据，有利于落实安全生产责任制，同时也可为新老安全员顺利交接安全检查工作打下良好的基础。

（5）由于安全检查表中内容直观简单，容易掌握，易于实现群众管理。

（6）安全检查表检查方法具体实用，可以避免流于形式、走过场，有利于提高安全检查效果。

（七）编制中应注意的问题

（1）编制安全检查表的过程，实质上是理论知识、实践经验系统化的过程。一个高水平的安全检查表需要专业技术的全面性、多学科的综合性和对实际经验的统一性。为此，应组织技术人员、管理人员、操作人员和安技人员深入现场共同编制。

（2）按检查隐患要求列出的检查项目应齐全、具体、明确，突出重点，抓住要害。为了避免重复，尽可能将同类性质的问题列在一起，系统地列出相关的安全问题或状态。另外应规定检查方法，并附有检查合格标准。防止检查表笼统化、行政化。

（3）各类安全检查表都有其适用对象，各有侧重，是不宜通用的。如专业检查表与日常检查表要加以区分，专业检查表应详细，而日常检查表则应简明扼要、突出重点。

（4）危险性部位应详细检查，确保一切隐患在可能发生事故之前就被发现。

（5）编制安全检查表应将系统安全工程中的事故树分析、事件树分析、危险性预先分析和可操作性研究等方法结合进行，把一些基本事件列入检查项目中。要落实安全检查实施人员。

（6）要落实安全检查实施人员，检查中发现问题要及时处理，并作跟踪处理。

五、预先危险性分析

（一）预先危险性分析的含义及内容

1. 含义

预先危险性分析（Preliminary Hazard Analysis，PHA）是一种定性的系统安全分析方法。主要用于还没有掌握系统详细资料时，分析、辨识可能出现或已经存在的危险源，并尽可能在付诸实施之前找出预防、改正、补救的措施，消除或控制危险源。

如在交通线路、港、站、枢纽等新系统设计、已有系统改造之前的方案设计、选址、选线阶段，对系统可能产生的危险源、类型、后果等进行系统的分析，并尽可能在系统付诸实施之前找出预防、纠正、补救措施，消除或控制危险因素。

2. 内容

（1）熟悉系统，尤其是系统的"工艺分析"，识别"工艺"中危险的"工序"及其"硬件"，并分析其发生的可能性条件。如对危险的路段的危险性分析，包括线形、交通标识、灾害等。

（2）分析系统中各子系统、各元件的交接面及其相互关系与影响，如各单独的单位工程之间的协调性分析。

（3）分析工艺过程及其工艺参数或状态参数，如交通线路设计参数的合理性问题。

（4）人、机关系（操作、维修等）。

（5）环境条件分析，如大雾、洪水、高（低）温、振动、线路景观等。

（6）用于保证安全的技术设备、防护装置等，如监控设备等。

（7）其他危险条件。

（二）预先危险性分析的主要优点

（1）分析工作做在行动之前，可及早采取措施排除、降低或控制危害，避免由于考虑不周造成损失。

（2）对系统开发、初步设计、制造、安装、检修等做的分析结果，可以提供应遵循的注意事项和指导方针。

（3）分析结果可为制订标准、规范和技术文献提供必要的资料。

（4）根据分析结果可编制安全检查表以保证实施安全，并可作为安全教育的材料。

（三）预先危险性分析的步骤

1. 准备阶段

（1）确定系统。明确所分析系统的功能及分析范围。

（2）调查、收集资料。调查生产目的、工艺过程、操作条件和周围环境。收集设计说明书、本单位的生产经验、国内外事故情报及有关标准、规范、规界等资料。

2. 分析实施阶段

（1）系统功能分解。

为了便于分析，按系统工程的原理将系统进行功能分解，并绘出功能框图，表示它们之间的输入、输出关系。如铁路系统可以按照各个专业进行分解。

（2）分析、识别危险性。

确定危险类型、危险来源、初始伤害及其造成的危险性，对潜在的危险点要仔细判定。如道路长大下坡的危险性分析。

（3）确定危险等级。

在确认每项危险之后，都要按其效果进行分类。

（4）制定措施。

根据危险等级，从软件（系统分析、人机工程、管理、规章制度等）、硬件（设备、工具、操作方法等）两方面制订相应的消除危险性的措施和防止伤害的办法。

3. 结果汇总阶段

根据分析结果确定系统中的主要危险源，研究其产生原因和可能导致的事故，以表格的形式汇总分析结果。典型的结果汇总表包括主要的事故、产生原因、可能的后果、危险性级别、应采取的措施等栏目，如表 2.7 所示。

表 2.7　预先危险性分析表

部件或子系统名称	故障状态（触发事件）	危险描述	发生可能性等级	危险影响	后果严重性等级	安全措施

（四）预先危险性分析应注意的问题

（1）分析人员的代表性。

由于在新开发的生产系统或新的操作方法中，对接触到的危险物质、工具和设备的危险性还没有足够的认识，因此为了使分析获得较好的效果，应采取设计人员、操作人员和安技干部三结合的形式进行。

（2）系统的分解需要细化。

工程的观点认为，在查找危险性时，应将系统进行分解，按系统、子系统、元素一步一步地进行。这样做不仅可以避免过早地陷入细节问题而忽视重点问题的危险，而且可以防止漏项。

（3）为了使分析人员有条不紊地、合理地从错综复杂的结构关系中查出深潜的危险因素，可采取以下对策：

① 迭代。对一些深潜的危险，一时不能直接查出危险因素时，可先做一些假设，然后将得出的结果作为改进后的假设，再进一步查危险因素。这样经过一步一步地试析，向更准确的危险因素逼近。

② 抽象。在分析过程中，对某些危险因素常忽略其次要方面，首先将注意力集中于危险性大的主要问题上。这样可使分析工作能较快地入门，首先保证在主要危险因素上取得结果。

（4）在可能条件下，最好事先准备一个检查表，指出查找危险性的范围。

六、事件树分析

事件树分析（Event Tree Analysis，ETA）是从一个初始事件开始，按顺序分析事件向前发展中各个环节成功与失败的过程和结果。

一起事故的发生，是许多原因事件相继发生的结果。其中，一些事件的发生是以另一些事件首先发生为条件的，而一些事件的出现，又会引起另一些事件的出现。在事件发生的顺序上存在着因果的逻辑关系。事件树分析法是一种时序逻辑的事故分析方法，它以一初始事件为起点，按照事故的发展顺序分成阶段，一步一步地进行分析，每一事件可能的后续事件只能取完全对立的两种状态（成功或失败，正常或故障，安全或危险等）之一的原则，逐步向结果方面发展，直到达到系统故障或事故为止。每一步事故分析的情况用树枝状图表示，故叫事件树。事件树既可以定性地了解整个事件的动态变化过程，又可以定量地计算出各阶段的概率，最终了解事故发展过程中各种状态的发生规律。

（一）事件树分析法的功能

（1）ETA可以事前预测事故及不安全因素，估计事故的可能后果，寻求最经济的预防手段和方法。

（2）事后用 ETA 分析事故原因，十分方便明确。

（3）ETA 的分析资料既可作为直观的安全教育资料，也有助于推测类似事故的预防对策。

（4）当积累了大量事故资料时，可采用计算机模拟，使 ETA 对事故的预测更为有效。

（5）在安全管理上用 ETA 对重大问题进行决策，具有其他方法所不具备的优势。

（二）事件树的编制程序

1. 确定初始事件

事件树分析是一种系统地研究作为危险源的初始事件如何与后续事件形成时序逻辑关系而最终导致事故的方法。初始事件是事故在未发生时，其发展过程中的危害事件或危险事件，如机器故障、设备损坏、能量外逸或失控、人的误动作等。正确选择初始事件十分重要，可以采用以下两种方法加以确定：

（1）根据系统设计、系统危险性评价、系统运行经验或事故经验等确定。

（2）根据系统重大故障或事故树分析，从其中间事件或初始事件中选择。

2. 判定安全功能

系统中包含许多安全功能，在初始事件发生时消除或减轻其影响以维持系统的安全运行。常见的安全功能列举如下：

（1）对初始事件自动采取控制措施的系统，如自动停车系统等。

（2）提醒操作者初始事件发生了的报警系统。

（3）根据报警或工作程序要求操作者采取的措施。

（4）缓冲装置，如减振、压力泄放系统或排放系统等。

（5）局限或屏蔽措施等。

3. 绘制事件树

从初始事件开始，按事件发展过程自左向右绘制事件树，用树枝代表事件发展途径。首先考察初始事件一旦发生时最先起作用的安全功能，把可以发挥功能的状态画在上面的分枝，不能发挥功能的状态画在下面的分枝。然后依次考察各种安全功能的两种可能状态，把发挥功能的状态（又称成功状态）画在上面的分枝，把不能发挥功能的状态（又称失败状态）画在下面的分枝，直到达到系统故障或事故为止。

4. 简化事件树

在绘制事件树的过程中，可能会遇到一些与初始事件或事故无关的安全功能，或者其功能关系相互矛盾、不协调的情况，需用工程知识和系统设计的知识予以辨别，然后从树枝中去掉，即构成简化的事件树。

在绘制事件树时，要在每个树枝上写出事件状态，树枝横线上面写明事件过程内容特征，横线下面注明成功或失败的状况说明。

（三）事件树定性分析

事件树定性分析在绘制事件树的过程中就已进行，绘制事件树必须根据事件的客观条件和事件的特征做出符合科学性的逻辑推理，用与事件有关的技术知识确认事件可能状态，所以在绘制事件树的过程中就已对每一发展过程和事件发展的途径作了可能性分析。

事件树画好之后的工作，就是找出发生事故的途径和类型以及预防事故的对策。

1. 找出事故连锁

事件树的各分枝代表初始事件一旦发生其可能的发展途径。其中，最终导致事故的途径即事故连锁。一般地，导致系统事故的途径有很多，即有许多事故连锁。事故连锁中包含的初始事件和安全功能故障的后续事件之间具有"逻辑与"的关系。显然，事故连锁越多，系统越危险；事故连锁中事件树越少，系统越危险。

2. 找出预防事故的途径

事件树中最终达到安全的途径指导管理者如何采取措施预防事故。在达到安全的途径中，发挥安全功能的事件构成事件树的成功连锁。如果能保证这些安全功能发挥作用，则可以防止事故。一般地，事件树中包含的成功连锁可能有多个，即可以通过若干途径来防止事故发生。显然，成功连锁越多，系统越安全；成功连锁中事件树越少，系统越安全。

由于事件树反映了事件之间的时间顺序，所以应该尽可能地从最先发挥功能的安全功能着手。

（四）事件树定量分析

事件树定量分析是指根据每一事件的发生概率，计算各种途径的事故发生概率，比较各个途径概率值的大小，做出事故发生可能性序列，确定最易发生事故的途径。一般地，当各事件之间相互统计独立时，其定量分析比较简单；当事件之间相互统计不独立时（如共同原因故障、顺序运行等），则定量分析变得非常复杂。这里仅讨论前一种情况。

1. 各发展途径的概率

各发展途径的概率等于自初始事件开始的各事件发生概率的乘积。

2. 事故发生概率

事件树定量分析中，事故发生概率等于导致事故的各发展途径的概率和。

定量分析要有事件概率数据作为计算的依据，而且事件过程的状态又是多种多样的，一般都因缺少概率数据而不能实现定量分析。

3. 事故预防

事件树分析把事故的发生发展过程表述得清楚而有条理，为设计事故预防方案、制订事故预防措施提供了有力的依据。

从事件树上可以看出，最后的事故是一系列危害和危险的发展结果，如果中断这种发展过程就可以避免事故发生。因此，在事故发展过程的各阶段，应采取各种可能措施，控制事件的可能性状态，减少危害状态出现概率，增大安全状态出现概率，把事件发展过程引向安全的发展途径。

采取在事件不同发展阶段阻截事件向危险状态转化的措施，最好在事件发展前期过程实现，从而产生阻截多种事故发生的效果。但有时因为技术经济等原因无法控制，这时就要在事件发展后期过程采取控制措施。显然，要在各条事件发展途径上都采取控制措施才行。

（五）事件树的应用实例

在铁路旅客运输中是严禁旅客携带易燃品上车的，以确保旅客运输安全。但有的旅客违反规定携带易燃品，进站时未查出，将其带上火车，这就可能引起火灾事故，造成人员伤亡和财物损失。但处理得当，也可以避免火灾事故的发生，具体分析如图 2.19 所示。

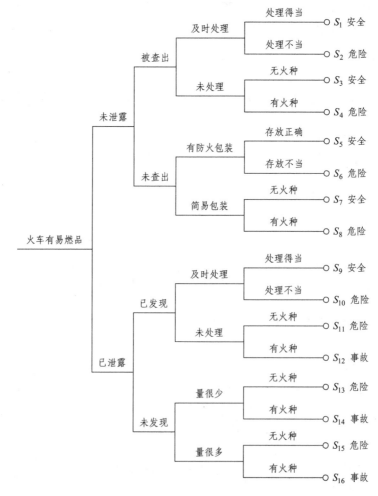

图 2.19 列车上易燃品引发火灾的事件树

七、事故树分析

（一）事故树分析的基本概念及特点

事故树分析（Fault Tree Analysis，FTA）是安全系统工程中常用的一种分析方法。1961年，美国贝尔电话研究所的维森（H.A.Watson）首创了 FTA 并应用于研究民兵式导弹发射控制系统的安全性评价中，用它来预测导弹发射的随机故障概率。接着，美国波音飞机公司的哈斯尔（Hassle）等人对这个方法又做了重大改进，并采用电子计算机进行辅助分析和计算。1974 年，美国原子能委员会应用 FTA 对商用核电站进行了风险评价，发表了拉斯姆逊报告（Rasmussen Report），引起世界各国的关注。目前事故树分析法已从宇航、核工业进入一般电子、电力、化工、机械、交通等领域，它可以进行故障诊断，分析系统的薄弱环节，指导系统的安全运行和维修，实现系统的优化设计。

事故树分析是一种演绎推理法，这种方法把系统可能发生的某种事故与导致事故发生的各种原因之间的逻辑关系用一种称为事故树的树形图表示,通过对事故树的定性与定量分析，找出事故发生的主要原因，为确定安全对策提供可靠依据，以达到预测与预防事故发生的目的。FTA 法具有以下特点：

（1）FTA 是一种图形演绎方法，是事故事件在一定条件下的逻辑推理方法。它可以围绕某特定的事故作层层深入的分析，因而在清晰的事故树图形下，表达系统内各事件间的内在联系，并指出单元故障与系统事故之间的逻辑关系，便于找出系统的薄弱环节。

（2）FTA 具有很大的灵活性，不仅可以分析某些单元故障对系统的影响，还可以对导致系统事故的特殊原因如人为因素、环境影响等进行分析。

（3）进行 FTA 的过程，是一个对系统更深入认识的过程，它要求分析人员把握系统内各要素间的内在联系，弄清各种潜在因素对事故发生影响的途径和程度，因而许多问题在分析的过程中就被发现并解决了，从而提高了系统的安全性。

（4）利用 FTA 模型可以定量计算复杂系统发生事故的概率，为改善和评价系统安全性提供了定量依据。

（二）事故树分析的步骤

1. 准备阶段

确定所要分析的系统以及所要分析系统的范围;熟悉系统并收集系统的有关资料与数据;收集、调查所分析系统曾经发生过的事故和将来有可能发生的事故。

2. 事故树的编制

确定事故树的顶事件；调查与顶事件有关的所有原因事件并进行影响分析；采用一些规

定的符号按照一定的逻辑关系，将事故树顶事件与引起顶事件的原因事件绘制成反映因果关系的树形图。

3. 事故树定性分析

按照事故树结构，求取事故树的最小割集或最小径集，以及基本事件的结构重要度。根据定性分析的结果确定预防事故的安全保障措施。

4. 事故树定量分析

根据引起事故发生的各基本事件的发生概率，计算事故树顶事件发生的概率，计算各基本事件的概率重要度。根据定量分析的结果以及事故发生以后可能造成的危害，对系统进行风险分析，以确定安全投入方向。

5. 事故树分析的结果总结与应用

必须及时对事故树分析的结果进行评价、总结，提出改进建议，整理、储存事故树定性和定量分析的全部资料与数据，并注重综合利用各种安全分析的资料，为系统安全性评价与安全性设计提供依据。

（三）事故树的符号及其意义

事故树采用的符号包括事件符号、逻辑门符号和转移符号三大类。

1. 事件及事件符号

在事故树分析中各种非正常状态或不正常情况皆称事故事件，各种完好状态或正常情况皆称成功事件，两者均简称为事件。事故树中的每一个节点都表示一个事件。

（1）结果事件。

结果事件是由其他事件或事件组合所导致的事件，它总是位于某个逻辑门的输出端，用矩形符号表示，如图2.20（a）所示。结果事件分为顶事件和中间事件。

① 顶事件是事故树分析中所关心的结果事件，位于事故树的顶端。它总是所讨论事故树中逻辑门的输出事件而不是输入事件，即系统可能发生的或实际已经发生的事故结果。

② 中间事件是位于事故树顶事件和底事件之间的结果事件。它既是某个逻辑门的输出事件，又是其他逻辑门的输入事件。

（2）底事件。

底事件是导致其他事件的原因事件，位于事故树的底部，它总是某个逻辑门的输入事件而不是输出事件。底事件又分为基本原因事件和省略事件。

① 基本原因事件。它表示导致顶事件发生的最基本的或不能再向下分析的原因或缺陷事件，用图2.20（b）中的圆形符号表示。

② 省略事件。它表示没有必要进一步向下分析或其原因不明确的原因事件。另外，省略事件还表示二次事件，即不是本系统的原因事件，而是来自系统之外的原因事件，用图2.20（c）中的菱形符号表示。

（3）特殊事件。

特殊事件是指在事故树分析中需要表明其特殊性或引起注意的事件。特殊事件又分为开关事件和条件事件。

① 开关事件，又称正常事件。它是在正常工作条件下必然发生或必然不发生的事件，用图2.20（d）中屋形符号表示。

② 条件事件是限制逻辑门开启的事件，用图2.20（e）中符号表示。

（a）　　　（b）　　　（c）　　　（d）　　　（e）

图2.20　事件符号

2. 逻辑门及其符号

逻辑门是连接各事件并表示其逻辑关系的符号。

（1）与门。

与门可以连接数个输入事件 E_1、E_2、$\cdots$、E_n 和一个输出事件 E，表示仅当所有输入事件都发生时，输出事件 E 才发生的逻辑关系。与门符号如图2.21（a）所示。

（2）或门。

或门可以连接数个输入事件 E_1、E_2、$\cdots$、E_n 和一个输出事件 E，表示至少一个输入事件发生时，输出事件 E 就发生。或门符号如图2.21（b）所示。

（3）非门。

非门表示输出事件是输入事件的对立事件。非门符号如图2.21（c）所示。

（4）特殊门。

① 表决门。表示仅当输入事件有 $m(m \leqslant n)$个或 m 个以上事件同时发生时，输出事件才发生。表决门符号如图2.22（a）所示。显然，或门和与门都是表决门的特例，或门是 $m = 1$ 时的表决门；与门是 $m = n$ 时的表决门。

② 异或门。表示仅当单个输入事件发生时，输出事件才发生。异或门符号如图2.22（b）所示。

③ 禁门。表示仅当条件事件发生时，输入事件的发生方导致输出事件的发生。禁门符号如图2.22（c）所示。

④ 条件与门。表示输入事件不仅同时发生，而且还必须满足条件 A，才会有输出事件发生。条件与门符号如图2.22（d）所示。

⑤ 条件或门。表示输入事件中至少有一个发生，在满足条件 A 的情况下，输出事件才

发生。条件或门符号如图 2.22（e）所示。

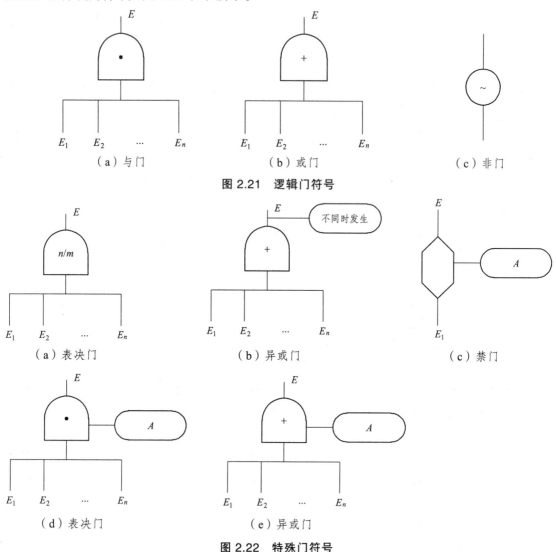

（a）与门　　　　　　　　　（b）或门　　　　　　　　　（c）非门

图 2.21　逻辑门符号

（a）表决门　　　　　　　　（b）异或门　　　　　　　　（c）禁门

（d）表决门　　　　　　　　　　　（e）异或门

图 2.22　特殊门符号

3. 转移符号

当事故树规模很大或整个事故树中多处包含相同的部分树图时，为了简化整个树图，便可用转出和转入符号，以标出向何处转出和从何处转入。

（1）转出符号。表示向其他部分转出，△内记入向何处转出的标记，如图 2.23 所示。

（2）转入符号。表示从其他部分转入，△内记入从何处转入的标记，如图 2.24 所示。

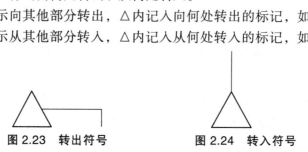

图 2.23　转出符号　　　　　　　　图 2.24　转入符号

（四）事故树的编制

事故树编制是 FTA 中最基本、最关键的环节。编制工作一般应由系统设计人员、操作人员和可靠性分析人员组成的编制小组来完成。通过编制过程能使小组人员深入了解系统，发现系统中的薄弱环节，这是编制事故树的首要目的。事故树的编制是否完善直接影响到定性分析与定量分析的结果是否正确，关系到运用 FTA 的成败。所以，事故树编制必须经过编制小组成员反复研究，不断深入，并充分利用实践中有效的经验总结。

1. 编制事故树的规则

事故树的编制过程是一个严密的逻辑推理过程，应遵循以下规则：

（1）确定顶事件应优先考虑风险大的事故事件。能否正确选择顶事件，直接关系到分析结果，是事故树分析的关键。在系统危险分析的结果中，不希望发生的事件远不止一个。但是，应当把发生频率高且后果严重的事件优先作为分析的对象，即顶事件；也可以把发生频率不高但后果很严重以及后果虽不严重但发生非常频繁的事故作为顶事件。

（2）合理确定边界条件。在确定了顶事件后，为了避免事故树过于烦琐、庞大，应明确规定被分析系统与其他系统的界面，并作一些必要的合理的假设。

（3）保持门的完整性，不允许门与门直接相连。事故树编制时应逐级进行，不允许跳跃。任何一个逻辑门的输出都必须有一个结果事件，不允许不经过结果事件而将门与门直接相连；否则，将很难保证逻辑关系的准确性。

（4）确切描述顶事件。明确地给出顶事件的定义，即确切地描述出事故的状态，什么时候在何种条件下发生。

（5）编制过程中及编成后，需及时进行合理的简化。

2. 编制事故树的方法

编制事故树的常用方法为演绎法，是通过人的思考去分析顶事件是怎样发生的。即首先确定系统的顶事件，找出直接导致顶事件发生的各种可能因素或因素的组合即中间事件；在顶事件与其紧连的中间事件之间，根据其逻辑关系相应地画上逻辑门；然后再对每个中间事件进行类似的分析，找出其直接原因，逐级向下演绎，直到不能分析的基本事件为止。这样就可得到用基本事件符号表示的事故树。

（五）事故树定性分析

1. 最小割集

1）割集和最小割集

事故树顶事件发生与否是由构成事故树的各种基本事件的状态决定的。很显然，所有基本事件都发生时，顶事件肯定发生。然而，在大多数情况下，并不是所有基本事件都发生时顶事件才发生，而是只要某些基本事件发生就会导致顶事件发生。在事故树分析中，把引起顶事件发生的基本事件的集合称为割集，也称截集或截止集。一个事故树中的割集一般不止一个，在这些割集中，凡不包含其他割集的，叫作最小割集。换言之，如果割集中任意去掉一个基本事件后就不是割集，那么这样的割集就是最小割集。所以，最小割集是引起顶事件发生的充分必要条件。

2）最小割集的求法

最小割集的求法有多种，常用的有布尔代数化简法、行列法和结构法三种。其中，布尔代数法最为简单，应用较为普遍。

（1）布尔代数化简法。

布尔代数化简法也叫逻辑化简法，这种方法的理论依据是：事故树的结构完全可以用最小割集来表示。

任何一个事故树都可以用布尔函数来描述。化简布尔函数，其最简析取标准式中每个最小项所属变元构成的集合，便是最小割集。若最简析取标准式中含有 m 个最小项，则该事故树有 m 个最小割集。

根据布尔代数的性质，可把任何布尔代数化为析取和合取两种标准式。析取标准式形式为：

$$f = A_1 + A_2 + L + A_n = \sum_{i=1}^{n} A_i$$

合取标准式为：

$$f = B_1 \cdot B_2 \cdot L \cdot B_n = \prod_{i=1}^{n} B_i$$

可以证明，A_i 和 B_i 分别是事故树的割集和径集。如果定义析取标准式的布尔项之和 A_i 中各项之间不存在包含关系，即其中任意一项基本事件布尔积不被其他基本事件布尔积所包含，则该析取标准式为最简析取标准式，那么 A_i 为事故树的最小割集。同理，可以直接利用最简合取标准式求取事故树的最小径集。

用布尔代数法计算最小割集，通常分三个步骤进行。

第一，建立事故树的布尔表达式。一般从事故树的顶事件开始，用下一层事件代替上一层事件，直至顶事件被所有基本事件代替为止。

第二，将布尔表达式化为析取标准式。

第三，化析取标准式为最简析取标准式。可利用布尔代数的逻辑运算法则进行化简，使之满足最简析取标准式的条件。

逻辑代数运算的法则很多，有的和代数运算法则一致，有的不一致。这里只介绍几种常用的运算法则，以便记忆和运用。

定理1：$\overline{\overline{A}} = A$（对合律）

定理2：$A + B = B + A, AB = BA$（交换律）

定理 3：　$A+(B+C) = (A+B)+C, A(BC) = (AB)C$（结合律）

定理 4：　$A+BC = (A+B)(A+C), A(B+C) = AB+AC$（分配律）

定理 5：　$A+A = A, AA = A$（等幂律）

定理 6：　$A+AB = A, A(A+AB) = A$（吸收律）

[例 1]　用布尔代数法求图 2.25 所示事故树的最小割集。

解： ① 写出事故树的布尔表达式：

$$T = A_1 + A_2 = X_1 X_2 B_1 + X_4 B_2$$

$$= X_1 X_2 (X_1 + X_3) + X_4 (C + X_6)$$

$$= X_1 X_2 (X_1 + X_3) + X_4 ((X_4 X_5) + X_6)$$

② 化布尔表达式为析取标准式：

$$T = X_1 X_2 X_1 + X_1 X_2 X_3 + X_4 X_4 X_5 + X_4 X_6$$

③ 求最简析取标准式：

$$T = X_1 X_2 + X_4 X_5 + X_4 X_6$$

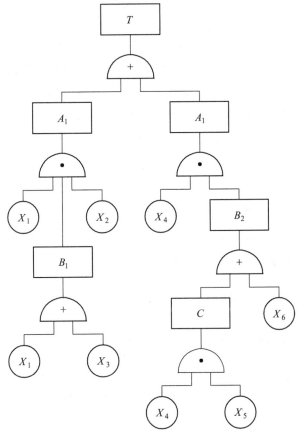

图 2.25　事故树示意图

67

即该事故树有三个最小割集：$\{X_1, X_2\}$，$\{X_4, X_5\}$，$\{X_4, X_6\}$。从而原事故树可以化简为一个新的等效事故树，如图 2.26 所示。

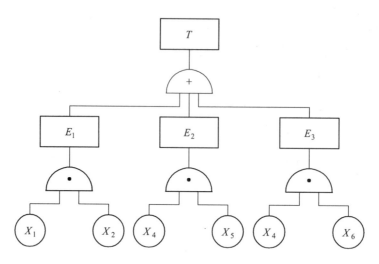

图 2.26 图 2.25 所示事故树的等效树

（2）行列法。

行列法是 1972 年由福塞尔（J.B.Fussell）和文西利（W.E.Vssely）提出的方法，也称福塞尔法。其理论依据是："与门"使割集容量增加，而不增加割集的数量；"或门"使割集的数量增加，而不增加割集的容量。采用这种方法求取最小割集时，从顶事件开始，顺序用下一层事件代替上一层事件，在代换过程中，把"与门"连接的输入事件，按行排列；把"或门"连接的输入事件，按列排列。这样，逐层向下代换下去，直至顶事件全部由基本事件表示为止。最后列写的每一行基本事件集合，经过简化，若集合内元素不重复出现，且各集合间没有包含的关系，这些集合便是最小割集。

[例 2] 用行列法求图 2.25 所示事故树的最小割集。

解：定义顶事件为 T，具体步骤如下：

① 将用或门连接的输入事件 A_1、A_2 成列摆开，即

$$T \xrightarrow{\text{或}} \begin{matrix} A_1 \\ A_2 \end{matrix}$$

② A_1、A_2 与下一层事件 B_1、B_2、X_1、X_2、X_4 的连接均为"与门"，所以成行排列：

$$\begin{cases} A_1 \xrightarrow{s} X_1 \times B_1 \times X_2 \\ A_2 \xrightarrow{s} X_4 \times B_2 \end{cases}$$

③ 依此类推：

$$\left\{ \begin{array}{l} X_1 \cdot B_1 \cdot X_2 \xrightarrow{\text{或}} \left\{ \begin{array}{l} X_1 X_1 X_2 \\ X_1 X_3 X_2 \end{array} \right. \\ \\ X_4 \cdot B_2 \xrightarrow{\text{或}} \left\{ \begin{array}{l} \\ X_4 \cdot C \xrightarrow{S} \left\{ \begin{array}{l} X_4 X_4 X_5 \rightarrow \left\{ \begin{array}{l} X_1 \cdot X_1 \cdot X_2 \\ X_1 \cdot X_3 \cdot X_2 \\ X_4 \cdot X_4 \cdot X_5 \\ X_4 \cdot X_6 \end{array} \right. \\ \\ X_4 \cdot X_6 \end{array} \right. \\ \\ X_4 \cdot X_6 \end{array} \right. \end{array} \right.$$

④ 进行布尔等幂、吸收运算，求得最小割集，即

$$\left\{ \begin{array}{l} X_1 \cdot X_1 \cdot X_2 \\ X_1 \cdot X_3 \cdot X_2 \\ X_4 \cdot X_4 \cdot X_5 \\ X_4 \cdot X_6 \end{array} \right. \xrightarrow{\text{等幂运算}} \left\{ \begin{array}{l} X_1 \cdot X_2 \\ X_1 \cdot X_3 \cdot X_2 \\ X_4 \cdot X_5 \\ X_4 \cdot X_6 \end{array} \right. \xrightarrow{\text{吸收运算}} \left\{ \begin{array}{l} X_1 \cdot X_2 \\ X_4 \cdot X_5 \\ X_4 \cdot X_6 \end{array} \right.$$

于是，就得到 3 个最小割集 $\{X_1, X_2\}, \{X_4, X_5\}, \{X_4, X_6\}$。

（3）结构法。

这种方法的理论根据是：事故树的结构完全可以用最小割集来表示。

[例 3]　用结构法求图 2.25 所示事故树的最小割集。

$$T = A_1 \bigcup A_2$$

$$= X_1 \cdot B_1 \cdot X_2 \bigcup X_4 \cdot B_2$$

$$= X_1 \cdot (X_1 \bigcup X_3) \cdot X_2 \bigcup X_4 \cdot X_4 \cdot X_5 \bigcup X_4 \cdot X_6$$

$$= X_1 \cdot X_2 \bigcup X_1 \cdot X_2 \cdot X_3 \bigcup X_4 \cdot X_5 \bigcup X_4 \cdot X_6$$

$$= X_1 \cdot X_2 \bigcup X_4 \cdot X_5 \bigcup X_4 \cdot X_6$$

这样，便得到 3 个最小割集 $\{X_1, X_2\}, \{X_4, X_5\}, \{X_4, X_6\}$。

总的说来，上述三种方法都可应用。其中，布尔代数法最为简单，应用较为普遍。

2. 最小径集

（1）径集与最小径集。

在事故树中，当所有基本事件都不发生时，顶事件肯定不会发生。然而，顶事件不发生常常并不要求所有基本事件都不发生，而只要某些基本事件不发生顶事件就不会发生。这些

不发生的基本事件的集合称为径集，也称通集或路集。在同一事故树中，不包含其他径集的径集称为最小径集。如果径集中任意去掉一个基本事件后就不再是径集，那么该径集就是最小径集。所以，最小径集是保证顶事件不发生的充分必要条件。

（2）最小径集的求法。

根据对偶原理，成功树顶事件发生，就是其对偶树（事故树）顶事件不发生。因此，求事故树最小径集的方法是，首先将事故树变换成其对偶的成功树，然后求出成功树的最小割集，即事故树的最小径集。

将事故树变为成功树的方法，就是将原来事故树中的逻辑与门改成逻辑或门，将逻辑或门改为逻辑与门，并将全部事件符号加上"′"，变成事件补的形式，这样便可得到与原事故树对偶的成功树，如图2.27所示。

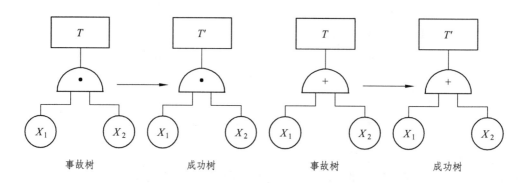

图2.27　与事故树对偶的成功树的转换关系

[**例4**]　求图2.27所示事故树的最小径集。

解：首先，将图2.25的事故树变为图2.28所示的成功树。

用布尔代数化简法求图2.28成功树的最小割集：

$$T' = A_1'A_2'$$
$$= (X_1' + B_1' + X_2')(X_4' + B_2')$$
$$= (X_1' + X_1'X_3')(X_4' + C'X_2')$$
$$= (X_1' + X_2')[X_4' + (X_4' + X_5')X_6']$$
$$= (X_1' + X_2')(X_4' + X_4'X_6' + X_5'X_6')$$
$$= (X_1' + X_2')(X_4' + X_5' + X_6')$$
$$= X_1'X_4' + X_1'X_5'X_6' + X_2'X_4' + X_2'X_5'X_6'$$

得到成功树的4个最小割集：$\{X_1', X_4'\}, \{X_1', X_5', X_6'\}, \{X_2', X_4'\}, \{X_2', X_5', X_6'\}$

经对偶变换得到图2.25所示事故树的4个最小径集：$\{X_1', X_4\}$，$\{X_1, X_5, X_6\}$，$\{X_2, X_4\}$，$\{X_2, X_5, X_6\}$

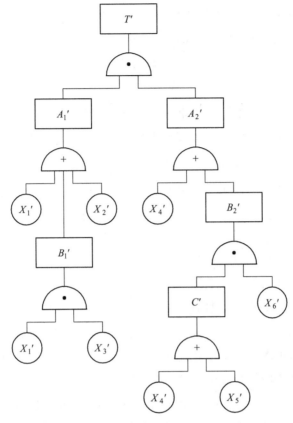

图 2.28　与图 2.25 所示事故树对偶的成功树

同样，也可以用最小径集表示事故树，如图 2.29 所示。其中 P_1，P_2，P_3，P_4 分别表示 4 个最小径集。

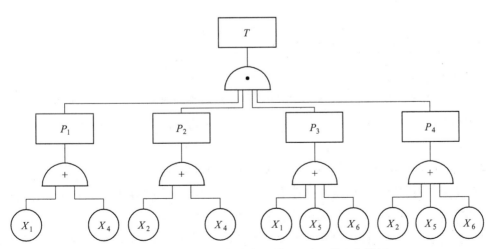

图 2.29　用最小径集等效表示的图 2.25 所示事故树

3. 最小割集和最小径集在事故树分析中的作用

1）最小割集在事故树分析中的作用

（1）表示系统的危险性。最小割集的定义明确指出，每一个最小割集都表示顶事件发生的一种可能，事故树中有几个最小割集，顶事件发生就有几种可能。从这个意义上讲，最小割集越多，说明系统的危险性越大。

（2）表示顶事件发生的原因组合。事故树顶事件发生，必然是某个最小割集中基本事件同时发生的结果。一旦发生事故，就可以方便地知道所有可能发生事故的途径，并可以逐步排除非本次事故的最小割集，而较快地查出本次事故的最小割集，这就是导致本次事故的基本事件的组合。显而易见，掌握了最小割集，对于掌握事故的发生规律，调查事故发生的原因有很大的帮助。

（3）为降低系统的危险性提出控制方向和预防措施。每个最小割集都代表了一种事故模式。由事故树的最小割集可以直观地判断哪种事故模式最危险，哪种次之，哪种可以忽略，以及如何采取措施使事故发生概率下降。

若某事故树有三个最小割集，如果不考虑每个基本事件发生的概率，或者假定各基本事件发生的概率相同，则只含一个基本事件的最小割集比含有两个基本事件的最小割集容易发生；含有两个基本事件的最小割集比含有五个基本事件的最小割集容易发生。依此类推，少事件的最小割集比多事件的最小割集容易发生。由于单个事件的最小割集只要一个基本事件发生，顶事件就会发生；两个事件的最小割集必须两个基本事件同时发生，才能引起顶事件发生。这样，两个基本事件组成的最小割集发生的概率比一个基本事件组成的最小割集发生的概率要小得多，而五个基本事件组成的最小割集发生的可能性相比之下可以忽略。由此可见，为了降低系统的危险性，对含基本事件少的最小割集应优先考虑采取安全措施。

（4）利用最小割集可以判定事故树中基本事件的结构重要度和方便地计算顶事件发生的概率。

2）最小径集在事故树分析中的作用

（1）表示系统的安全性。最小径集表明，一个最小径集中所包含的基本事件都不发生，就可防止顶事件发生。可见，每一个最小径集都是保证事故树顶事件不发生的条件，是采取预防措施，防止发生事故的一种途径。从这个意义上来说，最小径集表示了系统的安全性。

（2）选取确保系统安全的最佳方案。每一个最小径集都是防止顶事件发生的一个方案，可以根据最小径集中所包含的基本事件个数的多少、技术上的难易程度、耗费的时间以及投入的资金数量，来选择最经济、最有效的事故控制方案。

（3）利用最小径集同样可以判定事故树中基本事件的结构重要度和计算顶事件发生的概率。在事故树分析中，根据具体情况，有时应用最小径集更为方便。就某个系统而言，如果事故树中与门多，则其最小割集的数量就少，定性分析最好从最小割集入手；反之，如果事故树中或门多，则其最小径集的数量就少，此时定性分析最好从最小径集入手，从而可以得到更为经济、有效的结果。

3）系统薄弱环节预测

事故树经布尔代数化简之后，可以得到最小割集和最小径集。根据最小割集和最小径集的性质，就可以对系统安全的薄弱环节进行预测。

对于最小割集来说，其与顶上事件用或门相连，显然最小割集的个数越少越安全，越多越危险。而每个最小割集中的基本事件与第二层事件为与门连接，因此割集中的基本事件越多越有利，基本事件少的割集就是系统的薄弱环节。对于最小径集来说，恰好与最小割集相反，径集数越多越安全，基本事件多的径集是系统的薄弱环节。

根据以上分析，可以从以下四条途径来改善系统的安全性。

（1）减少最小割集数，首先应消除那些含基本事件最少的割集。

（2）增加割集中的基本事件树，首先应给含基本事件少、又不能清除的割集增加基本事件。

（3）增加新的最小径集，也可以设法将原有含基本事件较多的径集分成两个或多个径集。

（4）减少径集中的基本事件树，首先应着眼于减少含基本事件多的径集。

总之，最小割集与最小径集在事故预测中的作用是不同的：最小割集可以预示出系统发生事故的途径；而最小径集却可以提供控制顶事件最经济、最省事的方案。

在对某一事故树作薄弱环节预测时，要根据不同情况采取不同做法：

事故树中或门越多，得到的最小割集就越多，这个系统也就越不安全。对于这样的事故树最好从求最小径集着手，找出包含基本事件较多的最小径集，然后设法减少其基本事件树，或者增加最小径集数，以提高系统的安全程度。

事故树中与门越多，得到的最小割集的个数就较少，这个系统的安全性就越高。对于这样的事故树最好从求最小割集着手，找出较少事件的最小割集，予以消除或者设法增加其基本事件树，以提高系统的安全性。

（六）事故树的定量分析

事故树的定量分析首先是确定基本事件的发生概率，然后求出事故树顶事件的发生概率。求出顶事件的发生概率之后，可与系统安全目标值进行比较和评价。当计算值超过目标值时，就需要采取防范措施，使其降至安全目标值以下。

在进行事故树定量计算时，一般做以下几个假设：

（1）基本事件之间相互独立。

（2）基本事件和顶事件都只考虑发生和不发生两种状态。

（3）假定故障分布为指数函数分布。

1. 基本事件的发生概率

基本事件的发生概率包括系统的单元（部件或元件）故障概率及人的失误概率等，在工程上计算时，往往用基本事件发生的频率来代替其概率值。具体内容可参看本书第二章可靠性理论部分。

2. 顶事件发生概率的计算

当给定了事故树各基本事件的发生概率，各基本事件又是独立事件时，就可以计算顶事件的发生概率。目前，计算顶事件发生概率的方法有若干种，下面介绍较简单的几种。

（1）状态枚举法。

设某事故树有 n 个基本事件，这 n 个基本事件两种状态的组合数为 2^n 个。根据事故树的结构分析可知，所谓顶事件的发生概率，是指结构函数 $\Phi(X)=1$ 的概率。即顶事件的发生概率 $P(T)$ 可用下式定义：

$$P(T) = \sum_{p-1}^{2^n} \Phi_p(X) \prod_{i-1}^{n} q_i^{y_i} (1-q_i)^{1-y_i}$$

式中　　k ——基本事件状态组合序号；

$\Phi_k(X)$ ——第 k 种组合的结构函数值（1 或 0）；

q_i ——第 i 个基本事件的发生概率；

Y_i ——第 i 个基本事件的状态值（1 或 0）。

从上式可看出：在 n 个基本事件两种状态的所有组合中，只有 $\Phi_k(X)=1$ 时，该组合才对顶事件的发生概率产生影响。所以在用该式计算时，只需考虑 $\Phi_k(X)=1$ 的所有状态组合。首先列出基本事件的状态值表，根据事故树的结构求得结构函数 $\Phi_k(X)$ 值，最后求出使 $\Phi_k(X)=1$ 的各基本事件对应状态的概率积的代数和，即顶事件的发生概率。

以图 2.30 的简单事故树为例，利用上式求顶事件 T 的发生概率。

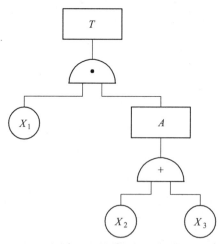

图 2.30　事故树示意图

设 X_1, X_2, X_3 均为独立事件，其概率均为 0.1，则顶事件的发生概率为：

$$P(T) = \sum_{p-1}^{2^n} \Phi_p(X) \prod_{i-1}^{n} q_i^{y_i}(1-q_i)^{1-y_i}$$

$$= 1 \times q_1^1(1-q_1)^0 \times q_2^0(1-q_2)^1 \times q_3^1(1-q_3)^0 +$$

$$1 \times q_1^1(1-q_1)^0 \times q_2^1(1-q_2)^0 \times q_3^0(1-q_3)^1 +$$

$$1 \times q_1^1(1-q_1) \times q_2^1(1-q_2)^0 \times q_3^1(1-q_3)^0$$

$$= q_1(1-q_2)q_3 + q_1 q_2(1-q_3) + q_1 q_2 q_3$$

$$= 0.1 \times 0.9 \times 0.1 + 0.1 \times 0.1 \times 0.9 + 0.1 \times 0.1 \times 0.1$$

$$= 0.019$$

该方法规律性强，适于编制程序上机计算，可用来计算较复杂系统事故的发生概率。但当 n 值较大时，计算中要涉及 2^n 个状态组合，并需求出相应顶事件的状态，因而计算工作量很大，花费时间较长。

（2）最小割集法。

事故树可以用其最小割集的等效树来表示。这时，顶事件等于最小割集的并集。

设某事故树有 k 个最小割集 E_1, E_2, L, E_y, L, E_k，则有

$$T = \bigcup_{r=1}^{k} E_r$$

顶事件的发生概率为

$$P(T) = P\{\bigcup_{r=1}^{k} E_r\}$$

根据容斥定理得并事件的概率公式

$$P\left\{\bigcup_{r=1}^{k} E_r\right\} = \bigcup_{r=1}^{k} P\{E_r\} - \bigcup_{1 \leqslant r < s \leqslant k} E_r P\{E_r \bigcap E_s\} +$$

$$\sum P\{E_r \bigcap E_s \bigcap E_t\} + \cdots + (-1)^{k-1} P\left\{\bigcap_{r=1}^{k} E_r\right\}$$

设备基本事件的发生概率为 q_1, q_2, L, q_n，则有

$$P\{E_r\} = \prod_{r=1}^{k} q_i, \quad P\{E_r \bigcap E_s\} = \prod_{x_s \in E_r \bigcup E_s} q, p\left\{\bigcap_{r=1}^{k} E_r\right\} = \prod_{\substack{r=1 \\ X_s \in E_s}}^{k} q_i$$

故顶事件的发生概率为

$$P(T) = \sum_{y=1}^{k} \prod_{x_i \in E_y} q_i - \sum_{1 \leqslant y \leqslant s \leqslant k} \prod_{x_i \in E_y \bigcup E_s} q_i + L + (-1)^{k-1} \prod_{y-1, X_i \in E_i}^{k} q_i$$

式中　r, s, t——最小割集的序数，$r < s < t$；

　　　i——基本事件的序号，$x_i \in E_y$；

　　　k——事故树的最小割集数；

　　　$1 \leqslant r < s \leqslant k$——$k$ 个最小割集中第 r, s 两个最小割集的组合顺序；

　　　$x_i \in E_y$——属于最小割集 E_y 的第 i 个基本事件；

$X_i \in E_y \bigcup E_s$——属于最小割集 E_y 或 E_s 的第 i 个基本事件。

仍以图 2.30 所示简单事故树示意图为例，其最小割集为

$$E_1 = \{X_1, X_2\}, E_2 = \{X_1, X_3\}$$

用最小割集表示的等效图如图 2.31 所示，这样可以把其看作由两个事件 E_1, E_2 组成的事故树。按照求概率和的计算公式，$E_1 + E_2$ 的概率为

$$
\begin{aligned}
P(T) &= P(E_1 \bigcup E_2) \\
&= 1 - [1 - P(E_1)][1 - P(E_2)] \\
&= P(E_1) + P(E_2) - P(E_1) \times P(E_2) \\
&= q_1 q_2 + q_1 q_3 - q_1 q_2 q_1 q_3 \\
&= q_1 q_2 + q_1 q_3 - q_1 q_2 q_3 \\
&= 0.019
\end{aligned}
$$

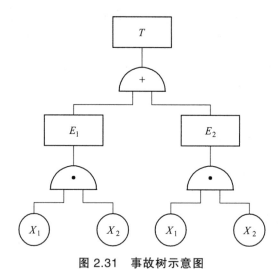

图 2.31　事故树示意图

（3）最小径集法。

根据最小径集与最小割集的对偶性，利用最小径集同样可求出顶事件的发生概率。

设某事故树有 k 个最小径集：P_1, P_2, L, P_y, L, P_k。用 $P_y'(r = 1, 2, L, k)$ 表示最小径集不发生的事件，用 T' 表示顶事件不发生，则有

$$P(T') = 1 - P(T) = P\left\{ \bigcup_{y=1}^{k} P_y' \right\}$$

根据容斥定理得并事件的概率公式：

$$1 - P(T) = \sum_{y=1}^{k} P\left\{ P_y' \right\} - \sum_{1 \leqslant y < s \leqslant k} \{ P_y' \ I P_s' \} + L + (-1)^{k-1} P\left\{ \underset{y-1}{\overset{k}{I}} P_y' \right\}$$

式中

$$P\left\{P_y^{'}\right\} = \prod_{X_i \in P_s}(1-q_i), P\left\{P_y^{'}IP_s^{'}\right\} = \prod_{X_i \in P_k \bigcup P_s}(1-q_i)$$

$$P\left\{\prod_{\substack{y=1 \\ X_i \in P_s}}^{k} P_y^{'}\right\} = \prod_{y=1}^{k}(1-q_i)$$

故顶事件的发生概率为

$$P(T) = 1 - \sum_{\substack{y=1 \\ X_i \in P_s}}^{k}\prod(1-q_i) + \sum_{1 \leq y < s \leq k}\prod_{X_i \in P_k \bigcup P_s}(1-q_i) - L - (-1)^{k-1}\prod_{\substack{y=1 \\ X_i \in P_s}}^{k}(1-q_i) \qquad （2.7）$$

式中　　r, s——最小径集的序数，$r < s$；

　　　　i——基本事件的序号，$X_i \in P_y$；

　　　　k——最小径集数；

　　　　$1 - q_i$——第 i 个基本事件不发生的概率；

　　　　$X_i \in P_y$——属于最小径集 P_y 的第 i 个基本事件；

　　　　$X_i \in P_y \bigcup P_s$——属于最小径集 P_y 或 P_s 的第 i 个基本事件。

3. 顶事件发生概率的近似计算

在事故树分析时，往往遇到很复杂很庞大的事故树，有时一棵事故树牵扯成百上千个基本事件，要精求出顶事件的发生概率，需要相当大的人力和物力。因此，需要找出一种简便方法，既能保证必要的精确度，又能较为省力地算出结果。

实际上，统计得到的基本数据往往并不十分精确，因此，用基本事件的数据计算顶事件发生概率时精确计算意义不大。所以，实际计算中多采用近似算法。

（1）最小割集逼近法。

在式（2.7）中，设

$$P(T) = \sum_{\substack{y=1 \\ X_i \in P_s}}^{k}\prod q_i - \sum_{1 \leq y < s \leq k}\prod_{X_i \in P_k \bigcup P_s}q_i + L + (-1)^{k-1}\prod_{\substack{y=1 \\ X_i \in P_s}}^{k}q_i, \quad \cdots, \qquad （2.8）$$

$$\sum_{\substack{y=1 \\ X_i \in P_s}}^{k}\prod q_i = F_1, \sum_{1 \leq y < s \leq k}\prod_{X_i \in P_k \bigcup P_s}q_i = F_2, \cdots, \prod_{\substack{y=1 \\ X_i \in P_s}}^{k}q_i = F_k$$

则得到用最小割集求顶事件发生概率的逼近公式，即

$$\left.\begin{array}{l} P\{T\} \leqslant F_1 \\ P\{T\} \geqslant F_1 - F_2 \\ P\{T\} \leqslant F_1 - F_2 + F_3 \\ \cdots \end{array}\right\} \qquad (2.9)$$

式（2.9）中的 $F_1, F_1 - F_2, F_1 - F_2 + F_3, \cdots$，依次给出了顶事件发生概率 $P\{T\}$ 的上限和下限，可根据需要求出任意精确度的概率上、下限。实际应用中，以 F_1（称为首项近似法）或 $F_1 - F_2$ 作为顶事件发生概率的近似值，就可达到基本精度要求。

（2）最小径集逼近法。

与最小割集法相似，利用最小径集也可以求得顶事件发生概率的上、下限。

在式（2.7）中，设

$$\sum_{y=1}^{k} \prod_{X_i \in P_s} (1 - q_i) = S_1, \quad \sum_{1 \leqslant y < s \leqslant k} \prod_{X_i \in P_k \cup P_s} (1 - q_i) = S_2, \cdots, \prod_{\substack{y=1 \\ X_i \in P_s}}^{k} (1 - q_i) = S_k$$

则有

$$P\{T\} \geqslant 1 - S_1$$
$$P\{T\} \leqslant 1 - S_1 + S_2$$
$$P\{T\} \geqslant 1 - S_1 + S_2 - S_3$$
$$\cdots$$

即

$$\left.\begin{array}{l} 1 - S_1 \leqslant P\{T\} \leqslant 1 - S_1 + S_2 \\ 1 - S_1 + S_2 \geqslant P\{T\} \geqslant 1 - S_1 + S_2 - S_3 \\ \cdots \end{array}\right\} \qquad (2.10)$$

式（2.8）中的 $1 - S_1, 1 - S_1 + S_2, 1 - S_1 + S_2 - S_3, \cdots$，依次给出了顶事件发生概率 $P\{T\}$ 的上、下限。从理论上讲，式（2.9）和式（2.10）的上、下限数列都是单调无限收敛于 $P\{T\}$ 的，但在实际应用中，因基本事件的发生概率较小，而应当采用最小割集逼近法，以得到较精确的计算结果。

（3）平均近似法。

为了使近似算法接近精确值，计算时保留式（2.8）中第一、二项，并取第二项的 $\dfrac{1}{2}$ 值，即

$$P(T) = \sum_{y=1}^{k} \prod_{X_i \in P_s} q_i - \frac{1}{2} \sum_{1 \leqslant y < s \leqslant k} \prod_{X_i \in P_k \cup P_s} q_i$$

这种算法称为平均近似法。

（4）独立事件近似法。

若最小割集 $E_r(r = 1, 2, L, k)$ 相互独立，可以证明其对立事件 $E_r'(r = 1, 2, L, k)$ 也是相互独立事件，则有

$$P(T) = P\left\{\bigcup_{y=1}^{k} E_y\right\} = 1 - P\left\{\bigcup_{y=1}^{k} E_y'\right\} = 1 - \prod_{y=1}^{k} P\{E_y'\}$$

$$= 1 - \prod_{y=1}^{k}(1 - P\{E_y'\}) = 1 - \prod_{y=1}^{k}(1 - \prod_{X_i \in E_y} q_i)$$

（七）基本事件的重要度分析

一个基本事件对顶事件发生的影响大小称为该基本事件的重要度。重要度分析在系统的事故预防、事故评价和安全性设计等方面有着重要的作用。事故树中各基本事件的发生对顶事件的发生有着不同程度的影响，这种影响主要取决于两个因素，即各基本事件发生概率的大小和各基本事件在事故树模型结构中处于何种位置。为了明确最易导致顶事件发生的事件，以便分出轻重缓急并采取有效措施，控制事故的发生，必须对基本事件进行重要度分析。

1. 基本事件的结构重要度

如不考虑各基本事件发生的难易程度，或假设各基本事件的发生概率相等，仅从事故树的结构上研究各基本事件对顶事件的影响程度，称为结构重要度分析。结构重要度分析一般可以采用两种方法，一种是精确求出结构重要度系数，一种是用最小割集或最小径集排出结构重要度顺序。

1）基本事件的结构重要度系数

在事故树分析中，各个基本事件均含发生和不发生两种状态。各个基本事件状态的不同组合，又构成顶事件的不同状态，即 $\Phi(X) = 1$ 或 $\Phi(X) = 0$。

在某个基本事件 X_i 的状态由 0 变成 1（即 $0_i \rightarrow 1_i$），其他基本事件 $X_j(j = 1, 2, L, i-1, i+1, L, n)$ 的状态保持不变时，顶事件的状态变化可能有以下三种情况：

$$\Phi(0_i, X_j) = 0 \rightarrow \Phi(1_i, X_j) = 0, 则 \Phi(1_i, X_j) - \Phi(0_i, X_j) = 0;$$

$$\Phi(0_i, X_j) = 0 \rightarrow \Phi(1_i, X_j) = 1, 则 \Phi(1_i, X_j) - \Phi(0_i, X_j) = 1;$$

$$\Phi(0_i, X_j) = 1 \rightarrow \Phi(1_i, X_j) = 1, 则 \Phi(1_i, X_j) - \Phi(0_i, X_j) = 0。$$

第一种情况和第三种情况都不能说明 X_i 的状态变化对顶事件的发生起什么作用，唯有第二种情况说明 X_i 的发生直接引起顶事件的发生，说明基本事件 X_i 的状态变化对顶事件的发生与否起了作用。基本事件 X_i 这一状态所对应的割集叫"危险割集"。若改变除基本事件 X_i 以外的所有基本事件的状态，并取不同的组合时，基本事件 X_i 的危险割集总数为

$$n_{\Phi}(i) = \sum_{p=1}^{2^{n-1}}[\Phi(1_i, X_{jp}) - \Phi(0_i, X_{jp})]$$

显然，$n_\Phi(i)$ 的值越大，说明基本事件 X_i 对顶事件发生的影响越大，其重要度越高。

基本事件 X_i 的结构重要度系数 $I_\Phi(i)$ 定义为基本事件的危险割集的总数 $n_\Phi(i)$ 与 2^{n-1} 个状态组合数的比值，即

$$I_\Phi(i) = \frac{n_\Phi(i)}{2^{n-1}} = \frac{1}{2^{n-1}} \sum_{p=1}^{2^{n-1}} [\Phi(1_i, X_{jp}) - \Phi(0_i, X_{jp})]$$

式中　　n——事故树中基本事件的个数；

　　　　2^{n-1}——基本事件 $X_i(i \neq j)$ 状态组合数；

　　　　p——基本事件的状态组合序号；

　　　　X_{jp}——2^{n-1} 状态组合中第 p 个状态；

　　　　0_i——基本事件 X_i 不发生的状态值；

　　　　1_i——基本事件 X_i 发生的状态值。

[例 5]　求出图 2.32 所示各基本事件的结构重要度系数。

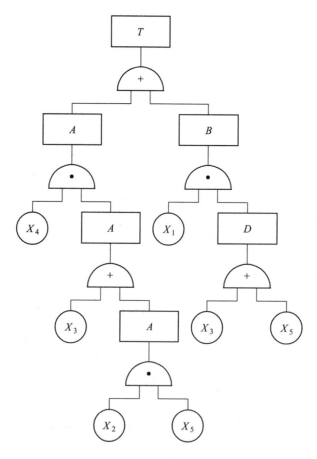

图 2.32　事故树示意图

解：图 2.32 所示事故树共有 5 个基本事件，其状态组合和顶事件的状态如表 2.8 所示。

表 2.8　基本事件的状态值与顶上事件的状态值表

编号	$X_1\,X_2\,X_3\,X_4\,X_5$	$\Phi(X)$	编号	$X_1\,X_2\,X_3\,X_4\,X_5$	$\Phi(X)$
1	0 0 0 0 0	0	17	1 0 0 0 0	0
2	0 0 0 0 1	0	18	1 0 0 0 1	1
3	0 0 0 1 0	0	19	1 0 0 1 0	0
4	0 0 0 1 1	0	20	1 0 0 1 1	1
5	0 0 1 0 0	0	21	1 0 1 0 0	1
6	0 0 1 0 1	0	22	1 0 1 0 1	1
7	0 0 1 1 0	1	23	1 0 1 1 0	1
8	0 0 1 1 1	1	24	1 0 1 1 1	1
9	0 1 0 0 0	0	25	1 1 0 0 0	0
10	0 1 0 0 1	0	26	1 1 0 0 1	1
11	0 1 0 1 0	0	27	1 1 0 1 0	0
12	0 1 0 1 1	1	28	1 1 0 1 1	1
13	0 1 1 0 0	0	29	1 1 1 0 0	1
14	0 1 1 0 1	0	30	1 1 1 0 1	1
15	0 1 1 1 0	1	31	1 1 1 1 0	1
16	0 1 1 1 1	1	32	1 1 1 1 1	1

以基本事件 X_1 为例，从表 2.8 可以查出，基本事件 X_1 发生（即 $X_1=1$），不管其他基本事件发生与否，顶事件也发生（即 $\Phi(1_i, X_j)=0$）的组合共 12 个，即编号 18，20，21，22，23，24，26，28，29，30，31，32。这 12 个组合中的基本事件 X_1 的状态由发生变为不发生时，顶事件不发生（即 $\Phi(0_i, X_j)=0$）的组合共 7 个，即编号 18，20，21，22，26，29，30。这 7 个组合就是基本事件 X_1 的危险割集总数。于是得基本事件 X_1 的结构重要度系数为

$$I_\Phi(1)=\frac{1}{2^{n-1}}\sum_{p=1}^{2^{n-1}}[\Phi(1_i, X_{jp})-\Phi(0_i, X_{jp})]=\frac{1}{16}\times(12-5)=\frac{7}{16}$$

式中，$j=2,3,4,5$。

同理，可以逐个求出基本事件 X_2, X_3, X_4, X_5 的结构重要度系数：

$$I_\Phi(2)=\frac{1}{16}$$

$$I_\Phi(3)=\frac{7}{16}$$

81

$$I_\Phi(4) = \frac{5}{16}$$

$$I_\Phi(5) = \frac{5}{16}$$

因而，基本事件结构重要度排序如下：

$$I_\Phi(1) = I_\Phi(3) > I_\Phi(4) = I_\Phi(5) > I_\Phi(2)$$

如果不考虑基本事件的发生概率，仅从事故树结构来看，基本事件 X_1、X_3 最重要，其次是 X_4、X_5，最不重要的是基本事件 X_2。

2）基本事件的割集重要度系数

用事故树的最小割集可以表示其等效事故树。在最小割集所表示的等效事故树中，每一个最小割集对顶事件发生的影响同样重要，而且同一个最小割集中的每一个基本事件对该最小割集发生的影响也同样重要。

设某一事故树有 k 个最小割集，n 个基本事件，每个最小割集记作 $E_r(r=1,2,L,k)$，则 $\frac{1}{k}$ 表示单位最小割集的重要系数；第 r 个最小割集 E_r 中含有 $m_r(X_i \in E_r)$ 个基本事件，则 $\frac{1}{m_r(X_i \in E_r)}(i=1,2,L,n)$ 表示基本事件 X_i 的单位割集重要系数。

设基本事件 X_i 的割集重要系数为 $I_k(i)$，则

$$I_k(i) = \frac{1}{k}\sum_{r=1}^{k}\frac{1}{m_r(X_i \in E_r)}(i=1,2,L,n)$$

3）用最小割集或最小径集进行结构重要度分析

利用基本事件的结构重要度系数可以较准确地判定基本事件的结构重要度顺序，但较烦琐。一般可以利用事故树的最小割集或最小径集，按以下准则定性判断基本事件的结构重要度。

（1）单事件最小割（径）集中的基本事件结构重要度最大。

（2）仅在同一最小割（径）集中出现的所有基本事件结构重要度相等。

（3）两个基本事件仅出现在基本事件个数相等的若干最小割（径）集中，这时在不同最小割（径）集中出现次数相等的基本事件其结构重要度相等；出现次数多的结构重要度大，出现次数少的结构重要度小。

（4）两个基本事件仅出现在基本事件个数不等的若干最小割（径）集中。在这种情况下，基本事件结构重要度大小依下列不同条件而定：

① 若它们重复在各最小割（径）集中出现的次数相等，则少事件最小割（径）集中出现的基本事件结构重要度大；

② 在少事件最小割（径）集中出现次数少的，与多事件最小割（径）集中出现次数多的基本事件比较，应用下式计算近似判别值：

$$I_i = \sum_{X_i \in E_r} \frac{1}{2^{n_i-1}}$$

式中　I_i——基本事件 X_i 结构重要度系数的近似判别值；

　　　n_i——基本事件 X_i 所属最小割（径）集包含的基本事件数。

2. 基本事件的概率重要度

基本事件的结构重要度分析只是按事故树的结构分析各基本事件对顶事件的影响程度。如果进一步考虑基本事件发生概率的变化会对顶事件发生概率产生多大影响，就要分析基本事件的概率重要度。

事故树的概率重要度分析主要依靠各基本事件的概率重要度系数大小进行定量分析。所谓基本事件的概率重要度系数，是指某基本事件发生概率的变化引起顶事件发生概率变化的程度。

由于顶事件发生概率函数是 n 个基本事件发生概率的多重线性函数，所以对变量 q_i 求一次偏导，即可得到该基本事件的概率重要度系数 $I_g(i)$：

$$I_g(i) = \frac{\partial P(T)}{\partial q_i} \quad (i = 1, 2, L, n)$$

式中　$P(T)$——顶事件发生概率；

　　　q_i——第 i 个基本事件 X_i 的发生概率。

利用上式求出各基本事件的概率重要度系数，可确定降低哪个基本事件的概率能迅速有效地降低顶事件的发生概率。

概率重要度有一个重要性质：若所有基本事件的发生概率都等于 $1/2$，则基本事件的概率重要度系数等于其结构重要度系数，即：

$$I_g(i)\big|_{q_i=\frac{1}{2}} = I_\Phi(i) \quad (i = 1, 2, L, n)$$

这样，在分析结构重要度时，可用概率重要度系数的计算公式求取结构重要度系数。

[例 6]　设事故树最小割集为

$$E_1 = \{X_1, X_3\}, E_2 = \{X_1, X_5\}, E_3 = \{X_3, X_4\}, E_4 = \{X_2, X_4, X_5\}$$

各基本事件概率分别为：$q_1 = 0.01, q_2 = 0.02, q_3 = 0.03, q_4 = 0.04, q_5 = 0.05$。求各基本事件概率重要度系数。

解：用近似方法计算顶事件发生概率：

$$P(T) = q_1 q_3 + q_1 q_5 + q_3 q_4 + q_2 q_4 q_5 = 0.002$$

各个基本事件的概率重要度系数近似为

$$I_g(1) = \frac{\partial Q}{\partial q_1} = q_3 + q_5 = 0.08$$

$$I_g(2) = \frac{\partial Q}{\partial q_2} = q_4 q_5 = 0.002$$

$$I_g(3) = \frac{\partial Q}{\partial q_3} = q_1 + q_4 = 0.05$$

$$I_g(4) = \frac{\partial Q}{\partial q_4} = q_3 + q_2 q_5 = 0.031$$

$$I_g(5) = \frac{\partial Q}{\partial q_5} = q_1 + q_2 q_4 = 0.0108$$

这样，就可以按概率重要度系数的大小排出各基本事件的概率重要度顺序：

$$I_g(1) > I_g(3) > I_g(4) > I_g(5) > I_g(2)$$

这就是说，降低基本事件 X_1 的发生概率能迅速降低顶事件的发生概率，这比按同样数值减小其他任何基本事件的发生概率都有效。其次是基本事件 X_3、X_4、X_5，最不敏感的是基本事件 X_2。

从概率重要度系数的算法可以看出这样的事实：一个基本事件的概率重要度如何，并不取决于其本身概率值的大小，而取决于其所在最小割集中其他基本事件概率积的大小。

3. 基本事件的临界重要度

当各基本事件发生概率不等时，一般情况下，改变概率大的基本事件比改变概率小的基本事件容易，但基本事件的概率重要度系数并未反映这一事实，因而它不能从本质上反映各基本事件在事故树中的重要程度。

事故树的临界重要度分析是依靠各基本事件的临界重要度系数大小进行定量分析。所谓临界重要度系数，是指某个基本事件发生概率的变化率引起顶事件发生概率的变化率，它是从敏感度和概率双重角度衡量各基本事件的重要程度。因此，它比概率重要度更合理、更具有实际意义。其表达式为：

$$I_g^c(i) = \lim_{\Delta q_i \to 0} \frac{\Delta P(T)/P(T)}{\Delta q_i/q_i} = \frac{q_i}{P(T)} g \lim_{\Delta q_i \to 0} \frac{\Delta P(T)}{\Delta q_i} = \frac{q_i}{P(T)} g I_g(i)$$

式中　　$I_g^c(i)$ ——第 i 个基本事件 X_i 的临界重要度系数；

　　　　$l_g(i)$ ——第 i 个基本事件 X_i 的概率重要度系数；

　　　　$P(T)$ ——顶事件发生概率；

　　　　q_i ——第 i 个基本事件 X_i 的发生概率。

上面例子已得到的某事故树顶上事件概率为 0.002，各基本事件的概率重要度系数分别为：$I_g(1) = 0.08, I_g(2) = 0.002, I_g(3) = 0.05, I_g(4) = 0.031, I_g(5) = 0.0108$。则各基本事件的临界重要度系数为：

$$I_g^c(1) = \frac{q_1}{Q} I_g(1) = \frac{0.01}{0.002} \times 0.08 = 0.4$$

$$I_g^c(2) = \frac{q_2}{Q} I_g(2) = \frac{0.02}{0.002} \times 0.002 = 0.02$$

$$I_g^c(3) = \frac{q_3}{Q} I_g(3) = \frac{0.03}{0.002} \times 0.05 = 0.75$$

$$I_g^c(4) = \frac{q_4}{Q} I_g(4) = \frac{0.04}{0.002} \times 0.031 = 0.62$$

$$I_g^c(5) = \frac{q_5}{Q} I_g(5) = \frac{0.05}{0.002} \times 0.0108 = 0.27$$

因此就得到一个按临界重要度系数的大小排列的各基本事件重要程度的顺序：

$$I_g^c(3) > I_g^c(4) > I_g^c(1) > I_g^c(5) > I_g^c(2)$$

与概率重要度相比，基本事件 X_1 的重要程度下降了，这是因为它的发生概率较低，对其做进一步改善有一定困难。基本事件 X_3 最重要，这不仅是因为它敏感度最大，而且其本身的概率值也较大。

三种重要度系数中，结构重要度系数从事故树结构上反映基本事件的重要程度；概率重要度系数反映基本事件概率的增减对顶事件发生概率影响的敏感度；临界重要度系数从敏感度和自身发生概率大小双重角度反映基本事件的重要程度。其中，结构重要度系数反映了某一基本事件在事故树结构中所占的地位，而临界重要度系数从结构及概率上反映了改善某一基本事件的难易程度，概率重要度系数则起着一种过渡作用，是计算两种重要度系数的基础。一般可以按这三种重要度系数安排采取措施的先后顺序，也可按三种重要度顺序分别编制相应的安全检查表，以保证既有重点，又能全面检查的目的。在三种检查表中，只有通过临界重要度分析产生的检查表，才能真正反映事故树的本质，也更具有实际意义。

第三节　安全评价方法

一、概　述

（一）安全评价的含义

安全评价也称危险性评价或风险评价，是以实现系统安全为目的，应用安全系统工程原理和工程技术方法，对系统中固有或潜在的危险因素进行定性和定量分析，得出系统发生危险的可能性及其后果严重程度的评价，通过与评价标准的比较得出系统的危险程度，提出改进措施，以寻求最低事故率、最少的损失和最优的安全投资。

任何生产系统，在其寿命周期内都有发生事故的可能，区别只在事故发生的频率和可能的严重程度不同而已。由于在制造、试验、安装、生产和维修的过程中普遍存在着危险性，在一定条件下，如果对危险失去控制或防范不周，就会发生事故，造成人员伤亡和财产损失以及环境污染。为了抑制危险性，使其不发展为事故或减少事故造成的损失，就必须对其有充分的认识，掌握危险性发展为事故的规律，也就是要充分揭示系统存在的所有危险性，及其形成事故的可能性和发生事故的损失大小，从而衡量系统客观存在的风险大小。据此确定：是否需要改进技术路线和防范措施，变更后危险性将得到怎样的抑制和消除，技术上是否可行，经济上是否合理以及系统是否最终达到了社会所公认的安全指标。这就是安全评价的基本内容和过程。

上述安全评价的定义中，包含有三层意思：第一，对系统存在的不安全因素进行定性和定量分析，这是安全评价的基础，包括安全测定、安全检查和安全分析等；第二，通过与评价标准的比较得出系统发生危险的可能性或程度的评价；第三，提出改进措施，以寻求最低的事故率，达到安全评价的最终目的。

（二）安全标准

经定量化的风险或危害性是否达到要求的（期盼的）安全程度，需要与一个界限、目标或标准进行比较，这个标准就是安全标准。

安全标准的确定主要取决于一个国家、行业或部门的政治、经济、技术和安全科学发展的水平。随着生产技术的发展，新工艺、新技术、新材料、新能源的出现，又会产生新的危险；同时，对已经认识到的危险，由于技术、资金等因素的制约，也不可能完全杜绝。所以，确定安全标准，实际上就是确定一个社会各方面可允许的、可接受的危险程度。

安全标准的确定方法有统计法和风险与收益比较法。对系统进行安全评价时，也可根据综合评价得到的危险指数进行统计分析，确定使用一定范围的安全标准。

例如，美国根据交通事故的统计资料，得出小汽车交通事故死亡率为 2.5×10^{-4} 死亡/人·年，这就意味着每年每 10 万美国人中有 25 人因乘坐小汽车死亡的风险，但是美国人没有因害怕这个风险而放弃使用小汽车，说明这个风险能够被美国社会所接受，所以这个风险率就可以作为美国人使用小汽车作交通工具的安全标准。

对于有统计数据的行业，西方国家以行业一定时间内的实际平均死亡率作为确定安全标准的依据。例如英国化学工业的 FAFR 值（指 1 亿工作小时的死亡率）为 3.5；英国帝国化学公司（ICI）提案取其 1/10（即 0.35）作为安全标准。而美国各公司的安全标准（风险目标值）大都取各行业安全标准的十分之一。

表 2.9、表 2.10 分别列出了美国和英国各类行业的安全标准。

表 2.9　美国各类行业死亡安全标准（每年以接触 2 000 小时计）

工业类型	FAFR 值（1 亿工作小时的死亡率）	死亡/人·年
工业	7.1	1.4×10^{-4}
商业	3.2	0.6×10^{-4}
制造业	4.5	0.9×10^{-4}
服务业	4.3	0.86×10^{-4}
机关	5.7	1.14×10^{-4}
运输及公用事业	16	3.6×10^{-4}
农业	27	5.4×10^{-4}
建筑业	28	5.6×10^{-4}
采矿、采石业	31	6.2×10^{-4}

表 2.10　英国各类行业死亡安全标准

工业类型	FAFR 值（1 亿工作小时的死亡率）	死亡/人·年（每日 8 h，每月 20 d，每年 1 920 h）
化工	3.5	6.75×10^{-5}
钢铁	8	1.54×10^{-4}
捕鱼	35	6.72×10^{-4}
煤矿	40	7.68×10^{-4}
铁路扳道员	45	8.64×10^{-4}
建筑	67	1.28×10^{-3}
飞机乘务员	250	4.8×10^{-3}
拳击	7 000	1.34×10^{-1}
狩猎竞赛	50 000	9.6×10^{-1}

人们从事生产活动总是期望从中获得较高的收益，而较高的收益则要付出较高的代价，即承担较大的风险。对于获益较少的生产活动，则不必承担较大的风险。换言之，风险的大小取决于受益程度，两者基本上呈正比例关系。

对于不同的风险，一般可按数量划分成几个等级，然后分级进行处理，见表 2.11。

表 2.11　风险率分级处理表

死亡/人·年	等级	处理意见
10^{-2}	极其危险	相当于疾病的风险，认为绝对不能接受，需停产整改
10^{-3}	高度危险	必须立即采取措施予以改进
10^{-4}	中等危险	人们不愿出现这种情况，因而同意拿出经费进行改善
10^{-5}	危险性低	相当于游泳淹死的风险，人们对此是关心的，也愿采取措施加以改进
10^{-6}	可忽略	相当于天灾的风险，人们总有事故轮不到我的感觉
10^{-7}	可忽略	相当于陨石坠落的风险，没有人认为这种事故需投资加以改进

一般而言，人们对风险持如下态度：

（1）自己愿意干的事情，风险虽大也觉得没什么，例如美国的拳击运动和足球运动，选手的年死亡率高达 1/200，但仍然有人愿意干。

（2）对于自己觉得危险但又无法避免的事情，总是有恐怖感，例如对高空作业的坠落事故，总有神经过敏的情况。

（3）风险虽然相同，但对于频率小、发生一次死伤数量大的事故，比频率大、发生一次仅有很少死伤的事故更为重视。因此，人们总对核电站和液化天然气基地抱有特别担心的感觉。

（三）安全评价的内容和程序

1. 安全评价的内容

从危险源的角度出发，安全评价包括对第一类危险源危险性的评价和对第二类危险源（即第一类危险源的控制措施）危险性的评价两方面。

评价第一类危险源的危险性时，主要考察以下几方面情况：

（1）能量或危险物质的量。

第一类危险源具有的能量越高，一旦发生事故其后果越严重；反之，拥有的能量越低，对人或物的危害越小。第一类危险源处于低能量状态时比较安全。同样，第一类危险源具有的危险物质的量越大，干扰人的新陈代谢功能越严重，其危险性越大。

第一类危险源导致事故的后果严重程度，主要取决于事故时意外释放的能量或危险物质的多少。一般地，第一类危险源拥有的能量或危险物质越多，则事故时可能意外释放的量也多。因此第一类危险源拥有的能量或危险物质的量是危险性评价中的最主要指标。当然，有时也会有例外的情况，有些第一类危险源拥有的能量或危险物质只能部分地意外释放。

（2）能量或危险物质意外释放的强度。

能量或危险物质意外释放的强度是指事故发生时单位时间内释放的能量。在意外释放的能量或危险物质的总量相同的情况下，释放强度越大，能量或危险物质对人员或物体的作用越强烈，造成的后果越严重。

（3）能量的种类和危险物质的危险性质。

不同种类的能量造成人员伤害、财物破坏的机理不同，其后果也各不相同。

危险物质的危险性主要取决于自身的物理、化学性质。燃烧爆炸性物质的物理、化学性质决定其导致火灾、爆炸事故的难易程度及事故后果的严重程度。工业毒物的危险性主要取决于其自身的毒性大小，在引起急性中毒的场合，常用半数致死剂量评价其自身的毒性。

（4）意外释放的能量或危险物质的影响范围。

事故发生时意外释放的能量或危险物质的影响范围越大，可能遭受其作用的人或物越多，事故造成的损失越大。例如，有毒有害气体泄漏时可能影响到下风侧的很大范围。

评价第一类危险源的危险性的主要方法有后果分析和划分危险等级两种方法。后果分析通过详细的分析，计算意外释放的能量、危险物质造成的人员伤害和财物损失，定量地评价危险源的危险性。后果分析需要的数学模型准确度较高，需要的数据较多，计算复杂，一般仅用于危险性特别大的重大危险源的危险性评价。划分危险等级是一种简单易行、应用广泛的方法。它是一种相对的评价方法，通过比较危险源的危险性，人为地划分出一些危险等级来区分不同危险源的危险性，为采取危险源控制措施或进行更详细的危险性评价提供依据。一般地，危险等级越高，危险性越高。

采取了危险源控制措施后的危险性评价，可以查明危险源控制措施的效果是否达到了预定的要求。如果采取了控制措施后危险性仍然很高，则需要进一步研究对策，采取更有效的措施降低危险性。

评价危险源控制情况，可以从以下几个方面来考虑：

（1）防止人失误的能力。

必须能够防止在装配、安装、检修或操作过程中发生可能导致严重后果的人失误，如单向阀门应不易安反，三线电源插头不能插错等。

（2）对失误后果的控制能力。

一旦人失误可能引起事故时，应能控制或限制对象部件或元件的运行，以及与其他部件或元件的相互作用。例如，若按 A 钮起动之前按 B 钮可能引起事故，则应实行联锁，使先按 B 钮也没有危险。

（3）防止故障传递能力。

应能防止一个部件或元件的故障引起其他部件或元件的故障，从而避免事故。例如，电动机电路短路时保险丝熔断，防止烧毁电动机。

（4）失误或故障导致事故的难易。

发生一次失误或故障则直接导致事故的设计、设备或工艺过程是不安全的。应保证至少有两次相互独立的失误或故障，或一次失误与一次故障同时发生才能引起事故。对于那些一旦发生事故将带来严重后果的设备、工艺必须保证同时发生两起以上的失误或故障才能引起事故。

（5）承受能量释放的能力。

应能承受运行过程中偶尔可能产生的高于正常水平的能量释放。通常在压力罐上装有减压阀以把罐内压力降低到安全压力，如果减压阀故障，则超过正常值的压力将强加于管路，为使管路能承受高压，必须增加管路的强度或在管路上增设减压阀。

（6）防止能量蓄积的能力。

能量蓄积的结果将导致意外的能量释放。因此，应有防止能量蓄积的措施，如安全阀、可熔（断、滑动）连接等。

理想的安全评价包括危险性辨识和危险性评价两部分。危险性辨识是指利用安全系统工程的理论和方法，分析系统及其各要素所固有的安全隐患，揭示系统的各种危险性，亦即通过一定的手段测定、分析和判明危险，包括固有的和潜在的危险，可能出现的新危险以及在一定条件下转化生成的危险，并且对系统中已查明的危险进行定量化处理，从而为评价提供数量依据。

危险性评价是指根据危险性辨识的结果，采取各种措施减少或消除危险，并同既定的安全指标或目标相比较，判明所具有的安全水平，直到达到社会所允许的危险水平或规定的安全水平为止。

2. 安全评价的程序

由安全评价的内容可知，安全评价程序主要包括以下几个步骤：

（1）资料收集和研究。

明确评价对象和范围，收集国内外相关法规和标准，了解同类系统、设备、设施的运作和事故发生情况，以及评价对象的地理、气候条件及社会环境状况等。对收集到的资料应进行深入研究，研究的深入程度可大大缩短分析和评价的进程。

（2）危险因素辨识与分析

根据评价对象的特点，辨识和分析系统可能发生的事故类型、事故发生的原因和机制。

（3）确定评价方法，实施安全评价。

在上述危险分析的基础上，划分评价单元，根据评价目的和评价对象的复杂程度选择具体的一种或多种评价方法，对事故发生的可能性和严重程度进行定性或定量评价，在此基础上进行危险分级，以确定安全管理的重点。

（4）提出降低或控制危险的安全对策措施。

根据评价和分级结果，高于标准值的危险必须采取工程技术或组织管理措施，降低或控制危险。低于标准值的危险属于可接受或允许的危险，应建立检测措施，防止生产条件变更导致危险值增加，对不可排除的危险要采取防范措施。

（四）安全评价方法的选用

由于辨识、评价对象不同，工艺、设备设施不同以及事故类型、事故模式等不同，因而所采用的评价方法是不同的。选用合理的评价方法是一项关键性工作，关系到评价对象的评价结论是否合理、正确和可靠。

安全评价方法很多，几乎每种方法都有较强的针对性。综合分析这些方法，可以分成两类：一种是按评价指标的量化程度分为定性方法、定量方法，以及定性与定量相结合的方法；另一种是按评价对象进行整合，如物质产品、设备安全评价法（如指数法等）、安全管理评价法、系统安全综合评价法等。

对具体的评价对象，必须选用合适的方法才能取得良好的评价效果，在选用评价方法之前，应考虑下述几个因素：

（1）评价的目的。选用评价方法之前，首先必须考虑评价结果是否能达到评价的目的和动机。

（2）需要的评价结果表现形式，如危险性一览表、潜在事故情景一览表、危险控制措施一览表、危险分级、定量危险分析数值等。

（3）进行评价时可用的信息资料，如生产活动的技术水平、各种资料的数量和质量、评价对象的复杂程度和规模大小、生产方式、操作方式、固有危险的性质、可能发生的事故类型等。

（4）评价对象已经显现的危险，如事故历史情况、设备新旧情况、运行状况、使用年限、易损件的更换情况、管理的现状等。

（5）可投入评价的技术人员及其素质，评价费用，完成期限，评价专家和管理人员的知识结构及水平等。

在选择评价方法时，除考虑上述的因素外，还要对评价方法可提供的评价结果及其适应范围做进一步分析。实践表明，不同的评价方法适应于对系统寿命期内的不同阶段进行危险评价，表 2.12 和表 2.13 分别给出了几种常用评价方法可以提供的评价结果及其适应的阶段。

表 2.12　典型安全评价方法提供的评价结果

评价方法	事故情况	事故频率	事故后果	危险分级
安全检查表	不能	不能	不能	不能
危险指数法	提供	不能	提供	事故后果分级
预先危险性分析	不能	不能	提供	提供
危险性和可操作性研究	提供	提供	提供	事故后果分级
故障模式及影响分析	提供	提供	提供	事故后果分级
事故树分析	提供	提供	不能	事故频率分级
事件树分析	提供	提供	提供	提供
概率评价法	提供	提供	提供	提供
作业条件危险性评价法	提供	提供	提供	提供
安全综合评价法	不能	不能	不能	提供

表 2.13　典型安全评价方法适用情况

评价方法	方案设计	详细设计	工程施工	日常运营	改建扩建	事故调查	拆除退役
安全检查表	√	√	√	√	√		√
危险指数法	√			√	√		
预先危险性分析	√	√	√	√	√	√	
危险性和可操作性研究			√	√	√	√	
故障模式及影响分析			√	√	√	√	
事故树分析	√	√		√	√	√	
事件树分析			√	√	√	√	
概率评价法	√	√	√	√	√	√	
作业条件危险性评价法				√			
安全综合评价法			√	√	√		

（五）安全评价的作用和意义

1. 体现了"安全第一，预防为主"的方针

为了保障安全生产，必须从预防事故这一根本目的出发，预先或超前对系统在计划、设计、施工、验收、投产和运行等各阶段的安全性进行科学的预测和评估，防止和减少在安全上的欠债和加强安全的投入。安全评价从预防事故的观点出发，对系统可能产生的损失和伤害进行预测和评价，采取有效的手段以实现系统安全的总目标。因此，安全评价是一门控制系统总损失的技术，评价过程提高了安全管理水平，体现了从被动到主动、从事后处理到事前预防、从经验到科学的安全管理方法。

2. 有助于国家各级安全监察部门对企业安全生产的宏观控制

通过对企业安全状况系统地、科学地、客观地评价，既可以衡量企业固有危险性的大小，又可得出企业安全现状的结论。国家各级监察部门可以以此为依据，按照不同的危险等级和安全现状配备相应的监察力量，使监察工作能够有目的、有重点地进行，实现重点和一般相结合、全面控制企业安全生产的目的。

实行国家监察的目的，是要对企业安全生产实现宏观控制。通过监察发现问题并依法进行处理，以求改变企业的不安全状况，提高安全生产水平。安全评价可以依据标准对企业安全管理、安全技术、安全教育等诸方面的问题做出综合评价，既能了解企业存在的问题，又能客观地对企业安全水平给出结论。安全监察机关就可以以此为依据，对企业依法进行处置，例如依法追究刑事责任、责令停产整顿或采取相应安全措施。而且，一般安全评价标准都附有根据国家科技发展水平能够实现的措施，使企业不仅了解危险的存在，而且明确改进安全状况的措施，达到监察的目的，实现控制的目标。

3. 有助于保险部门加强对企业灾害实行风险管理

保险部门对企业事故引起的人身伤亡、职业病和财产损失所承担的保障义务是保险业的一项重要内容。随着我国保险业的发展，企业投保也逐渐增多，对企业事故的风险管理必然要纳入议事日程。风险管理应该包括以下内容：保险费的合理收取；风险的控制和事故后的合理赔偿。

保险部门为企业承担灾害事故保险，就要收取保险费，保险费的收取是由企业事故风险的大小决定的。所谓事故风险，就是单位时间内的事故损失。严格讲，保险费的计算应以风险为基准，但目前还不具备这样的条件。因此，可以考虑采用安全评价的结果来计算费率，即综合考虑企业生产过程中危险程度的大小和企业对危险的控制能力的高低。

至于风险控制，就是在保险过程中尽量减少灾害事故的发生和减轻灾害事故发生的损失。保险部门为投保户提供灾害风险保险，并不是所有事故都负责赔偿，而是仅在投保户遵守保险部门规定的防灾防损条例、条令、规程、规定的前提下才履行该项义务的。保险公司不仅为此制订若干法规、标准，而且拥有完善的监察投保户执行情况的组织机构。由于我国保险业尚未建立健全这套体制，还不能严格控制企业灾害事故的发生。但是，目前完全可借用企

业安全评价标准作为企业防灾防损必须遵守的准则（国外的保险条例也有许多等效采用其他安全法规、标准的情况）。另一方面，保险部门还要根据企业对条例的遵守情况和事故的减少幅度，定期返还企业部分保险费，以资鼓励，提高企业防灾防损的自觉性。如果投保企业发生了事故，就存在一个是否应该赔偿以及赔偿多少的问题。解决这个问题的关键也是以企业是否遵守保险条例为基础。因此，一个较完善的企业安全评价标准完全可以作为保险部门事故赔偿的准则。总之，安全评价的标准和结果为保险部门对企业实行风险管理提供了经验和数据，对加强风险管理有其现实指导意义。

4. 有助于提高企业安全管理水平

（1）定期开展安全评价工作。

通过第三方的评价与监督，能更客观地发现并改进企业在安全管理上的不足。

（2）安全评价能够科学合理地进行安全预测和评估。

安全协议之所以是安全管理最重要的指标，是因为这个指标能够科学系统地提前预测和辨识可能存在的风险，并能够评估风险的等级以及破坏程度，及时掌握信息安全工作，从而全面评价企业的风险程度和安全管理的现状，并且能够通过得出最终的评价报告来衡量企业是否符合行业的安全标准。另外，使用安全指标还能使企业领导人做出正确的安全决策。同时，基于系统科学的安全系统评价可以鼓励企业建立动态安全信息反馈系统，从而增强企业安全系统的自我调节功能。

（3）基于安全评价的方法使安全系统管理更加系统化。

与传统的安全管理相比较，基于安全评价的管理手段发生了很大的变化。管理的范围也已经不再是单纯的管理手段，从比较单一的安全生产扩展到各个系统中的人、机、料、法、环等安全因素。范围的扩大就能更加系统化地实现对于安全管理过程的管理，从而使得管理过程更加系统科学。

（4）基于安全评价的方法使安全系统管理更加标准化。

在过去的发展过程中，安全管理行业缺乏统一的标准，安全工作人员只根据自己的经验、主观意志和思想开展工作，缺乏客观的指标和衡量企业安全的相关行业标准。如果能够建立一套行业规范，那么按照评估标准进行安全评估，安全技术人员和所有员工可以清楚地定义每一项工作的要求，在什么程度上可以称之为安全，以及可以用什么手段来达到指标。有了标准，安全工作就可以明确进行，使日常的安全管理走在标准的轨道上。

（5）安全评价为企业决策提供科学指导。

为了提高企业的安全质量水平以及提高企业员工的安全意识，各个单位制定切实可行的安全管理措施。企业对于所有安全项目，不仅要考虑企业的经济效益，同时更要考虑员工的工作条件及其健康和安全，因为安全工作是企业从事生产活动的基础，也是商业经济活动的一部分。因此，应认真对待安全投资的经济性和合理性。安全评估不仅系统地确认了风险，而且还进一步考虑了风险发生的可能性和事故损失的严重程度，然后计算单位时间事故造成的损失，即风险。说明系统性风险的大小可能会带来负面效益，合理选择控制措施，衡量投资额，正确选择技术路线和工艺路线，这将提供一个领导决策的科学依据，使系统达到社会认可的安全指标。

二、安全检查表评价法

安全检查表评价法是一种简便易行的评价方法，它根据经验或系统分析的结果，把评价项目自身及周围环境的潜在危险集中起来，列成检查项目的清单，评价时依照清单逐项检查和评定。该方法虽然简单，效果却很好，各国都颇为重视，例如美国保险公司的安全检查表，美国杜邦公司的过程危险检查表，美国道化学公司的过程安全指南，日本劳动省的安全检查表以及我国机械工厂安全性评价表、民用航空安全检查表等。

用安全检查表进行安全评价，目前已被国内外广泛采用，为了使评价工作得到关于系统安全程度方面量的概念，开发了许多行之有效的评价计值方法。根据评价计值方法的不同，安全检查表评价法又分为逐项赋值法、加权平均法、单项定性加权记分法以及单项否定计分法。

（一）逐项赋值法

这种方法应用范围较广。它是针对安全检查表的每一项检查内容，按其重要程度不同，由专家讨论赋予一定的分值。评价时，单项检查完全合格者给满分，部分合格者按规定标准给分，完全不合格者记零分。这样逐项逐条检查评分，最后累计各项得分，就得到系统评价总分。根据实际评价得分多少，按标准规定评价系统总体安全等级的高低。

逐项赋值法可由下式表示：

$$m = \sum_{i=1}^{n} m_i$$

式中　　m——企业安全评价的结果值；

　　　　n——评价项目个数。

例如，某铁路局制订的快速列车安全动态检查评价标准，其检查表就是采用逐项赋值法记分的。该表共计 93 项评价标准，包括车务、电务、机务、车辆、客运、工务、装载、治安和道口、信息处理等内容，每项标准均规定了具体的评价标准和办法，并根据其重要程度规定定额分值。例如，轨检车动态检查消灭Ⅲ级分得 10 分，出现一个Ⅲ级分就为 0 分；在快速列车上用便携式动态检测仪对线路质量进行测试，无Ⅲ级分得 20 分，如出现Ⅲ级分，每一处扣 1 分；登乘快速列车如无严重晃动得 10 分，有严重晃动为 0 分。这样，通过对该局内 16 个站段每月逐项逐条定量检查、评分，并累计所有各项得分，最终得出该局月度快速列车的安全动态评价结论。这一结论，一方面报送路局有关领导，为领导安全管理决策提供数据；另一方面，对各专业部门、有关站段进行通报，为进一步研究、解决安全工作中存在的隐患提供科学依据，使快速列车的安全管理更有科学性、针对性和有效性。

（二）加权平均法

这种评价计值方法是把企业的安全评价按专业分成若干评价表，所有评价表不管评价条款多少，均按统一记分体系分别评价记分，如 10 分制或 100 分制等，并按照各评价表的内容对总体安全评价的重要程度，分别赋予权重系数（各评价表权重系数之和为 1）。按各评价表评价所得的分值，分别乘以各自的权重系数并求和，就可得到企业安全评价的结果值，即

$$m = \sum_{i=1}^{n} k_i m_i \text{且} \sum_{i=1}^{n} k_i = 1$$

式中，m ——企业安全评价的结果值；

$\quad m_i$ ——按某一评价表评价的实际测量值；

$\quad k_i$ ——按某一评价表实际测量值的相应权重系数；

$\quad n$ ——评价表个数。

按照标准规定的分数界限，就可确定企业在安全评价中取得的安全等级。

例如，某地铁车站劳动安全检查表按评价范围给出 5 个检查表，分别是：车间安全生产管理检查表、安全教育与宣传检查表、安全工作应知应会检查表、作业场所情况检查表、安全生产检查和推广安全生产管理新技术检查表。5 个检查表均采用 100 分制计分，各检查表得分的权重系数分别为 0.25，0.15，0.35，0.15，0.1，即

$$k_1 = 0.25, k_2 = 0.15, k_3 = 0.35, k_4 = 0.15, k_5 = 0.1$$

如按以上 5 个检查表评价该车站的实际得分分别为 85，90，75，65，80，即

$$m_1 = 85, m_2 = 90, m_3 = 75, m_4 = 65, m_5 = 80$$

则该地铁车站劳动安全评价值为

$$m = \sum_{i=1}^{n} k_i m_i = 78.75$$

若标准规定 80 分以上为安全级，则可知该地铁车站的安全状况并不令人满意，需要进行整改。

此外，加权平均法中权重系数可由统计均值法、二项式系数法、两两比较法、环比评分法、层次分析法等方法确定。

（三）单项定性加权计分法

这种评价计量方法是把安全检查表的所有检查评价项目都视为同等重要。评价时，对检

查表中的几个检查项目分别给以"优""良""可""差"或"可靠""基本可靠""基本不可靠""不可靠"等定性等级的评价，同时赋予不同定性等级以相应的权重值，累计求和，得实际评价值，即

$$S = \sum_{i=1}^{n} w_i k_i$$

式中　S——实际评价值；

　　　n——评价等级数；

　　　w_i——评价等级的权重；

　　　k_i——取得某一评价等级的项数和。

例如，评价某运输企业安全状况所用的安全检查表共 120 项，按"优""良""中""差"评价各项。四种等级的权重分别为

$$w_1 = 4, w_2 = 3, w_3 = 2, w_4 = 1$$

评价结果为：56 项为"优"，30 项为"良"，24 项为"中"，10 项为"差"，即

$$k_1 = 56, k_2 = 30, k_3 = 24, k_4 = 10$$

因此，该运输企业的安全评价值为：

$$S = \sum_{i=1}^{n} w_i k_i = 372$$

对于这种评价计分情况，其最高目标值，即 120 项评价结果均为"优"时的评价值为

$$S_{\text{max}} = 4 \times 120 = 480$$

最低目标值，即 120 项评价结果均为"差"时的评价值为

$$S_{\text{max}} = 1 \times 120 = 120$$

也就是说，该运输企业的安全评价值介于 120～480，可将 120～480 分成若干档次以明确该铁路局经安全评价所得到的安全等级。

将实际评价值除以评价项数和，便可知道该单位的安全状况（总体平均是处于"优""良"之间，"良""中"之间，还是"中""差"之间），即

$$372/120 = 3.1$$

因 $2 < 3.1 < 4$，可知评价结果介于"优""良"之间。

（四）单项否定计分法

一般这种方法不单独使用，而仅适用于企业系统中某些具有特殊危险而又非常敏感的具

体系统，如煤气站、锅炉房、起重设备等。这类系统往往有若干危险因素，其中只要有一处处于不安全状态，就有可能导致严重事故的发生。因此，把这类系统的安全评价表中的某些评价项目确定为对该系统安全状况具有否决权的项目,这些项目中只要有一项被判为不合格，则视为该系统总体安全状况不合格。这种方法已在机械工厂和核工业设施以及铁路运输企业的安全评价中采用。

三、作业条件危险性评价法

作业条件危险性评价法是一种简便易行的衡量人们在某种具有潜在危险的环境中作业的危险性的半定量评价方法，是由美国安全专家格雷厄姆和金尼提出的。该方法以与系统风险率有关的三种因素指标值之积来评价系统人员伤亡风险的大小，并将所得作业条件危险性数值与规定的作业条件危险性等级相比较，从而确定作业条件的危险程度。众所周知，作业条件的危险性大小取决于三个因素：发生事故的可能性大小 L，人体暴露在这种危险环境中的频繁程度 E，一旦发生事故可能会造成的损失后果 C。

但是，要获得这三个因素的科学准确的数据，却是相当烦琐的过程。为了简化评价过程，采取了半定量计值法，给三种因素的不同等级分别确定不同的分值，然后，以三个分值的乘积 D 来评价作业条件危险性的大小。即

$$D = L \times E \times C$$

D 值越大，说明该系统危险性越大，需要增加安全措施，减少发生事故的可能性，或者降低人体暴露的频繁程度，或者减轻事故损失，直至调整到允许范围。

三种因素的不同等级取值标准和危险性大小的范围划分可参照表 2.14～表 2.17 所示。

表 2.14　发生事故的可能性（L）

分数值	事故发生的可能性
10	完全可以预料
6	相当可能
3	可能，但不经常
1	可能性小，完全意外
0.5	很不可能，可以设想
0.2	极不可能
0.1	实际上不可能

表 2.15　暴露于危险环境的频繁程度（E）

分数值	暴露于危险环境的频繁程度
10	连续暴露
6	每天工作时间内暴露
3	每周一次，或偶然暴露
2	每月一次暴露
1	每年几次暴露
0.5	非常罕见地暴露

表 2.16　发生事故可能会造成的损失后果（C）

分数值	发生事故可能会造成的损失后果
100	大灾难，许多人死亡
40	灾难，数人死亡
15	非常严重，一人死亡
7	严重，躯干致残
6	重大，手足伤残
3	较大，受伤较重
1	较小，轻伤

表 2.17　危险等级划分（D）

分数值	危险程度
>320	极其危险，停产整改
160～320	高度危险，立即整改
70～160	显著危险，及时整改
20～70	一般危险，需要观察
<20	稍有危险，注意防止

对于任何有人作业的具体系统，都可以按照实际情况选取三种因素的分数值，然后计算 D 值，根据 D 值大小，可以判定系统危险程度的高低。

例如，某平交道口工作人员接车时，有时会被列车、汽车撞伤，或被列车坠落物件打伤。从以前 10 年的事故统计资料看，无一人死亡，轻伤仅发生两件。作业时间为每天工作 8 h。为了评价该道口岗位作业条件的危险性，首先要确定每种因素的分数值：

（1）事故发生的可能性（L）：属于"可能性小，完全意外"，$L = 1$。

（2）暴露于危险环境的频繁程度（E）：道口工每天都在这样条件下操作，$E = 6$。

（3）发生事故可能会造成的损失后果（C）：轻伤，$C = 1$。

于是有

$$D = L \times E \times C = 6 < 20$$

可知，该道口岗位作业条件的危险性等级为"稍有危险，注意防止"。

这种评价方法的特点是简便、可操作性强，有利于掌握企业内部危险点的危险情况，有利于促进整改措施的实施。问题是三种因素中事故发生的可能性只有定性概念，没有定量标准。评价实施时很可能在取值上因人而异，影响评价结果的准确性。对此，可在评价开始之前确定定量的取值标准，如"完全可以预料"是平均多长时间发生一次，"相当可能"为多长时间一次等。这样，就可以按统一标准评价系统内各子系统的危险程度。

四、概率安全评价法

概率安全评价（Probability Safety Assessment，PSA）也称概率风险评价（Probability Risk Assessment，PRA），是一种定量安全评价方法。此法先求出系统发生事故的概率（使用故障模式及影响和致命度分析、事故树定量分析、事件树定量分析等方法），然后结合事故后果严重度的估计进一步计算风险，以风险大小确定系统的安全程度，以此衡量系统的危险程度是否超过可接受的安全标准，以便决定是否需要采取相应的安全措施，使其达到社会所公认的安全水平。

概率安全评价的标准是风险，即单位时间系统可能承受损失的大小，综合了事故发生的概率和造成后果的严重度两个方面因素。事故发生概率是单位时间内事故发生的可能性，损失严重度是指发生一次事故损失的大小。如果事故发生的概率很小，即使后果严重，风险也不会很大；如果事故发生的概率很大，而每次事故的后果却不严重，那么风险同样也不会很大。因此，风险可以定义为

$$R = S \times P$$

式中　R——风险，事故损失/单位时间；

　　　S——损失严重度，事故损失/事故次数；

　　　P——事故发生概率（频率），事故损失/事故次数。

由于受系统复杂程度及数据源的限制，计算事故发生概率相当困难，往往用事故发生频率来近似取代概率。因此，可用一定时间内事故发生的次数来表示概率 P。

损失严重度表示发生一起事故所造成的损失数值，包括直接损失和间接损失两部分。直接损失包括清理事故所发生的工资，设备修复、报废的费用，以及支付旅客和货主的赔偿费等；间接损失包括停工、减产、工作损失、资源损失、环境污染处理等损失。系统可能承受的损失可以是人员伤亡、经济损失或工作日的损失。因此，损失严重度可以表示为：死亡人数/事故次数，损失工作日数/事故次数，经济损失价值/事故次数等。于是

$$R = P \times S = \begin{cases} \dfrac{死亡人数}{事故次数} \times \dfrac{事故次数}{单位时间} = \dfrac{死亡时间}{单位时间} \\[3mm] \dfrac{损失工作日数}{事故次数} \times \dfrac{事故次数}{单位时间} = \dfrac{损失工作日数}{单位时间} \\[3mm] \dfrac{经济损失价值}{事故次数} \times \dfrac{事故次数}{单位时间} = \dfrac{经济损失价值}{单位时间} \end{cases}$$

可见，风险 R 可用单位时间的死亡人数、单位时间的损失工作日数以及单位时间的经济损失价值来表示。

（一）以单位时间死亡率进行评价

定量评价系统的安全性是比较困难的，即使笼统地估算因事故造成的经济损失和人员伤亡也往往受评价者的主观观点所左右。目前，国际上经常采用单位时间死亡率来进行系统安全性的评价，其原因是：

（1）"人命"是最宝贵的，丧失生命无法挽回，因此，"人命"是安全最根本的课题。

（2）"死亡"的统计数据非常可靠。

（3）根据海因里希理论，系统发生事故的比例基本遵循下列规律：

死亡、重伤：轻伤：无伤害 = 1：29：300

因此，根据死亡率数据可方便地推知死亡、重伤、轻伤以及无伤害的事故发生情况。

例如，根据《2001 年中国交通年鉴》，我国 2000 年道路交通事故死亡人数为 93 853 人，受伤人数为 418 721 人，而根据人口普查结果，中国大陆地区 2000 年人口为 12.65 亿人，则每人风险为

$$\frac{9385 死亡 / 年}{12.65 \times 10^8 人} = 7.42 \times 10^{-5} 死亡 / 人 \cdot 年$$

$$\frac{41872 受伤 / 年}{12.65 \times 10^8 人} = 33.1 \times 10^{-5} 受伤 / 人 \cdot 年$$

这个数值表明，每 10 万人中，每年有 7～8 人可能会死于道路交通事故，有 33 人可能在道路交通事故中受伤（不含轻伤）。

（二）以单位时间损失工作日数进行评价

事故除了可能造成人员死亡外，多数是负伤。为了对负伤（包括死亡）风险进行评价，也可根据统计规律求出各行业负伤风险期望值，即负伤安全指标。一般以每接触小时损失工作日数为单位计算。

负伤有轻重之分，如果经过治疗、休养后能够完全恢复劳动能力，则损失工作日数按实际休工天数计算。但有的重伤后造成残废，或身体失去某种功能，不能完全恢复劳动能力，

甚至发生死亡事故，为便于计算，应将受伤、致残、死亡折合成相应损失工作日数。我国工伤事故分类标准（GB6441—86）中附件 B 给出了各种伤害损失工作日换算值，其常用部分如表 2.18 所示。

表 2.18　损失工作日换算标准

人体伤害部件	折算损失日数
死亡或终身残疾	6 000
眼	
双目失明	6 000
单目失明	1 800
耳	
双耳失听	3 000
单耳失听	600
手	
手臂（肘以上）	4 500
手臂（肘以下）	3 600
单只腕残废	3 000
脚	
腿（膝以上）	4 500
腿（膝以下）	3 600
单只脚残废	2 400

在 GB6441—86 中规定，职工因工受伤严重程度分为轻伤、重伤、死亡三个等级，按损失工作日数具体分类如下：

1 d≤轻伤＜105 d

105 d≤重伤＜6 000 d

死亡＝6 000 d

（三）以单位时间经济损失价值进行评价

以单位时间经济损失价值风险进行安全评价，是一种较为全面的评价系统安全性的方法。它既考虑事故发生可能造成的经济损失，同时又把人员伤亡损失折合成经济价值，统一计算事故造成的总损失，在计算出系统发生事故的概率或频率的情况下，就可取得单位时间内的经济损失金额作为风险值，以此来衡量系统的安全性并考察安全投资的合理性。

一般情况下，事故的经济损失越大，其允许发生的概率越小；事故的经济损失越小，其允许发生的概率越大。这个允许的范围就是安全范围。两者关系及安全范围如图 2.33 所示。

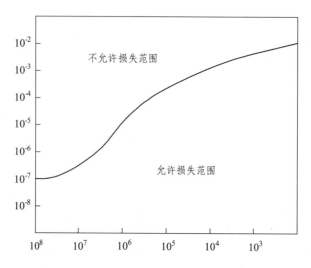

图 2.33　经济损失程度与事故发生概率的关系

在图 2.33 中，事故经济损失与其发生概率的关系并非呈直线关系，这主要是人们对损失严重的事故的恐慌心理所致。例如对核电站事故就是如此，所以对核设施要求格外严格，对其允许的事故发生概率往往在 10^{-6} 次/年以下。

评价结果，如果超出安全范围，则系统必须进行调整。对于不符合安全要求的风险值的调整，需要采取各种措施，使其降至安全目标值以下，以达到系统安全的目的。

五、安全综合评价

（一）概　述

对指标体系的安全综合评价方法，叫多指标安全综合评价法。它是把多个描述被评价对象不同方面且量纲不同的定性和定量指标，转化为无量纲的评价值，并综合这些评价值以得出对该评价对象的一个整体评价。多指标安全综合评价法具有多指标、多层次特性，能较好地处理大型复杂系统的安全评价问题，因而得到了广泛的应用。

一般来说，构成综合评价问题的要素有：

1. 被评价对象

交通安全综合评价的对象可以是铁路系统、公路系统、航空运输系统、水运系统，也可以是某种运输方式的子系统，例如铁路运输站（段）、航空公司、民用机场、城市交通等。同一类被评价对象的个数要大于 1（不同被评价对象进行比较）或等于 1（识别某被评价对象的安全薄弱环境，其下层指标数大于 1）。

2. 评价指标

各系统的安全状况可用一系列评价指标表示，每个评价指标都从不同的侧面刻画系统的安全状况。

3. 权重系数

相对于某种安全评价目的来说，评价指标之间的相对重要性是不同的。评价指标之间的这种相对重要性的大小，可用权重系数来刻画。若 w_j 是评价指标 $x_j(j=1,2,L,m)$ 的权重系数。一般应有 $w_j \geq 0(j=1,2,L,m), \sum_{j=1}^{m} w_j = 1$。

很显然，当被评价对象及评价指标（值）都给定时，综合评价（或对各被评价对象进行排序）的结果就依赖于权重系数了。即权重系数确定得合理与否，关系到综合评价结果的可信程度，因此，对权重系数的确定应特别谨慎。

4. 综合评价模型

所谓多指标（或多属性）安全综合评价，就是指通过一定的数学模型（或算法）将多个评价指标值"合成"为一个整体性的安全综合评价值。可用于"合成"的数学方法较多。问题在于如何根据评价目的（或准则）及被评价系统的特点来选择较为合适的合成方法。也就是说，在获得 n 个系统的安全评价指标值 $\{x_{ij}\}(i=1,2,L,n; j=1,2,L,m)$ 的基础上，尚需选用或构造综合评价函数 $y = f(w,x)$。

式中 $w = (w_1,w_2,L,w_m)^T$ 为指标权重向量，$x = (x_1,x_2,L,x_m)^T$ 为被评价对象（系统）的状态向量（评价指标值）。

由 $y = f(w,x)$ 式可求出各评价对象（系统）的安全综合评价值 $y_i = f(w,x_i)$。式中 $x_i = (x_{i1},x_{i2},L,x_{im})^T$ 为第 $i(i=1,2,L,n)$ 个系统的状态向量。

根据 y_i 值与既定的安全目标值进行判断比较，确定被评价对象（系统）的危险程度，以便采取相应的安全措施。

5. 评价者

评价者可以是某个人或某团体。评价目的的给定、评价指标的建立、评价模型的选择、权重系数的确定都与评价者有关。因此，评价者在评价过程中的作用是不可轻视的。

综上所述，安全综合评价的一般步骤包括：

（1）明确评价目的。

（2）确定被评价对象。

（3）建立评价指标体系（包括收集评价指标的原始值、评价指标的若干预处理等）。

（4）确立与各项评价指标相对应的权重系数。

（5）选择或构造综合评价模型。

（6）计算各系统（评价对象）的综合评价值并进行排序、分类或比较。

（7）根据评价过程得到的信息，进行系统分析和决策。

其中，最为关键的问题是指标体系的建立、指标评价值和权重系数以及评价模型的确定。只有解决好上述问题，才能得到较为切合实际的安全评价结果。

（二）指标体系的建立

1. 指标体系建立的原则

安全评价的核心问题是确定评价指标体系。指标体系是否科学、合理，直接关系到安全评价的质量。为此，指标体系必须科学地、客观地、合理地、尽可能全面地反映影响系统安全的所有因素。但是，要建立一套既科学又合理的安全评价指标体系，却是一个非常困难的问题。为此必须按照一定的原则去分析和判断，才有可能较好地解决这一难题。

（1）目的性原则。

指标体系要紧紧围绕改进系统安全这一目标来设计，并由代表系统安全各组成部分的典型指标构成，多方位、多角度地反映系统的安全水平。

（2）科学性原则。

指标体系结构的拟定、指标的取舍、公式的推导等都要有科学的依据。只有坚持科学性的原则，获取的信息才具有可靠性和客观性，评价的结果才具有可信性。

（3）系统性原则。

指标体系要包括系统安全所涉及的众多方面，使其成为一个系统：

① 相关性——要运用系统论的相关性原理不断分析，而后组合设计安全评价指标体系。

② 层次性——指标体系要形成阶层性的功能群，层次之间要相互适应并具有一致性，要具有与其相适应的导向作用，即每项上层指标都要有相应的下层指标与其相适应。

③ 整体性——不仅要注意指标体系整体的内在联系，而且要注意整体的功能和目标。

④ 综合性——指标体系的设计不仅要有反映事故状况的指标，更重要的是要有反映隐患的指标，事前与事后综合，不同时期（历史、现状、将来）综合才能更为客观和全面。

（4）可操作性原则。

指标的设计要求概念明确、定义清楚，能方便地采集数据与收集情况，要考虑现行科技水平，并且有利于系统安全的改进。而且指标的内容不应太繁太细，过于庞杂和冗长，否则会给评价工作带来麻烦。

（5）时效性原则。

指标体系不仅要反映一定时期系统安全的实际情况，而且还要跟踪其变化情况，以便及时发现问题，防患于未然。此外，指标体系应随着社会价值观念的变化不断调整；否则，可能会因不合时宜而导致决策失误或非优。

（6）政令性原则。

指标体系的设计要体现我国安全生产的法律、方针和政策，以便通过评价，引导运输企业贯彻执行"安全第一，预防为主"的方针以及部门安全生产的规章制度。

（7）突出性原则。

指标的选择要全面，但应该区别主次、轻重，要突出当前带全局性而又极为关键的安全问题，以保证重点和集中力量控制住那些发生频率高、后果严重的事件。

（8）可比性原则。

指标体系中同一层次的指标，应该满足可比性的原则，即具有相同的计量范围、计量口径和计量方法。指标取值宜采用相对值，尽可能不采用绝对值。这样使得指标既能反映实际情况，又便于比较优劣，查明安全薄弱环节。

（9）定性与定量相结合的原则。

指标体系的设计应当满足定性与定量相结合的原则，即在定性分析的基础上，还要进行量化处理。只有通过量化，才能较为准确地揭示事物的本来面目。对于缺乏统计数据的定性指标，可采用评分法，利用专家意见近似实现其量化。

2. 指标体系的结构

指标体系的结构，是指形成指标组合的逻辑关系和表达形式结构。依靠科学的结构，分散的指标才能排列组合成系统，真实地描述系统安全的安全状况。

安全与事故是对立的，但事故并非不安全的全部内容，事故只是在安全与不安全一对矛盾斗争过程中某些瞬间突变结果的外在表现形式。在"无事故"的背后，可能还有许多违章、冒险、故障（缺陷）等不安全因素存在，只是未出事故罢了。因此，单纯的事故指标并不足以表征系统的全部安全状况。

隐患指标是从系统的整体出发，对系统的人员、设备、环境、管理等进行的安全综合评价。隐患指标充分体现了事前安全的思想，即预防事故在其发生之前。隐患指标由于综合考虑了影响系统安全的所有因素，可以较为全面地反映系统的潜在危险性。但是，由于人们在安全问题认识上的局限性与滞后性，在指标的设置、指标的计量以及对指标重要性的认识等方面难以做到完全科学和客观。换言之，隐患指标虽然在理论上可以较为全面地反映系统的安全性，但在实际应用过程中难免存在偏差，因而必须要以表征系统运行特性的事故指标作为基础。

事故指标与隐患指标相结合，既考察了系统在一定时期内实际安全绩效，又考察了系统要素及其组合中的安全隐患，可以避免单用一类指标评价的片面性，能够较为全面正确地反映系统的安全状况。

例如，根据上述建立指标体系的九条原则，可以建立事故与隐患指标相结合的铁路运输安全保障系统安全评价指标体系，如图2.34～图2.39所示。

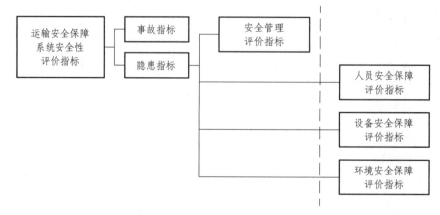

图 2.34 铁路运输安全保障系统安全性评价指标体系

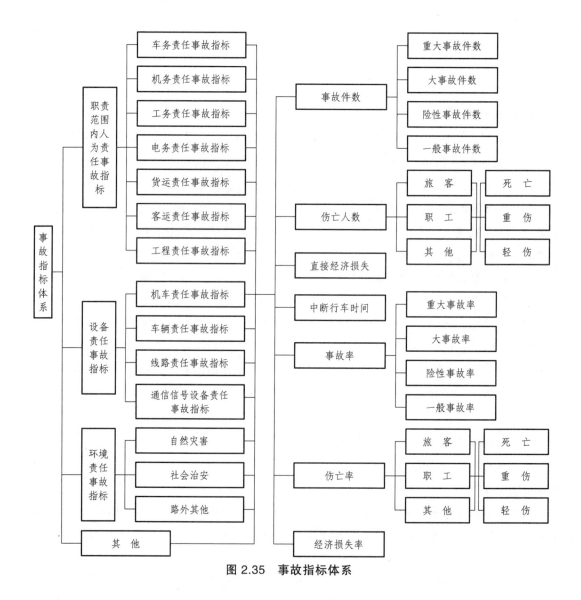

图 2.35 事故指标体系

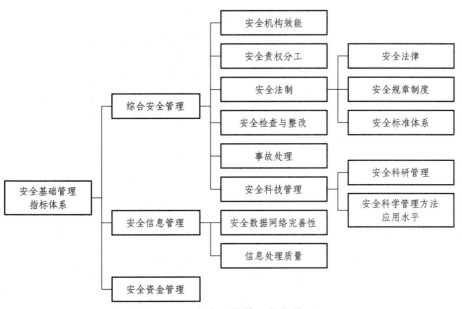

图 2.36 安全总体管理指标体系

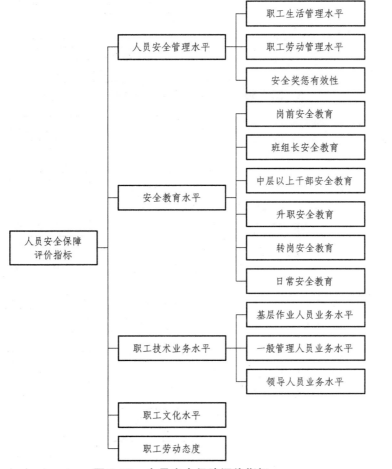

图 2.37 人员安全保障评价指标

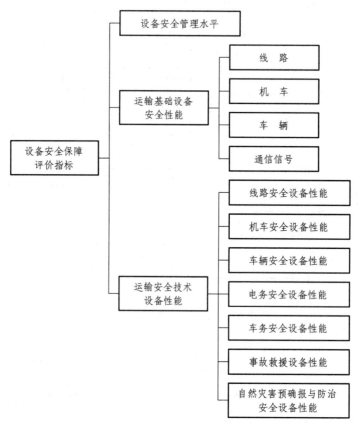

图 2.38　设备安全保障评价指标

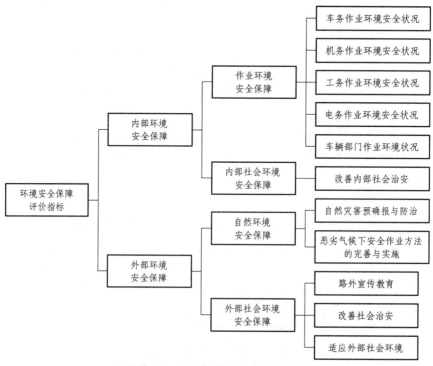

图 2.39　环境安全保障评价指标

3. 评价指标的筛选

在实际的安全综合评价活动中，并非评价指标越多越好；但也非越少越好，关键在于评价指标在评价中所起作用的大小。一般原则应是以尽可能少的"主要"评价指标用于实际评价。但在初步建立的评价指标集合当中也可能存在着一些"次要"的评价指标，这就需要按某种方法进行筛选，分清主次，合理组成评价指标集。

对于具体的实际评价问题，如何确定评价目标及选择评价指标是一个很重要的问题，应该慎重考虑。在实际应用中，通常用以下几种方法来进行评价指标的筛选：

（1）专家调研法。

这是一种向专家发函、征求意见的调研方法。评价者可根据评价目标及评价对象的特征，在所设计的调查表中列出一系列的评价指标，分别咨询专家对评价指标的意见，然后进行统计处理，并反馈咨询结果，经几轮咨询后，如果专家意见趋于集中，则由最后一次咨询确定出具体的评价指标体系。

（2）最小均方差法。

对于 n 个取定的被评价对象（或系统）s_1, s_2, L, s_n，每个被评价对象都可用 m 个指标的观测值 $x_{ij}(i=1,2,L,n ; j=1,2,L,m)$ 来表示。容易看出，如果 n 个被评价对象关于某项评价指标的取值都差不多，那么尽管这个评价指标是非常重要的，但对于这 n 个被评价对象的相对评价结果来说，并不起什么作用。因此，为了减少计算量就可以删除掉这个评价指标。最小均方差的筛选原则如下：

$$s_j = \sqrt{\frac{1}{n}\sum_{i=1}^{m}(x_{ij}-\overline{x}_j)^2}, \quad j=1,2,L,m$$

式中　s_j——评价指标 x_j 按 n 个被评价对象取值构成的样本均方差；

$\overline{x}_j$——评价指标 x_j 按 n 个被评价对象取值构成的样本均值。$\overline{x}_j = \frac{1}{n}\sum_{i=1}^{m}x_{ij}, j=1,2,L,m$。

若存在 $k_0(1 \leq k_0 \leq m)$，使得 $s_{k_0} = \min\limits_{1\leq j\leq m}\{s_j\}$，且 $s_{k_0} \approx 0$，则可删除掉与 s_{k_0} 相应的评价指标 x_{k_0}。

（3）极小极大离差法。

先求出各评价指标 x_j 的最大离差 r_j，即 $r_j = \max\limits_{1\leq i,k\leq n}\left\{\left|x_{ij}-x_{kj}\right|\right\}$；再求出 r_j 的最小值，即 $r_0 = \min\limits_{1\leq j\leq m}\{s_j\}$；当 r_0 接近于零时，则可删除掉与 r_0 对应的评价指标。

（三）基础指标评价值的确定

基础评价指标即评价指标体系中不能再进一步分解的指标，可分为定性基础评价指标和定量基础评价指标，简称定性指标和定量指标。因此，基础指标评价值的确定可分为两部分，即定性指标评价值的确定和定量指标评价值的确定。

在求基础指标评价值时，有不少文献采用等级论域的方法，将定性指标取值范围按评语等级硬性划分几个分值范围，例如"很好"（90~100）、"较好"（80~90）、"一般"（70~80）、

"较差"（60~70）、"很差"（0~60），而对于定量指标，也要确定对应于各评语等级的临界值。这种做法是值得商榷的：第一，事物本身所具有的模糊性，决定了它没有固定的临界值，例如，从很好到很差，中间状态是模糊的，并不存在一个明确好与差的等级界限，因而由此计算出的指标评价值可信度是较低的；第二，定量指标等级临界值的确定非常困难，而其对于定量指标评价值的确定又是至关重要的，这给定量指标评价值的确定工作带来了麻烦。基于上述理由，建议采用舍弃等级论域的方法确定基础指标评价值，即将指标取值范围规定为0~100，相当于将指标评判等级划分100个小等级，指标值越大，说明其隶属于安全的程度越高，同时也表明其安全性越好。舍弃等级论域的做法不仅克服了等级论域法的上述不足，而且，它得到的指标值为一点值而非向量，不再局限于模糊综合评判的处理方法。

1. 定性指标评价值的确定

对于定性指标，指标值具有模糊和非定量化的特点，很难用精确数字来表示，只能采用模糊数学的方法对模糊信息进行量化处理。

（1）等级比重法（又叫实验统计法）。

请一组专家进行试验，每一人次试验是要在表格中打钩，且对每个指标仅打一个勾（即每行打一个勾），如表 2.19 所示。然后统计出各个格子中打钩的频率，得到专家组对于每个指标的评判结果。例如，请 100 位专家对"安全管理"进行评判，分别有 50，30，10，5，5 人的评判为"很好""较好""一般""较差""很差"，则对"安全管理"这一指标的评判为（0.5，0.3，0.1，0.05，0.05）。最后，将各个定性指标评判结果综合成评判矩阵：

$$\boldsymbol{R} = (r_{ij})_{m \times n}$$

其中，m 代表评语等级数；n 代表定性评价指标个数。

同时赋予不同定性等级以相应的权重系数 $A = (a_1, a_2, L, a_m)$，即得到 n 个定性指标的评价值 $B = AgR = (b_1, b_2, L, b_n)$。

等级比重法的最大特点是简单、方便、实用，但精确度不高。

表 2.19　指标评价

	很好	较好	一般	较差	很差
指标 1		√			
指标 2				√	
...					
指标 n	√				

（2）专家评分法。

请 m 个专家对取定的一组指标 x_1, x_2, L, x_n 分别给出隶属度 $A(x_i)(i=1,2,L,n)$ 的估计值 $r_{ij}(i=1,2,L,n; j=1,2,L,m)$，则指标 x_i 的隶属度 r_i 可由下式估计：

$$r_i = \frac{1}{m} \sum_{j=1}^{m} r_{ij}, \qquad (i=1,2,L,n)$$

式中，r_{ij} 为第 j 位专家对第 i 个指标的评价值。

由专家评分法得出的评判矩阵为一列向量：

$$R = \begin{bmatrix} r_1 \\ r_2 \\ M \\ r_n \end{bmatrix}$$

利用专家评分法得出的判断较等级比重法精确。但是，该方法是用一个确切的数表示判断，如果问题比较复杂、敏感、信息不全，或者专家对问题的了解不够全面、确切，在这种情况下，人的判断具有多种可能性，无法找出一个确切的数值。但如果要专家给出判断的一个范围，却是比较客观的选择。专家给出的判断范围越小，说明专家对问题的把握性越大；反之，则相反。不同专家对同一问题所给出的判断范围，可以看作是一个随机集的若干独立实现，而利用随机集估计真值，属于集值统计的范畴。因此，可应用集值统计法来确定定性指标评价值。

（3）集值统计法。

集值统计是汪培庄、刘锡荟等学者于1984年首次提出的一种新的模糊统计方法。它不同于经典的概率统计，经典统计样本一般被看作是一个随机变量的若干独立实现，而集值统计的样本则被看作是一个随机集的独立实现。具体做法为：

选择 m 位专家，专家选择应视具体情况而定。给出评价指标值的两个极点，为方便专家赋值，取 0、100 两点，然后请专家给出指标 x_i 评价值的区间估计，得到 m 位专家对指标 x_i 的一个集值统计序列：

$$[r_{11}, r_{21}], [r_{12}, r_{22}], [r_{1m}, r_{2m}]$$

将这 m 个区间落影到评价指标值域轴上，得到样本落影函数 $X(r)$，如图 2.40 所示。

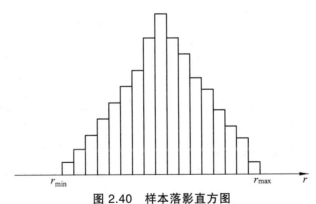

图 2.40 样本落影直方图

$$\overline{X}(r) = \frac{1}{m} \sum_{k=1}^{m} X[r_{1k}, r_{2k}]^{(r)}$$

其中

111

$$X[r_{1k}, r_{2k}]^{(r)} = \begin{cases} 1, & r_{1k} < r < r_{2k} \\ 0, & \text{其他} \end{cases}$$

取 $r_{\max} = \max\{r_{21}, r_{22}, L, r_{2m}\}, r_{\min} = \{r_{11}, r_{12}, L, r_{1m}\}$，则指标 x_i 的评价值

$$E(r) = \frac{\int_{r_{\min}}^{r_{\max}} \bar{X}(r) r dr}{\int_{r_{\min}}^{r_{\max}} \bar{X}(r) dr} = \frac{\sum_{k=1}^{m}[(r_{2k})^2 - (r_{1k})^2]}{2\sum_{k=1}^{m}(r_{2k} - r_{1k})}$$

2. 定量指标评价值的确定

定量指标即可量化指标，可以通过一定的技术测量手段确定其量值。由于定量指标的计量单位各不相同，不具有可比性。因此，在确定指标实际值之后，还必须解决指标间的可综合性问题，即进行评价指标类型的一致化和评价指标的无量纲化处理。

1）评价指标类型的一致化

一般来说，指标 x_1, x_2, L, x_n 中，可能含有"极大型"指标、"极小型"指标、"居中型"指标和"区间型"指标。对于某些定量指标（如客运量、货运量、安全天数等），管理者自然期望它们的取值越大越好，这类指标称为极大型指标；而对于诸如事故件数、伤亡人数、经济损失、事故率等一类指标，管理者自然期望它们的取值越小越好，这类指标称为极小型指标；诸如机动车保有量、道路里程等指标，管理者既不期望它们的取值越大越好，也不期望它们的取值越小越好，而是期望它们的取值越居中越好，称这类指标为居中型指标；而区间型指标是期望其取值以落在某个区间内为最佳的指标。根据指标的不同类型，对指标集 $X = \{x_1, x_2, L, x_n\}$ 可作如下划分，即令

$$X = \bigcup_{i=1}^{4} X_i \text{ 且 } X_i IX_j = \Omega \quad (i \neq j \text{且} i, j = 1, 2, 3, 4)$$

式中，$X_i (i = 1, 2, 3, 4)$ 分别为极大型指标集、极小型指标集、居中型指标集和区间型指标集；Ω 为空集。

若指标 $x_1, x_2 L, x_n$ 中既有极大型指标、极小型指标，又有居中型指标或区间型指标，则在对系统进行综合评价之前，需对评价指标的类型做一致化处理。否则，就无法定性地判断综合评价值是否取值越大越好，或是取值越小越好，或是取值越居中越好。因此，也就无法根据综合评价值的大小来评价系统安全状况的优劣，也就无法比较各评价对象的优劣。

对于极小型指标 x，令

$$x^* = M - x \qquad \text{或} \qquad x^* = \frac{1}{x}(x > 0)$$

式中，M 为指标 x 的一个允许上界。

对于居中型指标 x，令

$$x^* = \begin{cases} \dfrac{2(x-m)}{M-m}, & m \leqslant x \leqslant \dfrac{M+m}{2} \\[3mm] \dfrac{2(M-x)}{M-m}, & \dfrac{M+m}{2} \leqslant x \leqslant M \end{cases}$$

式中，m 为指标 x 的一个允许下界；M 为指标 x 的一个允许上界。

对于区间型指标 x，令

$$x^* = \begin{cases} 1.0 - \dfrac{q_1 - x}{\max\{q_1 - m, M - q_2\}}, & x < q_1 \\[3mm] 1.0 \\[3mm] 1.0 - \dfrac{x - q_2}{\max\{q_1 - m, M - q_2\}}, & x > q_2 \end{cases}$$

式中，$[q_1, q_2]$ 为指标 x 的最佳稳定区间；M, m 分别为指标 x 的允许上、下界。

这样，非极大型评价指标 x 便可转变为极大型指标了。同理，也可将所有指标均转化为极小型指标或区间型指标。

2）评价指标的无量纲化

一般来说，定量指标 x_1, x_2, L, x_n 之间由于各自单位及量级（计量指标的数量级）的不同而存在着不可公度性，这就为指标间的横向比较带来了不便。因此，为了尽可能地反映实际情况，排除由于各项指标的单位不同以及其数值数量级间的悬殊差别所带来的影响，避免不合理现象的发生，需要对评价指标做无量纲化处理。

无量纲化，也叫作指标数据的标准化、规范化，是通过数学变换来消除原始指标单位影响的方法。从本质上讲，指标无量纲化过程也就是求解隶属函数的过程，各种无量纲化公式，也就是指标的隶属函数。求定量指标隶属度的无量纲化方法多种多样，应根据各个指标本身的性质确定其隶属函数公式，但依次确定每个指标隶属函数关系式非常困难。为简单起见，可选择直线型无量纲化方法来解决定量指标间的可综合性问题。常用的方法有"标准化法""极值法"和"功效系数法"。

（1）标准化法。

取　　　　$x_{ij}^* = \dfrac{x_{ij} - \bar{x}_j}{s_j}$

式中，$\bar{x}_j, s_j (j = 1, 2, L, n)$ 分别为第 j 项指标观测值的平均值和均方差；x_{ij} 为有量纲指标实际值；x_{ij}^* 为无量纲指标评价值。

显然，x_{ij}^* 的平均值和均方差分别为 0 和 1，x_{ij}^* 称为标准观测值。

（2）极值法。

如果令 $M_j = \min_i\{x_{ij}\}, m_j = \min_i\{x_{ij}\}$，则

$$x_{ij}^* = \frac{x_{ij} - m_j}{M_j - m_j}$$

是无量纲的，且 $x_{ij}^* \in [0, 1]$。

特别地，当 $m_j = 0(j = 1, 2, L, n)$ 时，有

$$x_{ij}^* = \frac{x_{ij}}{M_j}(x_{ij}^* \in [0,1])$$

不失一般性，当评价值取值属于[0，100]时，对于极大性、极小性和居中型指标，其无量纲化公式为：

① 极大型指标。

$$x_{ij}^* = \begin{cases} 100, & x_{ij} \geqslant M_j \\ 100 \times \dfrac{x_{ij} - m_j}{M_j - m_j}, & m_j < x_{ij} < M_j \\ 0, & x_{ij} \leqslant m_j \end{cases}$$

② 极小型指标。

$$x_{ij}^* = \begin{cases} 100, & x_{ij} \leqslant m_j \\ 100 \times \dfrac{M_j - x_{ij}}{M_j - m_j}, & m_j < x_{ij} < M_j \\ 0, & x_{ij} \geqslant M_j \end{cases}$$

③ 适中型指标（指标值越接近某一固定值越好的指标）。

$$x_{ij}^* = \begin{cases} 100 \times \dfrac{x_{ij} - m_j}{x_{m_i} - m_j}, & m_j < x_{ij} \leqslant x_{m_i} \\ 100 \times \dfrac{M_j - x_{ij}}{M_j - x_{m_i}}, & x_{m_i} \leqslant x_{ij} < M_j \\ 0, & x_{ij} \leqslant m_j, x_{ij} \geqslant M_j \end{cases}$$

式中，x_{m_i} 为适中型指标的固定值，$m_j \leqslant x_{m_i} \leqslant M_j$。

（3）功效系数法。

分别令

$$x_{ij}^* = c + \frac{x_{ij} - m_j}{M_j - m_j} \times d$$

式中，M_j，m_j 分别为指标 x_j 的满意值和不允许值；c，d 均为已知正常数；c 的作用是对变换后的值进行"平移"；d 的作用是对变换后的值进行"放大"或"缩小"。通常取 $c = 60$，$d = 40$，即

$$x_{ij}^* = 60 + \frac{x_{ij} - m_j}{M_j, m_j} \times 40 \quad (x_{ij}^* \in [60,100])$$

上述公式中，$x_{ij}(i=1,2,L,m；j=1,2,L,n)$均假定为极大型指标的观测值。

在评价模型、评价指标和权重系数、指标类型的一致化方法都已取定的情况下，应选择能尽量体现被评价对象之间差异的无量纲化方法，即选择使综合评价值的离差平方和最大的无量纲化方法。

（四）指标体系的赋权处理

1. 基于"功能驱动"原理的赋权法

基于"功能驱动"原理的赋权法，实质是根据评价指标的相对重要程度来确定权重系数，其确定途径可分为两大类，即客观途径和主观途径。客观途径主要有结构性、机理性或成因性的构造方法。然而，客观现实中的系统在运行过程中或受环境影响，或受评价者的主观愿望的影响而呈现出不同的特征，这就给权重系数的确定带来困难。因而在很多场合下，往往是通过主观途径来确定权重系数，即根据主观上对各评价指标的重视程度来确定其权重系数的一类方法。对于主观赋权法来说，其共同特征是：

（1）含有主观色彩，即赋权结果与评价者（或决策者）的知识结构、工作经验及偏好等有关。

（2）评价过程的透明性、再现性差。

（3）在一定的时间区间内，权重系数具有保序性和可继承性。

总之，基于"功能驱动"原理的赋权法，是一类"求大同存小异"的方法。主要方法包括集值迭代法、特征值法（层次分析法）、G_1法和G_2法等。其中，层次分析法较为常用。

层次分析法（简称 AHP）是美国运筹学家萨提（Satty）于 20 世纪 70 年代中期提出的一种实用的决策方法。其基本过程为：首先将复杂问题分解成递阶层次结构，然后将下一层次的各因素相对于上一层次的各因素进行两两比较判断，构造判断矩阵，通过对判断矩阵的计算，进行层次单排序和一致性检验，最后进行层次总排序，得到各因素的组合权重，并通过排序结果分析和解决问题。AHP 可以对非定量事物做定量分析，对人们的主观判断作客观描述。运用 AHP 确定权重，大体可分为以下四个步骤：

（1）建立递阶层次结构。

这是 AHP 中最重要的一步，首先要把问题条理化、层次化，构造出一个层次分析的结构模型。在这个结构模型下，复杂问题被分解为若干元素，这些元素又按其属性分成若干组，形成不同层次。同一层次的元素对下一层次的某些元素起支配作用，同时又受上一层次元素的支配。

递阶层次结构中的层次数与问题的复杂程度及需要分析的详尽程度有关，一般地可以不受限制。每一层次中各元素所支配的下一层元素一般不要超过九个，这是因为支配的元素过多会给两两比较判断带来困难。一个好的层次结构对于解决问题是极为重要的，因而层次结构必须建立在深入分析的基础上。

（2）构造判断矩阵。

对于递阶层次结构中各层上的元素，可以依次相对于与之有关的上一层元素，进行两两比较，从而建立一系列的判断矩阵。判断矩阵 $A = (a_{ij})_{m \times n}$ 具有下述性质：

$$\begin{cases} a_{ij} > 0 \\ a_{ij} = \dfrac{1}{a_{ji}} \\ a_{ii} = 1 \quad (i, j = 1, 2, L, n) \end{cases}$$

式中，a_{ij} 代表元素 U_i 与 U_j 相对于其上一层元素重要性的比例标度。

判断矩阵的值反映了人们对各因素相对重要性的认识，一般采用比例标度 $1 \sim 9$ 对重要性程度赋值。标度及其含义见表 2.20。

表 2.20　判断矩阵标度及其含义

标　度	含　　义
1	表示两个元素相比，具有同等重要性
3	表示两个元素相比，前者比后者稍微重要
5	表示两个元素相比，前者比后者明显重要
7	表示两个元素相比，前者比后者强烈重要
9	表示两个元素相比，前者比后者极端重要
2，4，6，8	表示上述相邻判断的中间值
倒数	若元素 i 与元素 j 的重要性之比为 a_{ij}，那么元素 j 与元素 i 重要性之比为：$a_{ji} = 1/a_{ij}$

（3）计算单一准则下元素的相对权重并进行一致性检验。

设判断矩阵 A 的最大特征根为 $\lambda_{\max}$，其相应的特征向量为 W，解判断矩阵 A 的特征根问题：

$$AW = \lambda_{\max} W$$

所得的 W 经归一化后，即为同一层次相应元素对于上一层次某一因素相对重要性的权重向量。

由于客观事物的复杂性以及人们对事物认识的模糊性和多样性，所给出的判断矩阵不可能完全保持一致，有必要进行一致性检验，计算一致性指标 CI：

$$CI = \frac{\lambda_{\max} - n}{n - 1}$$

式中，n 为判断矩阵阶数。

若随机一致性比率 $CR = CI / RI < 0.10$，则判断矩阵具有满意的一致性，否则需要调整判断矩阵的元素取值。随机一致性指标 RI 取值见表 2.21。

表 2.21　平均随机一致性指标 *RI* 取值

n	1	2	3	4	5	6	7	8	9	10
RI	0.00	0.00	0.58	0.90	1.12	1.24	1.32	1.41	1.45	1.49

（4）计算组合权重及一致性检验。

计算组合权重是指计算同一层次所有因素对于最高层因素相对重要性的权重。若上一层次 A 含有 m 个因素 A_1, A_2, L, A_m，其组合权值为 a_1, a_2, L, a_m，下一层次 B 包含 n 个因素 B_1, B_2, L, B_n，它们对于因素 A_j 的相对权值分别为 $b_{1j}, b_{2j}, L, b_{ij}$（当 B_i 与 A_j 无关时，$b_{ij}=0$），此时 B 层因素的组合权重见表 2.22。

表 2.22　组合权重计算表

层次 A 层次 B	A_1	A_2	...	A_m	B 层组合权重
	a_1	a_2	...	a_m	
B_1	b_{11}	b_{12}	...	b_{1m}	$\sum\limits_{j=1}^{m} a_j b_{1j}$
B_2	B_{21}	b_{22}	...	b_{2m}	$\sum\limits_{j=1}^{m} a_j b_{2j}$
...	...	...	...	...	...
B_n	b_{n1}	b_{n2}	...	b_{nm}	$\sum\limits_{j=1}^{m} a_j b_{nj}$

此外，还需要进行递阶层次组合判断的一致性检验，该步也是从上到下逐层进行的。若 B 层某些因素相对于 A_j 的层次单排序一致性指标为 CI_j，相应的平均随机一致性指标为 RI_j，则 B 层随机一致性比率为：

$$CR = \frac{\sum\limits_{j=1}^{m} a_j CI_j}{\sum\limits_{j=1}^{m} a_j RI_j}$$

当 $CR < 0.10$ 时，认为 B 层组合判断具有满意的一致性；否则，需要重新调整判断矩阵的因素取值。

然而，由于安全问题的复杂性，各个指标的意义和量纲都不一样，专家很难用 9 个档次表示出各元素的相对重要性程度。而且，即使专家可以给出，也往往容易凭想当然给出模糊的判断，从而使判断结果的可信度下降。此外，当同一层次上的元素较多时，还容易使专家做出矛盾和含混的判断，使判断矩阵出现严重的不一致现象。鉴于专家判断的不确定性，两两比较中的判断不宜采用确定数。因此，建议采用区间标度表示两两比较的判断，相应地，判断矩阵以区间数判断矩阵的形式给出，模糊标度及其含义见表 2.23。

表 2.23　模糊标度及其含义

标　度	符　号	含　义
1	=	表示两个元素相比，具有同等重要性
[1，3]	>	表示两个元素相比，前者比后者稍微重要
[3，5]	>>	表示两个元素相比，前者比后者明显重要
[5，7]	>>>	表示两个元素相比，前者比后者强烈重要
[7，9]	>>>>	表示两个元素相比，前者比后者极端重要
倒数	<，<<，<<<，<<<<	若因素 i 与 j 比较得 a_{ij}，则 j 与 i 比较得 $1/a_{ij}$，且 $1/a_{ij}$ 为区间标度：[1/3，1]，[1/5，1/3]，[1/7，1/5]，[1/9，1/7]

在表 2.23 所示模糊标度中，将 Saaty 的 1～9 标度仅仅划分为 5 个档次而非 9 个档次，目的是方便专家比较判断。根据表中的模糊标度进行两两比较判断，专家只需给出判断矩阵下三角部分的符号表示，这即使是对于那些不熟悉 AHP 的专家来说，判断矩阵的给出也非常方便，因而，即可模糊标度也有利于 AHP 专家调查表的编制。

此外，在用 AHP 法进行专家咨询时，对同一问题，将获得多个判断矩阵，因而产生多个判断矩阵的合理综合问题。为了较好地兼顾不同专家的意见，可选用加权算术平均综合向量法来处理多个专家判断矩阵的合理综合问题。方法介绍如下：

设 s 个专家的判断矩阵为：

$$A = (a_{ijk}) \qquad (i, j = 1, 2, L, n; k = 1, 2, L, s)$$

分别求出它们的权重向量：

$$w_k = (w_{1k}, w_{2k}, L, w_{sk}) \qquad (k = 1, 2, L, s)$$

然后求出它们的加权算术平均综合权重向量：

$$w_k = (w_1, w_2, L, w_s)$$

其中

$$\begin{cases} w_j = \sum_{k=1}^{s} \lambda_k w_{jk}, & (j = 1, 2, L, n) \\ \sum_{k=1}^{s} \lambda_k = 1, 且 \lambda_k \geq 0, & (k = 1, 2, L, s) \end{cases}$$

这里 $\lambda_1, \lambda_2, L, \lambda_n$ 是各个专家的权重系数，它是对专家能力水平的一个综合的数量表示，当对专家的能力水平高低难以获得先验信息或不易作出判断时，可取 $\lambda_k = 1/s(k = 1, 2, \cdots, s)$。此时

$$w_j = \frac{1}{s} \sum_{k=1}^{s} w_{jk} \qquad (j = 1, 2, L, n)$$

可计算 wj 的标准差 σ_j：

$$\sigma_j = \sqrt{\frac{1}{s-1}\sum_{k=1}^{s}(w_{jk}-w_j)^2} \qquad (j=1,2,L,n)$$

以及相应于新的综合判断矩阵 $A=(a_{ij})=(w_i/w_j)$ 元素的标准差 σ_{ij}：

$$\sigma_{ij} = \sqrt{\frac{1}{s-1}\sum_{k=1}^{s}(a_{ijk}-a_{ij})^2} \qquad (j=1,2,L,n)$$

再将信息反馈给专家，供进一步修改参考。

2. 基于"差异驱动"原理的赋权法

由主观赋权法确定出的权重系数真实与否，在很大程度上取决于专家的知识、经验及其偏好。为了避免在确定权重系数时受人为因素的干扰，可采取基于"差异驱动"原理的（客观）赋权法。这类赋权法的基本思想是：权重系数是各个指标在指标总体中的变异系数和对其他指标影响程度的度量，赋权的原始信息直接来源于客观环境，可根据各指标所提供的信息量的大小来决定相应指标的权重系数。主要方法包括突出整体差异的"拉开档次"法、突出局部差异的均方差法、极差法及熵值法等。

基于"差异驱动"原理的赋权法是一类"求大异存小同"的方法，其共同特征是：

（1）不具有任何主观色彩。

（2）具有评价过程的透明性、再现性。

（3）权重系数不具有保序性和继承性。

基于"差异驱动"原理的赋权法，主要利用观测数据所提供的信息来确定权重系数，虽然避免了主观赋权法的弊病，但也有不足之处。例如，对同一指标体系的两组不同的样本，即使用同一种方法来确定各指标的权重系数，结果也可能会有差异；再则，有时用客观赋权法得出的评价结果可能与评价者的主观看法相反，而使评价者感到困惑。

1）"拉开档次"法

取极大型评价指标 x_1, x_2L, x_n 的线性函数：

$$y = w_1x_1 + w_2x_2 + L + w_nx_n = w^T x$$

为系统的综合评价函数。式中 $w=(w_1,w_2,L,w_n)^T$ 是权重系数向量，$x=(x_1,x_2,L,x_n)^T$ 为被评价对象的状态向量。如将第 i 个评价对象 s_i 的 n 个标准观测值 x_{i1},x_{i2},L,x_{in} 代入上式，得

$$y_i = w_1x_{i1} + w_2w_{i2} + L + w_nx_m \qquad (i=1,2,L,m)$$

若记

$$y = \begin{pmatrix} y_1 \\ y_2 \\ M \\ y_m \end{pmatrix}, \quad A = \begin{pmatrix} x_{11} & x_{12} & L & x_{1n} \\ x_{21} & x_{22} & L & x_{2n} \\ M & M & O & x_M \\ x_{m1} & x_{m2} & L & x_{mn} \end{pmatrix}$$

则有

$$y = Aw$$

确定权重系数向量 w 的准则是最大限度地体现不同评价对象之间的差异，即求指标向量 x 的线性函数 $w^T x$，使此函数对 m 个被评价对象（系统）取值的分散程度或方差尽可能地大。

变量 $y = w^T x$ 按 m 个被评价对象（系统）取值构成样本的方差为

$$s^2 = \frac{1}{m} \sum_{i=1}^{m} (y_i - \bar{y})^2 = \frac{y^T y}{m}$$

将 $y = w^T x$ 代入上式，并注意到原始数据经标准化处理，可知 $\bar{y} = 0$，于是有

$$ms^2 = w^T A^T A w = w^T H w$$

式中，$H = A^T A$ 为实对称矩阵。

显然，对 w 不加限制时，s 可取任意大的值。这里限定 $w^T w = 1$，求上式的最大值。即选择 w，使得

$$\max\{w^T H w\}$$

$$\text{s.t.} \qquad w^T w = 1 \text{ 且 } w > 0$$

可以证明，若 H 的元素皆大于 0 时，则 H 有唯一一个正的最大特征值 $\lambda_{\max}$ 并存在唯一一个与 $\lambda_{\max}$ 相对应的正的特征向量；任意安排评价指标 $\{x_j\}$ 的顺序及任意安排被评价对象的采用顺序，都不影响综合评价的结果；若取 w 为 H 的最大特征值所对应的标准特征向量时，上式取得最大值。

于是，取 w 为 H 的最大特征值所对应的特征向量，并将其归一化，即得到所求的权重系数向量

$$w = (w_1, w_2, L, w_n)^T，\text{ 且 } \sum_{j=1}^{n} w_j = 1$$

"拉开档次"法具有以下特点：

① 综合评价过程透明。
② 评价结果与被评价对象 s_i 和评价指标 x_j 的采样顺序无关。
③ 评价结果无主观色彩。
④ 评价结果客观、可比。
⑤ 权重系数 w_j 不具有可继承性，即随着 $\{s_i\}$，$\{x_j\}$ 的变化而变化。
⑥ 权重系数 w_j 不再体现评价指标 x_j 的相对重要性，而是最大限度地体现各评价对象之间整体上的差异，因此，可以有某个 $w_j < 0$。

2）均方差法

取权重系数为：

120

$$w_j = \frac{s_j}{\sum_{k=1}^{n} s_k}, \qquad (j=1,2,L,n)$$

其中

$$s_j^2 = \frac{1}{n} \sum_{i=1}^{m} (x_{ij} - \overline{x}_j)^2$$

而

$$\overline{x}_j = \frac{1}{n} \sum_{i=1}^{m} x_{ij}$$

3）极差法

取权重系数为

$$w_j = \frac{r_j}{\sum_{k=1}^{n} r_k}, \qquad (j=1,2,L,n)$$

其中

$$r_j = \max_{\substack{i,k=1,2,L,m \\ i=k}} \left\{ \left| x_{ij} - x_{kj} \right| \right\}$$

4）熵值法

熵值法是一种根据各项指标观测值所提供信息量的大小来确定指标权重系数的方法。设 $x_{ij}(i=1,2,L,m；j=1,2,L,n)$ 为第 i 个被评价对象（系统）中的第 j 项指标的观测数据。对于给定的 j，x_{ij} 的差异越大，该项指标对系统的比较作用就越大，亦即该项指标包含和传输的信息越多。信息的增加意味着熵的减少，熵可以用来度量这种信息量的大小。用熵值法确定指标权重系数的步骤如下：

（1）计算第 j 项指标下，第 i 个系统的特征比重。

$$p_{ij} = \frac{x_{ij}}{\sum_{i=1}^{m} x_{ij}} \quad \left(\text{假定 } x_{ij} \geqslant 0 \text{ 且 } \sum_{i=1}^{n} x_{ij} > 0 \right)$$

（2）计算第 j 项指标的熵值。

$$e_j = -k \sum_{i=1}^{m} p_{ij} \ln(p_{ij}) \quad (k>0, e_j > 0)$$

如果 x_{ij} 对于给定的 j 全都相等，那么 $p_{ij} = \frac{1}{n}$，此时 $e_j = k \ln n$。

（3）计算指标 x_j 的差异性系数。

对于给定的 j，x_{ij} 的差异越小，则 e_j 越大，当 x_{ij} 全部相等时，$e_j = e_{\max} = 1 \left(k = \frac{1}{\ln n} \right)$，此

时，对于被评价对象（系统）间的比较，指标 x_j 毫无作用；当 x_{ij} 的差异越大，e_j 越小，指标对于评价对象（系统）的比较作用越大。因此，定义差异系数

$$g_j = 1 - e_j$$

显然，g_j 越大，越应重视该项指标的作用。

（4）确定权重系数。

$$w_j = \frac{g_j}{\sum\limits_{i=1}^{n} g_j}, \qquad (j = 1, 2, L, n)$$

w_j 即为经归一化后的权重系数。

3. 综合集成赋权法

基于"功能驱动"原理的主观赋权法，虽然反映了评价者的主观判断或直觉，但在综合评价结果或排序中可能产生一定的主观随意性，即可能受到评价者的知识或经验的影响。而基于"差异驱动"原理的客观赋权法，虽然通常利用比较完善的数学理论与方法，但忽视了评价者的主观信息，而此信息对于安全评价来说，有时是非常重要的。综合集成赋权法的基本思想，就是从逻辑上将上述两类赋权法有机地结合起来，使所确定的权重系数同时体现主观信息和客观信息。

1）"加法"集成法

设 p_j, q_j 分别是基于"差异驱动"原理和基于"功能驱动"原理生成的指标 x_j 的权系数，则称

$$w_j = k_1 p_j + k_2 q_j \qquad (j = 1, 2, L, n)$$

是具有同时体现主客观信息集成特征的权重系数。式中，k_1, k_2 为待定常数：

$$k_1 + k_2 = 1 \text{ 且 } k_1 > 0, k_2 > 0$$

显然，综合集成赋权法的关键问题是待定系数 k_1, k_2 的确定。下面给出由数学模型生成 k_1, k_2 的方法。

（1）当要体现被评价对象之间（整体）最大差异时，确定 k_1, k_2，使

$$\sum_{i=1}^{m} y_i = \sum_{i=1}^{m} \sum_{j=1}^{n} (k_1 p_j + k_2 q_j) x_{ij}$$

取值最大。式中，m, n 分别代表评价对象和评价指标个数。

在满足条件 $k_1^2 + k_2^2 = 1$ 且 $k_1 > 0, k_2 > 0$ 情况下，应用 Lagrange 条件极值原理，可得

$$k_1 = \frac{\sum\limits_{i=1}^{m} \sum\limits_{j=1}^{n} p_j x_{ij}}{\sqrt{\left(\sum\limits_{i=1}^{m} \sum\limits_{j=1}^{n} p_j x_{ij} \right)^2 + \left(\sum\limits_{i=1}^{m} \sum\limits_{j=1}^{n} q_j x_{ij} \right)^2}}$$

$$k_1 = \frac{\sum\limits_{i=1}^{m}\sum\limits_{j=1}^{n} q_j x_{ij}}{\sqrt{\left(\sum\limits_{i=1}^{m}\sum\limits_{j=1}^{n} p_j x_{ij}\right)^2 + \left(\sum\limits_{i=1}^{m}\sum\limits_{j=1}^{n} q_j x_{ij}\right)^2}}$$

（2）当要"平滑"因主客观赋权法而产生（对各被评价对象）的"差异"时，也可在满足条件 $k_1 + k_2 = 1$ 且 $k_1 > 0, k_2 > 0$ 情况下，确定 k_1, k_2，使

$$\sum_{i=1}^{m} y_i^2 = \sum_{i=1}^{m}\left(\sum_{j=1}^{n}(k_1 p_j + k_2 q_j) x_{ij}\right)^2$$

取值最小。

当然，k_1, k_2 也可由体现评价者的偏好信息来确定。

2）"乘法"集成法

$$w_j = \frac{p_j q_j}{\sum\limits_{i=1}^{n} p_i q_i}, j = 1, 2, L, n$$

（五）安全综合评价

1. 综合评价的数学模型

在确定了指标体系基础指标评价值及指标体系权系数之后，还要根据指标体系特点确定各级指标的合成方法，即将各级下层指标值复合成上层指标值的计算方法。可用于安全综合评价的合成方法很多，主要有加法合成、乘法合成、加乘混合法、代换法等。分述如下：

1）线性加权综合法（或称"加法"合成法、加权线性和法）

基本公式为：

$$y = \sum_{j=1}^{n} w_j x_j$$

$$\sum_{j=1}^{n} w_j = 1 (0 \leqslant w_j \leqslant 1, j = 1, 2, L, n)$$

式中，y 表示安全综合评价值；w_j 表示指标 x_j 相应的权重系数；n 表示指标个数。

加法合成具有下述特点：

（1）在加法合成中，由于综合运算采用"和"的方式，其现实关系应是"部分之和等于总体"，因而加权线性和法比较适合于各评价指标值对综合评价值的贡献彼此独立的场合。

（2）加法合成的各评价指标间具有线性补偿作用，即某些指标评价值的下降，可以由另

一些指标评价值的提高来补偿，因而这种方法对指标评价值变动反映不太敏感。

（3）加法合成突出了评价值较大且权数较大的指标的作用，因此，加法合成比较接近于主因素突出型的评价合成方法。

（4）加法合成计算简单，便于推广普及，正因为如此，该方法得到了广泛的应用。但任何方法均有其适用范围，加法合成也不例外。如果只从简易性考虑，不加选择地随意使用加法合成，则必然会导致综合评价结果失真的现象。

由于加法合成具有很强的"互补性"和"一俊遮百丑"的突出特征，会诱导被评价对象"走捷径""想奇招"，设法提高综合评价值，从而导致系统畸形发展。

2）非线性加权综合法（或称"乘法"合成法）

计算公式为：

$$y = \prod_{j=1}^{n} x_j^{w_j} \left(x_j > 0\right)$$

$$\sum_{j=1}^{n} w_j = 1(0 \leqslant w_j \leqslant 1, j = 1, 2, L, n)$$

乘法合成具有下述特点：

（1）乘法合成适用于各评价指标间强烈相关的场合。

（2）在乘法合成中，指标权数的作用不如加法合成明显。对乘法合成公式作对数变换，得：

$$\lg y = \sum_{j=1}^{n} w_j \lg x_j$$

可见，乘法合成中，权数是指标评价值对数的倍数，而在加法合成中，权数是指标评价值的倍数。显然，权数的作用在加法合成中更突出一些。

（3）乘法合成强调被评价对象各指标评价值的一致性，要求被评价对象的各个指标间彼此差异较小，任何一方也不能偏废，只有当各指标评价值保持接近相等的水平时，其整体才能取得最大值。

（4）乘法合成的结果突出了指标评价值中较小数的作用，这是由积式运算的性质所决定的。

（5）乘法合成对指标值变动的反映比加法合成更敏感。因此，乘法合成更有助于体现各评价对象间的差异。

3）加乘混合法

将加法和乘法两种方法混合在一起，可以得到一种兼顾的方法。加乘混合法兼有加法合成和乘法合成两种方法的特点，适用范围比加法和乘法更广一些。

4）代换法

计算公式为：

$$y = 1 - \prod_{j=1}^{n}(1-x_j), \quad (0 \leqslant x_j \leqslant 1)$$

在代换法中，指标间补偿作用远比加法合成充分，不管其他评价指标取值如何，只要有一个评价指标值达到最高水平，整个综合评价值便达到最高水平，这是一种类似于主因素决定型的评价合成方法。由于多指标综合评价不仅要求评价的整体性，而且要求评价的全面性，因此代换法在实质上有悖于综合评价的本质，除非较特殊的场合，否则不宜选用。

5）理想点法

设定一个理想的系统或样本点为 (x_1^*, x_2^*, L, x_n^*)，如果被评价对象 $(x_{i1}, x_{i2}, L, x_{in})$ 与理想系统在某种意义上非常接近，则称系统 $(x_{i1}, x_{i2}, L, x_{in})$ 是最优的。基于这种思想所得出的综合评价方法，称为逼近样本点或理想点的排序方法，简称为理想点法。

被评价对象 $(x_{i1}, x_{i2}, L, x_{in})$ 与理想系统 (x_1^*, x_2^*, L, x_n^*) 之间的加权距离定义为：

$$y_i = \sum_{j=1}^{n} w_j f(x_{ij}, x_j^*), \quad i = 1, 2, L, m$$

式中，w_j 为权重系数；$f(x_{ij}, x_j^*)$ 为分量 x_{ij} 与 x_j^* 之间的某种距离。

通常取欧式（加权）距离，即取：

$$y_i = \sum_{j=1}^{n} w_j (x_{ij} - x_j^*)^2 \quad (i = 1, 2, L, m)$$

作为评价函数。

显然，y_i 值越小越好，特别地，当 $y_i = 0$ 时，s_i 即达到或成为理想点 s_i^*。这时，即可按 y_i 值的大小对各被评价对象进行比较分析。

2. 指标体系的安全综合评价

上述就多指标安全综合评价的几种主要合成方法进行分析，多指标安全综合评价究竟选用哪种合成方法更为恰当，要根据问题的性质和特点而定。这里，借用事故树分析方法的思路来解决这一问题。

事故树分析是按照事故发生的逆过程，以演绎的方法自上向下逐层探讨事故的原因，研究原因事件与结果事件之间的逻辑关系，把结果编制成逻辑图。其逻辑关系主要包括：

与门——表示所有输入事件同时发生时，输出事件才会发生，类似乘法合成。

或门——表示只要有一个输入事件发生，输出事件就会发生，类似加法合成。

条件与门——表示所有输入事件同时发生，且满足给定条件时，输出事件才会发生，类似乘法合成。

条件或门——表示只要有一个输入事件发生，且满足给定条件时，输出事件才会发生，类似加乘混合法。

限制门——表示输入事件发生，且满足给定条件时，输出事件发生，类似乘法合成。

显然，事故树的逻辑门与安全综合评价的合成方法是相互对应的，因此，只要得到指标体系内各级下层指标与其相对应的上层指标之间的逻辑关系，亦即原因事件对结果事件的作用形式，就可方便地确定指标体系内各级指标的合成方法。

根据前述对指标体系结构的分析，安全综合评价指标体系包括事故指标和隐患指标两大部分。由于隐患是事故发生的必要条件，隐患越多，发生事故的可能性越大；但事故的发生除了与隐患有关外，在很大程度上还受到偶然性的影响。基于这种认识，隐患指标与事故指标间存在着一定程度的相关关系，但隐患指标与事故指标是从不同侧面反映系统总体安全水平的，从它们对系统安全综合评价值的贡献来看，二者是互为补充的，从这个意义上讲，事故指标与隐患指标又是相互独立的，因此可以采用加法合成。

隐患指标包括四部分，即人员安全评价指标、设备安全评价指标、环境安全评价指标以及安全管理评价指标。它们在指标体系中居于不同的层次。其中，安全管理评价指标的层次较高，而人员、设备、环境安全评价指标的层次则较低。因此，在安全综合评价中必须体现出指标体系的层次性，由于安全工作的关键是管理，即管理是保障系统安全的前提条件。此外，人员、设备和环境分别从不同侧面对系统安全施加影响，它们对保障系统安全同样起着举足轻重的作用，但三者可相互补偿，例如操作者安全素质的不足可由本质安全的设备加以补偿。因此，人员、设备、环境与安全管理评价指标之间具有条件或门的关系。

人-机-环境系统安全综合评价指标体系的合成关系如图 2.41 所示。

在此需要特别指出的是，多指标安全综合评价合成方法是一种针对不确定性问题的评价，因而不同的系统可以有不同的合成方法，图 2.41 仅仅提供了一种解决问题的思路，以起到抛砖引玉的作用。

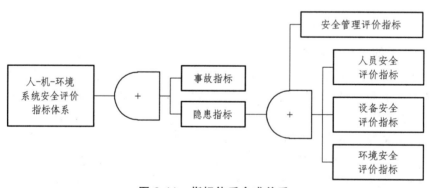

图 2.41　指标体系合成关系

根据图 2.41 所示合成关系，将基础指标评价值及指标体系的权系数代入，便可方便地得到人-机-环境系统安全综合评价值的体系，并据此找出系统的安全薄弱环节。

第三章　铁路运输安全管理基础

第一节　铁路运输安全管理基本概念

一、安全管理的基本概念

在我国，铁路是国家重要的基础设施、国民经济的大动脉、现代化统一运输网中的骨干和中坚。随着国家经济的发展和国防建设的需要，铁路在运输组织和技术设备方面有了长足的进步，但社会主义市场经济的发展也对铁路运输和安全生产工作提出了更高的要求。

（一）安全生产的含义

安全生产是为了使生产过程在符合物质条件和工作秩序的情况下进行，防止发生人身伤亡和财产损失等生产事故，消除或控制危险、有害因素，保障人身安全与健康，保证设备和设施免受损坏，保障环境免遭破坏的活动的总称。

（二）安全生产的基本内容

安全生产的基本内容包括：制订劳动保护法规，采取各种安全技术和工业卫生方面的技术组织措施，经常开展群众性的安全教育与培训，安全检查活动和事故的调查、处理等。

（三）铁路运输安全生产的含义

铁路运输安全生产工作是指在铁路运输生产过程中，采取各种行之有效的安全措施，严格执行规章制度，严格遵守劳动纪律和作业纪律，消除生产中的不安全因素，防止人身伤亡事故、行车事故、货运事故。同时，安全生产还包括保护运输设备、机械设备和防火、防盗等保护国家财产的任务。

（四）安全管理的含义

安全管理是一门科学，随着现代科学技术的高速发展，给"安全"二字赋予了新的概念和内涵，它要求人们迅速改变旧观念。安全不是常识，而是一门科学，是一门"既软又硬"的新型科学。日本著名产业安全专家、安全教育家青岛贤司认为，现代工业企业的安全管理体系由三大支柱构成：一是企业安全管理；二是安全工程技术；三是安全教育与培训。这三大支柱就像我国古代的"三足鼎"一样，任何一个支柱发生问题，三足鼎就会发生倾倒。近年来，在产业领域内，许多以控制事故为目的的新理论、新技术、新方法、新科学不断涌现，为确保人们的安全和健康，防止事故的发生，发挥了积极的作用。

二、铁路运输安全管理的特点

铁路运输与其他运输方式相比，具有显著不同的特点：它在特定的运营线上运行，具有特定的空间性和时间性要求；其生产系统是由多工种组成的"大联动机"，各工种各环节的结合部多，关联度高；运输设备数量庞大、种类繁多；设备布局延续纵深，操作人员岗位独立分散等。铁路运输的这些特点，使其安全管理具有以下特殊性。

1. 安全管理的系统性

铁路运输系统可以看成由静态的站点与干线和动态的列车与人员所构成。其安全管理涉及设备安全、人员安全、车辆安全、货物安全、线路安全等多方面的内容，对于整体的安全而言，其中的每一个单项都很重要，不可单独地看待安全问题，需要将其作为一个紧密的整体来审视和对待。

2. 安全管理的动态性

铁路运输的载体是列车，其本身是动态运行的。相当一部分的安全事故也是发生在运行列车的部分。而随着路网建设的不断推进，其复杂程度也是一个相对动态的状态。

3. 安全管理的长期性和复杂性

铁路运输关系国计民生，且与其他社会部门又有着非常紧密的联系。这就决定了铁路安全管理不只是短期关注的阶段目标，而是长期重视的复杂任务。必须有长远的计划和持续的改进，常抓不懈。稍有废弛则很可能前功尽弃。

4. 安全管理的伴随性

在市场竞争机制下，铁路面临着运输市场巨大的竞争压力，由竞争而引发的安全隐患也在不断增加。

5. 安全管理的艰巨性

随着现代科学技术的发展，铁路运输生产广泛采用高新技术，客运高速化、货运重载化，使铁路各种技术系统的复杂程度不断增加，安全事故的风险性在提高。因而，铁路运输安全管理的艰巨性越来越大。

第二节 铁路运输安全管理的意义和原则

在当前经济快速发展的背景下，人们的生活质量和水平有了明显的提升，对各个行业、各种不同类型的基础设施建设的要求也越来越高，尤其对于铁路运输行业而言更是如此。在铁路运输行业的发展过程中，出现了一些新技术和新设备，这就要求铁路运输部门要更加重视铁路安全管理工作。铁路安全管理工作不仅关系到中国铁路部门的发展，也会影响铁路的稳定运行。这就要求铁路运输部门要认识到铁路运输安全管理工作的重要性，在铁路运输的各个环节都要采取战略性的防护措施，以减少铁路运输过程中安全事故的发生。铁路运输不仅与人们的日常生活息息相关，而且还会直接影响国民经济的发展。

一、铁路运输安全管理的意义

安全生产是铁路运输的永恒主题，是铁路运输生产的主要运输指标，是保障运输畅通的重要前提。

我国目前的铁路安全管理可以分为现代化安全管理和传统安全管理两大部分，但不论是哪部分，都必须保证安全和效率的一致性，否则只讲安全不谈效率就会失去安全的意义，只讲效率不谈安全则会酿成事故。

铁路是国有经济大动脉，铁路运输不安全所带来的经济、政治和心理上的后果都是极其严重的。要搞好安全必须借助于安全管理，安全生产的意义可以表述为：

（1）安全生产可以从理论上弄清问题，使人有一个正确的思想做指导。在正常情况下事故是可以避免的，铁路运输事故是否必然发生，取决于其有无必然条件。什么是必然条件呢？那就是有关技术设备不正常，人员操作技能低，不懂或不受规章制度的约束，以及由于认识的局限，个别规章制度尚有漏洞，上述任何一项都可以成为事故的必然条件，导致事故发生。但是铁路运输生产和运输事故的必然条件是不能等同的，更不能认为运输生产就是运输事故的必然条件。纵观铁路运输现状，确保安全的主要因素是人、规章制度和设备，只要加强管理，就可以满足安全需要。事故之所以发生，必然有其发生的原因，这是事故的偶然性，也就是不按规律办事所受到的惩罚。

（2）安全生产可以帮助和促进人们自觉地按客观规律办事。安全是一个涉及政治、经济、技术、心理等多方面的一个综合性问题，这就必须在保证安全的基础上，建立起一定的相互关系和秩序，使安全生产形成一个系统，真正做到综合问题综合治理。

（3）安全生产是保证铁路运输业生存发展必不可少的条件。铁路运输安全生产可以说从有铁路开始就有其存在，有安全才有效益。我国铁路运输业发展到今天，无论在技术上、能力上都和过去不能同日而语，但是安全问题也同样被提到了从未有过的高度。安全运输本身就是最现实的生产力，搞好安全就是最现实的挖潜提效，铁路运输企业必须加强安全生产，不断改进安全管理方法，使其规范化、科学化、最终实现安全的目的。

二、铁路运输安全管理的原则

安全生产的原则是指人的活动规律，这些规律反映了安全生产的客观要求，它具有客观性。

1. 安全第一

（1）必须树立安全第一的思想。安全决不能放第二、第三位去考虑，这是铁路运输的性质和任务决定的，不能有丝毫的犹豫和变通。

（2）必须加大安全第一的系数，对安全来说有重要作用但尚未解决的问题一定要加快攻关速度。

（3）必须突出一个严字。这是强化安全生产最关键、最核心的问题，否则，即使认识再高、规章制度再完善、设备再好，若管理不严都无济于事。

2. 集中统一领导

集中统一领导是保证运输安全生产必不可少的条件，铁路运输生产分工精确，联劳协作严密，所以运输生产安全工作必须集中统一指挥。

3. 以人为中心的管理

车站的管理首先是对人的管理，这对安全有着决定性的意义。善于有效地利用人力，要了解每个职工的特长和性格特点，根据安全的需要合理搭配，并要搞好人、机、环境的科学组合，实现劳动者与物质条件和劳动环境的最佳结合。善于开发智力和培养人才，要不断提高职工的业务水平和政治思想素质，并且把竞争机制引入人事管理中来，善于做好激励工作。一个人的积极性发挥得如何，取决于需要产生的动机，动机又激发行为，可以对职工进行目标激励、强化激励、支持激励、关怀激励、榜样激励、数据激励、荣誉激励、物质激励等，使其不断地为安全做出贡献而去发展自己，实现自身的价值。

4. 坚持实事求是

调查研究是坚持实事求是的根本途径，官僚主义是安全生产抓不好的重要原因，它在铁路安全生产中的表现形式也是多种多样的，对安全的危害十分严重，因此要坚持实事求是必须大兴调查研究之风。

出了事故必须坚持"四不放过"的原则，即事故原因分析不清不放过，没有防范措施不放过，事故责任者和群众没有受到教育不放过，对领导者没有追究不放过。不搞大事化小，小事化了，不出事故，大家都好的不正之风。

第三节 我国铁路运输安全管理机制

根据第十二届全国人民代表大会第一次会议审议的《国务院关于提请审议国务院机构改革和智能转变方案》的议案，为推动铁路建设和运营健康可持续发展，保障铁路运营秩序和安全，促进各种交通运输方式相互衔接，实行铁路政企分开，完善综合交通运输体系，让交通运输部统筹规划铁路、公路、水路、民航发展，加快推进综合交通运输体系建设。组建国家铁路局，由交通运输部管理，负责拟订铁路技术标准，监督管理铁路安全生产、运输服务质量和铁路工程质量等；组建中国铁路总公司，负责铁路运输统一调度指挥，经营铁路客货运输业务，承担专运、特运任务，负责铁路建设，承担铁路安全生产主体责任等。

我国铁路管理制度的改革，彻底改变了以往铁路管理政企合一的局面。根据第十二届全国人民代表大会第一次会议批准的《国务院机构改革和职能转变方案》和《国务院关于部委管理的国家局设置的通知》，设立国家铁路局（副部级），为交通运输部管理的国家局。其职能转变中，尤其强调加强铁路运输安全、工程质量安全和设备质量安全的监督管理，完善监督管理制度和技术标准体系，监督铁路企业落实安全生产主体责任、承担国家规定的公益性运输任务情况。由此可以看出，铁路运输安全管理越来越受到重视。

深化铁路政企分开的体制改革，为改变我国现行铁路在安全监管上"既当裁判，又当运动员"和安全管理迁就于运输生产经营的不合理现象，应当理清行政执法和运输生产的关系，维护国家和群众利益，公平正义地解决有关铁路运输安全生产中的矛盾和纠纷。为更好地保障铁路运输和铁路建设，必须继续深化铁路体制改革，采取政企分开，健全高效廉洁的铁路安全行政监控体系和构建现代铁路运输企业制度。我国铁路运输安全管理机制的健全和完善表现需从以下五点入手：

一、铁路运输安全管理的调控机制

1. 各层次的安全逐级负责制

科学界定各层次的安全管理责任，避免各层次职责雷同；② 在逐级负责与专业负责、岗位负责之间建立有效的衔接，堵塞管理漏洞；③ 在明确各层次安全责任的基础上，赋予其相应的权力，使责任与权力相匹配。

安全逐级负责制的核心是单位的主要领导对安全生产全面负责，并经过责任分解，落实到每一个岗位、每一个责任人。贯彻和落实安全逐级负责制，明确了铁路局必须要承担起安全管理的主体责任，同时以领导负责、岗位负责为重点，以严格考核、责任追究为保证，建立起安全管理的责任体系。

2. 员工个人的安全自控管理机制

建立员工个人的安全自控管理机制主要从三方面构建：① 内在的自我调节能力，以确保规范化的作业要求；② 较强的自我控制能力，能在任何时候、任何情况下，自觉、主动、严格地执行岗位工作标准和工作程序；③ 持续的自我更新能力，能主动吸纳和借鉴外部先进的管理经验和成果，不断地完善自我。

构建员工个人的安全自控管理机制，最为重要的是要建立和维持员工对安全工作的兴趣。研究表明：兴趣具有实效和力量，是个人有力的动机。为此，必须重视对员工个体的心理特征的研究，这些心理特征包括：荣誉感、人道感、责任感、自尊心、竞争性、希望得到物质和精神奖励等。同时，要采取多种措施，轮流培训职工，促进职工素质的提高。

3. 生产班组的安全他控、安全互控管理机制

（1）根据各岗位作业过程制订严格的作业标准和作业纪律，使各岗位职工明了应当做什么和不该做什么。

（2）制订现场岗位监控制度并严格履行。

（3）改进监控手段，利用电子摄像等先进技术设备对关键岗位、重点场所作业过程实行一定方式的实时监视或自动报警。

（4）把关键点的管理重心放在班组管理之上。

二、铁路运输安全管理的考核、激励机制

铁路运输安全管理的考核机制主要从两方面加以建设。

1. 各级管理人员的检查考核

以逐级负责、分层管理为基本原则，通过建立以主要领导负责制、专业技术管理责任制和岗位责任制为内容的安全生产分级责任制，明确划分各级管理层的安全管理职责。在此基础上，实行一级考核一级的考核机制。

2. 对一线员工遵守规章制度、操作规程等岗位责任为内容的具体作业过程的检查考核

对各级管理人员的检查考核，主要是对其在安全生产过程中所起的作用及政绩情况进行考核评价；对员工的检查考核，主要集中在落实安全管理的各项规章制度和措施上，包括其作业过程是否符合操作规程和标准化要求等的考核和评价。

为使检查考核具有实效，必须把各层次、各岗位的检查考核内容量化、分等级，并将安全检查考核的结果与各类人员的收入、职务升迁和单位的利益、荣誉紧密挂钩。通过奖优罚劣，兑现考核结果，起到鼓励先进、鞭策后进的作用，以此促进铁路安全生产的健康发展。

三、铁路运输安全管理的责任机制

1. 实行个人安全风险责任考核制度

（1）据个人的岗位要求，落实安全责任，并使责任具体到位。

（2）体现安全责任风险，即把个人利益与安全责任紧密联系，个人风险收入应根据其岗位在安全工作中的位置而定，使不同岗位的风险收入与风险责任成正比。

2. 建立事故责任追究制度

根据我国颁布实施的《安全生产法》第十三条规定："国家实行生产安全事故责任追究制度……依法追究生产安全事故责任人员的法律责任。"这是我国第一次以基本法的形式明确实行生产安全事故追究制度。依据《安全生产法》的规定，任何生产安全事故的责任人，都应当受到相应的行政、民事或刑事责任的追究，并建立铁路运输事故责任的经济赔偿制度。

构建铁路运输事故的经济赔偿制度，主要从以下三方面来明确其内容。

（1）要确认承担赔偿责任的对象，即责任单位和责任者。主要包括事故责任单位、事故责任者和事故责任单位管理者。

（2）要明确安全事故赔偿责任的方式。即明确事故责任单位、事故责任者和事故责任单位管理者承担经济赔偿责任的合理比例。

（3）为防止隐瞒事故，而设定加重或减轻责任的条款。即对积极、主动报告事故的责任单位和责任者可以只按规定额进行赔偿；而对故意隐瞒事故的责任单位和责任者则要加重处罚，相关单位和个人负连带赔偿责任，以此从经济手段上来处罚故意隐瞒事故的行为。

四、铁路安全管理的监督机制

加强安全监督管理，对于督促铁路各级部门和各岗位员工认真落实安全责任制，以及及时纠正和查处各种违反安全管理规定的行为具有重要意义。建立有效的安全管理监督机制，应该重视以下两方面问题。

（1）必须保持安全监督的独立性和高透明度，使之能够客观、准确、公正地实施安全监督。为此，必须建立一支能独立行使职权的安全监督员队伍（与被检查对象间没有管理上、经济利益上关系），并应赋予安全监督员一定的权力。

（2）要构建一个高效率运行的安全监督网络。该网络应该是铁路总公司、铁路局两级监察力量所形成的相互紧密联系的整体，以确保各种安全信息能及时、真实地传递和反馈。

五、铁路运输安全事故预控管理机制

针对铁路运输安全事故发生的诱因，从制度上建立监测、诊断和预先控制的手段和方法，以防止和矫正事故诱发因素的发生和发展，保证铁路运输系统处于有秩序的安全状态。

1. 铁路运输安全事故预控管理机制的功能

（1）监测和评价影响铁路运输安全事故的环境因素。

（2）监测和评价铁路运输生产中的各种运载工具、运输设备、运输设施等的安全状态。

（3）监测和评价铁路运输生产中各类人员遵章守纪和作业标准化行为。

（4）监测和评价铁路运输各级部门安全管理活动。

（5）铁路运输安全事故发生后的应急预案与紧急救援。其中，前四项功能的实现，必须要借助具体的量化指标来进行。

2. 铁路运输安全事故预控管理内容

（1）预警分析，即对诱发铁路运输安全事故的各种现象进行识别、分析与评价，并由此做出警示的管理。预警分析主要包括监测、识别和诊断。其目的就是要弥补铁路安全管理中的传统分析方法，诸如事故树分析法、因果图法等在铁路运输事故的"管理"原因和预防措施方面的疏忽，避免片面强调某一方面的责任，以便全面揭示铁路事故原因。

（2）预控对策，这是根据预警分析的输出结果，对铁路运输重大事故诱因的早期征兆进行及时矫正、避免、预防与控制的管理活动。

由于铁路运输安全生产是一个动态的过程，影响安全的各种因素、内外部环境在不断发展变化，因此，铁路安全管理的方式方法也不是一成不变的。应当根据铁路运输市场新的环境和特点，积极探索和创新安全管理，并以贯彻ISO9000系列标准为契机，建立健全各项安全管理机制，实现安全的有序可控、基本稳定，使铁路运输安全工作真正落到实处

互控覆盖功能；主要运煤通道和非六大干线尚未建设 5T 系统；红外线轴温探测系统的检测速度也有待提高。

货运方面，货运计量安全检测设备是运用较为成熟的安全监测设备，但目前路网性货检站还没配齐超偏载检测装置、轨道衡、危险货物检测仪等货运计量安全检测设备。货车装载视频监视系统的功能、运用和管理还不完善，不能完全实现包括来车提示、"问题车"分类存储分析、货车重空状态核对、货物品名核对、篷布苫盖和押运信息提示、车次及车号信息显示等扩展功能。

第四章　铁路运输安全管理体系

第一节　铁路运输安全预防体系

铁路运输实行安全预防管理是落实安全风险管理、加强安全生产过程控制的一项重要手段，是贯彻"安全第一、预防为主、综合治理"方针的体现，是动态掌控安全发展趋势、遏制安全不利局面的有效措施。

一、铁路运输安全预防理论体系

由此可以为铁路运输安全技术的研究提供理论基础。安全预防理论体系是针对铁路运输事故特性，以事故预防普遍性的机理为基础，形成的一系列理论体系，旨在为铁路运输安全技术体系的开发及管理体系的构建提供理论基础。

（一）行为冲突机理

事故的发生是一系统行为冲突过程。行为冲突原因很多，包括生理的、心理的或系统的等。如何及时识别系统行为冲突，如何构建系统行为规范体系与预防体系，如何对行为冲突做出快速响应，这是行为冲突分析所研究的关键问题。

（二）危险源辨识机理

危险源辨识机理侧重于从微观角度研究铁路运输系统行为冲突中的危险因素及其转化条件，通过建立事故模型模拟运输事故的发生机理。

1. 危险源的概念

一般地说，危险源可理解为引起人员伤害、财物损失的潜在不安全因素。它可分为两类：

一类危险源是直接引起人员伤亡、财物损坏和环境恶化的能量（包括动能、势能、热能、电能、化学能、电离能、核能等）、能量载体和有毒、有害危险物质。

二类危险源是导致一类危险源失控，作用于人员、物质和环境的条件（包括人失误、元件故障、系统扰动等）。

危险源辨识则是用某种方法来找出这种潜在因素。其主要手段是安全分析，通过应用安全分析方法来辨识出两类危险源，然后加以控制。

2. 危险源辨识方法

铁路安全分析方法主要采用安全检查表法、现场观察、座谈、预先危险源分析和作业条件风险性评价等方法，在引入新工艺、新设备和新系统时使用预先危险源分析法。

（1）安全检查表。剖析系统，将系统分成若干单元或层次，列出各单元或层次的危险源，确定检查项目，按单元或层次的组成顺序编制表格，以提问或现场观察等方式确定检查项目的状况并填写到表格对应的项目上。

（2）现场观察。对作业活动、设备运转或系统活动进行现场观测，分析人员、工艺、设备运转、作业环境等存在的危险源。

（3）座谈。召集铁路安全管理人员、专业技术人员、操作人员，集思广益、讨论分析作业活动或设备运转过程中存在的危险源，可用于生产活动过程的危险源分析。

（4）作业条件风险性评价。在具有潜在风险性环境中作业，需要半定量评价风险性时采用此方法。

（5）预先危险源分析。新系统、新设备或新工艺采用前，预先对存在的危险源类别、危险源产生的条件、事故后果等概略地进行类比分析和评价。

3. 危险源辨识目的

通过对系统的分析，界定出系统中的哪些部分或区域是危险源，以及危险的性质、危害程度、存在状况、危险源能量与物质转化为事故的转化过程规律、转化的条件、触发因素等。以便有效地控制能量和物质的转化，使危险源不至于转化为事故。

4. 危险源辨识的程序

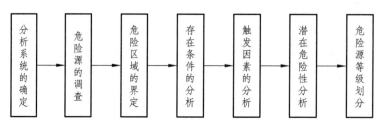

图 4.1　危险源辨识的程序

5. 危险源辨识实施

组织具有铁路安全管理经验、熟悉业务和工艺流程的专业人员组成辨识组，对各种生产、施工、加工、维修、服务等活动的全过程进行危险源排查，确定存在的危险源，编制危险源清单。

（三）风险效应机理

风险效应机理研究铁路运输系统中可能发生的事故类型及其影响范围，根据对该事故发生概率与损失程度的评价，合理规划预防性投入与事故整改投入的关系，确定合理的投资结构。

1. 评价准备

组织铁路安全管理人员、生产技术人员、员工代表组成评价组，收集有关的风险评价资料，包括安全法律、法规、标准、规程、规范及安全管理要求。

2. 风险评价方法

根据铁路运行经验及现有的控制能力定性判断该危险源事件发生的可能性，以及一旦危险源发生所带来的后果，并确定风险级别，可采用 MES 法。

（1）事故发生的可能性 L。

根据控制措施的状态和人体暴露的时间两个因素确定事故发生的可能性（L = ME），如表 4.1、表 4.2 所示。

表 4.1　控制措施的状态 M

分数值	控制措施
5	无控制措施
3	有减轻后果的应急措施，包括警报系统、个体防护装置等
1	有预防措施，如机器防护装置等，但须保证有效

表 4.2　人体暴露的时间 E

分数值	暴露于危险环境的频繁程度（时间）
10	连续暴露
6	每天工作时间暴露
3	每周一次，或偶然暴露
2	每月一次暴露
1	每年几次暴露
0.5	更少的暴露

说明：8 小时不离工作岗位，算"连续暴露"；
　　　8 小时内暴露一至几次的，算"每天工作时间暴露"。

（2）事故的可能后果 S。

事故的可能后果见表 4.3。

表 4.3　事故的可能后果

分数值	可能的后果			
	伤害	职业病相关病症	设备财产损失/元	环境影响
10	有多人死亡		>1 亿	有重大环境影响的不可控排放
8	有一人死亡	职业病（多人）	1000 万～1 亿	有中等环境影响的不可控排放
4	永久失能	职业病（一人）	100 万～1000 万	有较轻环境影响的不可控排放
2	需医院治疗、缺工	职业病多发病	10 万～100 万	有局部环境影响的可控排放
1	轻微仅需急救	身体不适	<3 万	无环境影响

（3）根据可能性和后果确定风险程度 R。

① 对于人身伤害事故：R = LS = MES，见表 4.4。

② 对于单纯财产损失：R = MS，见表 4.5。

表 4.4　人身伤害事故

R=MES	风险程度（等级）
>180	一级
90～150	二级
50～80	三级
20～48	四级
<18	五级

表 4.5　单纯财产损失

R=MS	风险程度（等级）
30～50	一级
20～24	二级
8～12	三级
4～6	四级
<3	五级

3. 风险评价准则

（1）以前发生过死亡、重伤、职业病、重大财产损失的事故，或轻伤、非重大财产损失三次以上的事故，且现在危险源仍存在，无论风险级别为几级，一律为不可容许的风险。

（2）对于违反国家职业健康安全有关法律、法规、标准及其他要求中硬性指标规定的，如有毒有害气体浓度、粉尘浓度、噪声等级等，列为不可容许风险。对于其他违规，如劳动防护用品穿戴不全一类，凡是组织性行为且涉及的范围较大、后果较为严重的，列为不可容许风险。

（3）最高管理层特别关注的危险源事件评价为不可容许风险。

（4）曾经发生过且无良好控制措施的事故或危险源事件，评为不可容许风险。

（5）曾经发生过已制订有效控制措施的事故或危险源事件，评为重大风险。

（6）违反法律、法规的，评为重大风险。

（7）相关方强烈抱怨的事故或危险源事件，评为重大风险。

（8）除上述以外的事故或危险源事件，评为一般风险。

4. 风险评价的步骤

（1）分析、调查发生铁路相关危险源事件的可能性和后果。

（2）评价并确定这种可能性和后果所带来的风险程度。

（3）确认重大风险和不可容许风险。

5. 风险控制计划

（1）对不同级别的风险制订相应的风险控制措施，这些措施必须满足降低或使风险处于有效控制中，而且不会带来新的不可容许或重大的风险。

（2）风险控制措施应首先考虑消除危险源的原则，其次考虑风险降低措施（降低风险概率、降低伤害或财产损失的潜在严重程度），将使用个体防护作为最后手段。

（四）分级预防机理

铁路运输事故的类型、发生概率以及可能的损失程度有很大差异，如何根据不同类型的事故采取不同的预防措施，使事故的发生概率及其损失程度保持在可接受的水平之内是分级预防机理研究的核心所在。

（五）安全管理三大理论

1. 人本原理

在管理活动中必须把人的因素放在首位，体现以人为本的指导思想。人本原理的基本原则有能级原则、动力原则、激励原则。其中，能级原则是确定系统、建立组织结构和安排使用人才的原则；动力原则的三种基本动力，即物质动力、精神动力和信息动力，要注意协调运用，正确认识和处理个体动力与集体动力之间的关系；激励原则以科学的手段激发人的内在潜力。管理者必须合理利用这些原则进行管理才能产生良好的效果以及刺激、调动人的积极性和创造性。

2. 系统原理

系统原理是用系统论的原理和方法来认识和处理管理中出现的问题。系统原理的基本原则有整分合原则、反馈原则、封闭原则、动态相关性原则。其中，整分合原则是在整体规划下明确分工，确定系统的构成，明确各个局部的功能，然后在分工基础上进行有效整合，在各纵向分工之间建立紧密的横向联系。

3. 预防管理

预防管理指在安全管理工作中以预防为主，通过有效的管理和技术手段，减少和防止人的不安全行为和物的不安全状态出现，使事故发生的概率降到最低。常见的预防原则有偶然损失原则、因果关系原则、3E原则、本质安全化原则。其中，本质安全化是安全预防原理的根本体系，也是安全管理的最高原则。

二、铁路运输安全预防技术体系

铁路运输安全预防技术体系是预防理论体系在技术层面的延伸，由安全预测技术、安全规划技术、安全设计技术以及安全评价技术组成。其中，安全预测技术和安全评价技术主要实现对铁路运输系统的安全评估，明确铁路运输系统的安全目标。安全规划技术与安全设计技术则分别从宏观角度与微观角度对铁路运输安全进行合理规划与安全设计。铁路运输安全预防技术体系结构如图 4.2 所示。

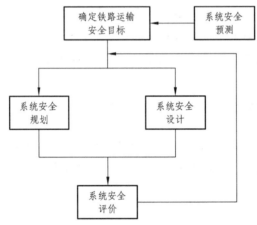

图 4.2　铁路运输安全预防技术体系

三、铁路运输安全预防管理体系

铁路运输安全预防管理体系的构建是基于预防基础理论的分析以及技术条件的支撑，实现对铁路运输安全的点预防、线预防、面预防的综合管理模式，主要可分为安全标准体系、安全教育体系、安全监督体系以及安全机制协调体系。

1. 安全标准体系

构建铁路运输系统的安全标准体系，以此标准体系来评价铁路运输系统的安全状态，实施安全教育、安全监督以及安全综合协调。

2. 安全教育体系

安全教育体系以铁路运输系统中的"人"为安全的出发点及归宿，从"人机"系统中"人"的角度预防事故，提高运输安全水平以及保护人的安全。

3. 安全监督体系

安全监督体系是铁路运输安全预防管理体系得以顺利实施的推动力，是实施效果得以有效反馈的重要保障。

4. 安全机制协调体系

安全机制协调体系要求铁路运输系统中设置全面、系统、有效的安全管理组织网络，合理配置安全组织机构、科学划分安全机构职能，使安全管理的机制协调高效。

第二节　铁路运输安全保障体系

铁路安全保障体系的构建从以下几种形式展开：铁路运输安全保障理论体系、铁路运输安全保障技术体系、铁路运输安全保障管理体系。其中，铁路运输安全保障理论体系需要从业者职业适应性强、设备可靠性强以及系统结合部匹配度高。而铁路运输安全保障技术体系直接关乎运输安全问题，就要求其相应的技术检测要精准到位，并要实现铁路运输系统的实施监控与管理，才能够有效地保障铁路运输的安全。除此之外，良好的安全培训保障机制、设备质量保障机制、安全规章制度机制、安全考核激励机制也是铁路运输安全保障管理体系的重要基础。

一、铁路运输安全保障理论体系

安全保障理论体系在于从理论角度分析运输系统中人的职业适应性机理、设备可靠性机理、系统结合部匹配机理以及系统的阶段性机理，构建有前瞻性的、对实际操作有很强指导意义的系统理论体系。

1. 职业适应性机理

铁路运输系统中的人处于安全主导地位，同时也是最不稳定的因素。研究铁路运输系统中人的职业适应性，对于运输系统中各子系统人员的培训、选拔有重要的指导意义。

2. 设备可靠性机理

机车车辆、轨道、通信信号、电力以及其他技术设备的良好运行状态是实现铁路运输系统安全的必备条件。设备可靠性机理主要研究设备的性能可靠性、结构可靠性、匹配可靠性等，是铁路运输设备安全运转的基础理论。

3. 系统结合部匹配机理

铁路运输系统是由机务、车务、工务、电务、车辆等子系统构成的复杂大系统。铁路运输系统的安全有赖于各子系统的有效匹配。

4. 阶段性机理

铁路运输安全在宏观层面总是处于一定的发展阶段，对于不同的发展阶段，安全管理的策略、目标等有所不同。铁路运输安全发展阶段的划分，有利于明确铁路运输安全目标，从而建立相应的行车安全保障体系。

二、铁路运输安全保障技术体系

铁路运输安全保障技术体系直接参与运输安全保障，其核心在于强调实时性、联动性以及系统性，主要由感测技术、通信技术、计算机技术及控制技术四部分构成。其中，感测技术和控制技术是铁路运输系统的外部接口，通信技术与计算机技术则对采集的信息进行传输和再处理，实现铁路运输系统的实时监测与控制，有效地保障铁路运输安全。铁路运输安全保障技术体系结构如图4.3所示。

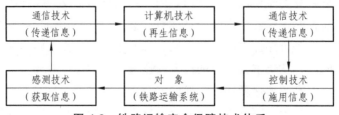

图 4.3　铁路运输安全保障技术体系

（一）铁路运输安全保障技术体系主要内容

长期以来，铁路各专业部门按自身发展需要，运用科技手段，建立和运用了一大批相对成熟、可靠的安全监控/监测设备，为保障铁路安全运营起到了积极的作用，通过大量的调研和分析，得出我国铁路安全保障技术体系主要体系在以下四个方面：

1. 多采用了先进可靠的监控、监测设备/系统

按照被监控/监测的对象，目前我国的铁路行车安全监控/监测设备可分为移动设备、固定设备、自然灾害和视频监控四大类。

（1）移动设备的安全监控设备。

移动设备主要是指机车、车辆和动车组。因此，对移动设备的监测，主要是指对车辆的轴温、轴承故障、运行状态、装载情况等的监测，比较具有代表性的系统就是车辆5T系统、铁路货车超偏载检测监控信息系统（简称超偏载系统）及动态轨道衡检测监控信息系统（简称轨道衡系统）。

车辆5T系统主要包括：红外线轴温探测系统（THDS）、车辆运行状态地面安全监测系统（TPDS）、车辆运行故障动态图像检测系统（TFDS）、车辆滚动轴承轨边早期故障声学诊断系统（TADS）以及客车运行安全监控系统（TCDS）。

THDS是在既有红外轴温探测设备和技术的基础上，研究制订统一的产品标准和制式，采用信息数据采集技术、双下探轴温探测技术、车轮传感器冗余技术、智能自检技术、探头自适应标定技术、远程管理和宽带通信技术等，提升系统性能，实现THDS系统的设备制式标准化、数据处理自动化、通信网络数字化，并采用车号自动识别射频技术，使热轴定位实现热轴车辆连续追踪。该系统利用安装在轨边的红外线探头，对通过车辆每个轴承温度实时检测，并将检测信息实时上传到车辆运行安全检测中心，进行热轴实时报警，值班员通过红外线监控中心软件掌握车辆轴温信息，及时对报警车辆进行相应的处理（激热立即停车，强热前方车站拦停，微热跟踪）。该系统是较早的铁路安全检测系统之一，且车辆红外线轴温智能探测系统（THDS）已在全路建立了4 400余个探测站，并实现了全路联网运行，通过配套

故障智能跟踪装置，实现车次、车号跟踪，热轴货车车号的精确预报，有效地防止了热轴事故的发生。

TPDS 利用安装在铁路正线直线段、货车行车速度达到或超过 70 km/h 的区段上的轨边检测装置，准确地识别货车是否蛇行失稳及失稳程度；识别运行状态不良的车辆；监测车辆的总重、前后转向架重、轴重和轮重；检测车辆的超载和偏载情况；识别车轮的踏面擦伤情况；自动统计轨道负荷通过总重、平均总重和当量通过总重。其检测结果可以为铁路运输安全管理、掌握轨道实际承载状态提供重要信息，对于有效地防范货车脱轨、车轮踏面擦伤、剥离和货物超载、偏载等安全隐患起到了积极的作用。该系统设备于 2001 年在京沪线试运行，在京沪线安装了 8 套，已经在六大干线、大秦线和青藏线等 63 个点安装应用。它对车辆蛇行严重失稳、车辆超偏载、车轮擦伤进行有效的监测，并且运行稳定、可靠。该系统已在部分铁路等铁路干线安装使用。

TFDS 系统是针对传统的人工列检作业方式而研发的，它是集高速数字图像采集，大容量图像数据实时处理、精确定位和模式识别技术于一体的智能化系统。TFDS 系统采用冷光源补偿、高速 CCD 数字摄像头同步拍摄等新技术通过对运行货车的车底、侧下部进行动态图像采集；同时，室内检车员对采集的实时传输图像通过人机结合的方式进行分析，可预防车钩分离、制动闸件脱落、摇枕、侧架、基础制动装置发生裂折等危及行车安全的故障，同时系统可以辅助图像自动分析识别模块，对车辆底部重点部位进行图像自动分析和判别，及时发现故障，实现对货车隐蔽和常见故障的动态检测，从而实现了货车列检作业方式从人检向机检、室外向室内、静态向动态的转变。随着列检布局的调整和列检保证区段的不断延长，列检安全责任更重、要求更高，采用该系统将对提高列检作业质量、改变作业方式产生深远的影响。通过联网为列检人员提供货车运行故障信息（包括数据和图像），使货车故障及时得到维修处理。实现列检作业从人控向机控、室外向室内、静态检测向动态检测的变革。

TADS 系统利用安装在列检所前方的轨边声学装置，采用声学诊断技术和计算机网络技术，对运行中的货车滚动轴承噪声信号的采集和分析，判别轴承的工作状态，重点检查货车滚动轴承内圈、外圈、滚子等关键部位故障，及早发现轴承早期故障，使安全防范关口前移，与红外线轴温监测系统互补，防止切轴事故的发生。该系统建设是国内相关厂家与美国的 TTCI 等公司合作，引进吸收了滚动轴承声学诊断技术，从国外购置关键部件，在国内进行系统集成，并在六大干线提速安全标准线建设中推广，不但使国外先进滚动轴承声学诊断技术迅速转化为我国铁路车辆安全监测现实的生产力，而且提升了国内厂商相关技术水平，充分体现了引进技术消化后的再创新。

TCDS 系统主要对客车运行状态进行全过程的实时监控。在客车运行中，利用车载安全监控系统对客车运行状态的车下制动系统、转向架动力系统、轴温监测系统、电子防滑器等运行状态进行数据采集，通过机车车载无线传输装置将重要数据实时发回地面（运行全过程数据到站后通过无线下载到地面）维修基地。经专家系统分析处理，指导客车车辆维修以提高检修效率。主要功能包括对列车防滑器工作状态监测、车电监测、车门、火灾险情监测、制动系统监测、走行部动力学性能监测和轴承状态监测；在线监测诊断各车厢监测对象的运行状态，实现在监控中心集中显示、报警；实时记录主机在线信息、存储各监测对象过程数据、诊断报告、事件信息；车辆到站后通过 WLAN 与地面联网，自动下载数据，并通过地面专家系统进行故障诊断和分析，定位故障指导维修。系统主要监测列车的 GPS 状态、经度、纬度、行驶速度、防滑器速度、列车的供电系统、空调系统、车下电源、车门、烟火报警、轴温报警器、防滑器、制动系统、车体、转向架动力学性能、轮对等特征参数。

超偏载系统利用安装在编组站进站口的超偏载仪，检测通过车辆各车轮对轨道的压力和剪力数据值，通过对检测数据进行分析和处理，得出车辆货物装载超载、偏载、偏重等情况。值班人员根据超偏载系统检测信息对通过的报警车辆（超载、偏载、偏重），做出相应的处理（扣车、通知、放行），保障货物列车的安全运行。

轨道衡系统要利用安装在装车站、货检站和编组站的动态轨道衡检测仪，检测通过车辆的各车轮对轨道的压力值，通过对检测数据的后续分析和处理，计算出车辆的自重、标重、总重、车号、盈亏（装货物重量的多或少）等情况。值班员根据检测和计算的结果对报警车辆实行扣车、警告、放行等相应处理，保障货物列车的安全运行。

（2）固定设备的检测设备。

固定设备主要是指铁路线路，线路是铁路运输中重要的组成部分，因此定期工务基础设施的检查维护是保证铁路安全运营的重要内容。我国铁路工务系统的线路检测和维护，实行"铁路总公司—铁路局集团公司—基层站段"的三级检测维护体制，具体工作由基层站段直接负责。各铁路局大都已经配备有轨道检测车，定期对辖区内铁路线路进行检测，在工务段通常配备有线路配件专用量具、轨距尺、支距尺、轨道检查仪、轨温计和钢轨超声波探伤仪等铁路线路检测装置，并利用这些检测装置对铁路线路进行人工检测。随着高速铁路的建设和运营，铁路局及工务段层面的线路检测技术也随之显著提高，引进了先进的综合化、智能化轨道检测车，提升了线路检测的功能和效率，日常使用广泛的轨距尺、轨温计、轨道检查仪也被新型的 0 级、1 级数显轨距尺、数显轨温计和智能轨道检查仪等先进计量检测器具所替代，有的铁路部门正在利用传感器等信息智能技术，研发新一代的铁路线路检测技术和装置。这些进展一定程度上提高了线路检测的准确性和作业效率，同时也为线路维护从"定期修"过渡到以"状态修"为核心的科学养修体制创造了有利条件。国内也研发了许多对线路进行监测的系统，其中比较典型的监测系统有工务线路远程自动检测系统、信号微机监测系统、电力远动系统、车载式轨道安全监测系统（简称晃车仪）、轨道检查车（简称轨检车）和轨温监测系统。

工务线路远程自动检测系统实际上是将各种小型化电子检测装置直接安装在旅客列车、货物列车以及机车的各个部位上的自动化电子测量系统，并与车载微机或处理器相连接，不需要配备专人值守，它可以通过无线通信技术来采集、收发和传输各种测量数据信息，将列车上晃车仪、添乘仪、轨检车检测装置的实时检测数据通过公网 GPRS 传至检测所，检测所将收集到的晃车仪、添乘仪、轨检车、探伤车等信息集中存入工务数据库，从而完成对工务系统线路的各项技术参数的实时检测、分析和处理。目的是提高工务系统安全生产管理水平，供相关部门及时掌握病害和处理情况。

① 铁路线路维护的计量技术装置。

检测系统结合了 DSP 技术和 MCU 技术，以 Blackfin 处理器作为技术核心，能够适用于给定的任意蓄电池运行，具备提供动态电源管理的功能。检测系统的 MCU 技术具备可扩充量的输入输出功能，可以进行移动式装置、油量计、蓄电池、TFT、键盘、数字传感器和激光扫描仪等装置的连接。而检测系统的 DSP 部分可以完成先进的数字算法任务，例如几何尺寸残差、FFTs 和滤波的计算。Blackfin 处理器具有数据流语言和高级框图，并通过 Lab VIEW 图形化系统设计来提供编程模型。这样可以对下一级别的数字化嵌入式进行设计，并具备图形多任务移动功能和数学分析模块。

② 智能化的计量技术装置。

智能化的计量技术装置是指结合现代化的设计方法和嵌入先进处理器技术来进行钢轨差值和裂缝的检测，使铁路基础设施维护检测工作可以使用多功能化的、可移动的智能化计量装置。例如，可以使用钢轨检测装置来对钢轨的环境温差、深度、倾角、轨距、头部高度和横截面等参数进行测定，其对时间和环境没有较高的要求，制造和使用都比较简单，能够在任意位置上完成记录和检测。再如，在对纵向轨道参数进行监测和记录时可以使用 Railsurf 钢轨滑板计量装置，其具有可视化、现场处理等功能，还可以利用移动存储器对检测结果进行存储，既适用于车辆沿着轨道拖拉作业也适用于一人操作，可通过企业传感器对钢轨的倾角变化、轨距变化、裂缝、孔洞和波纹磨损进行检测。

③ 利用线路测量车进行检测。

多功能线路测量车由 5 个 Blackfin 处理器组成，能够对 10 千米的铁路区段的轨道参数进行记录，并达到 5 毫米的点对点分辨率。5 个 Blackfin 处理器相互关联，1 号 Blackfin 处理器能够使用两个液晶显示器和交互操作键盘，2 号 Blackfin 处理器则对高速运行条件下的轨道纵断面图和几何尺寸进行记录，3 号 Blackfin 处理器安装了 GPS 系统，能够对地理位置信息进行确定，4 号 Blackfin 处理器主要处理各种参数，5 号 Blackfin 处理器对其他四个处理器的数据进行汇总和存储。

④ 定位线路轨道的缺陷。

使用一个共同的软件平台对缺陷定位的检测测量结果进行汇总，并将里程表信息、GPS 位置、轨道横截面、纵断面和几何尺寸的信息连接起来。该平台通过工具包和 Lab VIEW 软件的运行，发挥了公共数据分析和交换库的作用，能够通过接口连接维修装备、车辆和测量设备。X 射线等测量手段可以通过智能化滤波器来对线路轨道的关键缺陷进行定位，并以数字化的形式对钢轨的几何尺寸全貌特征进行反映，在线路轨道更换和维修中进行利用。

a. 利用 Lab VIEW 滤波器。

钢轨中的缺陷症状可以通过 Lab VIEW 滤波器的纵向数据筛分检测来完成，这主要通过对钢轨波纹进行快速傅里叶变换分析以及纵断面中的特征波长分析来实现。比较实测界面图和已存模型之间的差别，并对轮轨机械接触进行模拟，从而跟踪轨道的孔洞缺陷。在检测图形中钢轨裂缝会出现明显变化，可以鉴别移动数据的窗口，从而对钢轨的裂缝进行检测，并对其进行评估分析。

b. 利用 GPS 数据对"缺陷"地图进行精确的定位。

对"缺陷"地图进行精确定位主要是通过 GPS 数据来完成的，其中增加了一些有用的新内容，例如车站、道岔和弯道等，成为一种比较简便的 GIS 系统，并实现了图像处理功能。

例如，可以将局域地图细分为若干条块，并标明准确的地图坐标，从而实现对缺陷位置的精确定位和迅速浏览。

工务线路远程自动检测系统的技术性能具有可靠性的优点。首先，采用工务线路远程自动检测系统不仅可以大幅度提高铁路线路的检查频率，还能够大幅度降低工务系统的线路维护成本。在车流密集频繁的线路上，只要装有远程自动检测系统的列车在轨道上驶过，各种轨道参数数据信息便能立即获取到，管理人员和维护工程师随时能够拿到最新的线路检测报告。特别是，远程自动检测系统还能对工务线路的突变状况及时发出报警信号，对任何地点的线路变化实施实时检测，以便线路管理部门更精确地预测轨道零部件更换、修复或保养的时间周期，为工务系统的线路维修从"定期修"过渡到"状态修"创造条件。其次，工务线路远程自动检测系统与传统人工检测相比较，能够立即获得有关线路轨道维护工作质量的信息反馈，而传统人工检测方式只有在对线路再次进行检测取得结果后，才能知道前次线路维护的质量情况。工务线路远程自动监测系统可以实现"即插即用"的安装方式，使用更灵活、方便，其检测设备往往还具有"自定位"功能，即使发生轨道几何参数数据采集中断或传输故障等问题，工务线路远程自动检测系统也能自动恢复或进行自我诊断。再次，工务线路远程自动检测系统可以一次完成诸如轨道几何参数 (包括波磨、方向、轨距、扭曲和超高等)、钢轨横断面、钢轨表面缺损、客车乘坐舒适度等一系列技术指标的检测检查，甚至可以给供电系统检测架空线几何参数和磨损情况，而无须像人工监测检查那样，需要使用各种专用检测设备和工具才能完成多项技术参数的检测。

铁路信号微机监测系统已经得到广泛应用，基本实现了联网，取得了较好的应用效果。信号微机监测系统主要是把监测设备安装在路局管内各线路上的车站，通过监测并记录信号设备的主要运行状态，实现模拟量在线监测（监测对象包括电源屏、电源对地漏泄电流、转辙机、轨道电路、电缆绝缘性、区间自动闭塞、部内电码化）、开关量在线监测（监测对象包括按钮状态、控制台表示、功能型继电器状态）、数据逻辑判断，当信号设备工作偏离预定界限或出现异常时，能够及时进行报警、故障报警及对其他对象监测，为电务部门掌握设备的当前状态和进行事故分析提供科学依据。该系统主要监测道岔密贴程度、缺口超限程度、转换力超限程度、位置、挤岔程度、锁闭继电器封连、信号机是否非正常关闭、列调信号主灯丝是否断丝、三相电源是否断相和错序、外电网是否断电、主副电源屏转换报警、熔丝是否断丝、区间信号点故障、控制台是否破封、故障通知按钮是否报警等参数。该系统由郑州辉煌公司和铁科院通号所等单位开发。目前，在各路局实现联网应用，实现了实时记录监控车站值班操纵信息、接发列车全过程和监测信号设备状态，为电务部门适时"设备状态修"的目的。

电力远动系统利用安装在铁路车站的监控装置，检测车站贯通自闭线的高、低压电流数值、开关状态、供电质量情况、变配电所、信号电源、通信基站和光纤直放站的故障信息和预警信息、设备的自检信息、运行信息；此外，系统还给用户提供了故障曲线、报表、WEB等分析工具。当系统发现报警时，电力设备会自动采取保护措施（如速断保护，过流保护等），然后供电段值班人员通过操作该系统来调整电流，使其达到固定阈值以下，消除报警。该系统主要监测设备的电流、电压以及开关状态等参数。

晃车仪设备由传感器、轨道检测单元主板、语音报警喇叭（可选）和地面接收装置组成。其中，"传感器"检测机车运行时的车体垂向和横向振动加速度；"机车运行监控记录器"（俗称"黑匣子"）检测里程坐标和车速；安装在机车上的轨道监测装置，通过对机车振动情况的测量推算出轨道状态，实现对轨道状况的自动、高密度监测。此外，该系统还能及时发现重大线路缺陷并实时语音报警，通过对检测数据进行分析和处理，得到线路情况报告，为工区安排线路日常养护维修作业计划和实现线路状态维修提供依据。该设备主要监测轨道的垂直加速度、水平加速度、车速和里程坐标等参数。

轨道检查车的主要功能是检测轨道几何参数、车辆加速度地面标志、车辆的速度和里程。铁路工务部门通过对轨道检查车的数据分析，获得轨道状态信息，有计划地安排维修作业，提供养修决策、指导现场作业、评价工作质量、实施科学管理的重要手段，是使轨道设备经常保持均衡良好状态、确保列车按规定的最高速度安全、平稳、不间断运行的技术保障。该检查车主要检测轨道的几何参数，包括高低、轨距、曲率、轨向、水平（超高）、三角坑（轨道扭曲）、本身的运行里程、速度、车辆加速度（车体垂直振动加速度、车体水平振动加速度和轴箱振动加速度）和地面标志（道口、道岔、桥梁、曲线拉杆）等参数。目前，在全路18个路局共配备了40台轨道检查车。

轨温监测系统通过控制安装在钢轨上的远程传感器，实现对轨道温度信息采集，并把采集到的轨温数据传入计算机进行存储、处理和分析，生成温度应力与轨温变化的关系曲线图，通过VPN网传送到工务段，由工务段传到相关部门，以供分析和查询观测到按天/月/年统计的温度变化规律和峰值，再进行相应的应力变化情况分析和研究。该系统主要检测轨道的温度、环境湿度以及轨道温度的报警级别等参数。主要对轨道温度实施全天候监测、存储，并结合历史轨温信息对超出警戒值的监测点进行报警，为以后各类施工提供技术依据，极大方便了工务部门对轨温的测量和监控以及制订相应的轨道维护策略，为工务部门的线路日常检修和养护提供帮助。

（3）自然灾害的检测设备。

对自然灾害的监测也是保障铁路运输安全的重要组成部分，目前对自然灾害的监测系统中，比较典型的有防洪信息系统、大风预警系统、雨量监测系统、冻土监测系统、道岔融雪监控系统、天气预报系统等。

防洪信息系统是对水害发生信息、水害慢行信息、暴雨封锁区间、水害直接损失、危险地点、看守地点、雨量计信息、沿线水库、雨量警戒值、防洪备料机具及战备梁等信息进行收集整理，及时掌握防洪、水害信息，以及对防洪、水害历史信息进行分析，发挥各类信息资源的优势，为铁路科学防洪提供依据。

大风预警系统自动将沿线采集到的数据经大风数据服务器实时地传送至数据中心，有效地保证了数据的实时性和可靠性要求；结合区段线路参数与从TMIS和DMIS系统获得的当前列车车型、载重及实时运行等信息，确定出大风环境下当前列车运行速度限值，为在大风环境下列车安全运行指挥调度提供决策依据和有效手段。该系统主要监测风速、风向、刮风时间等参数。

雨量监测系统在采集点处设置有雨量监测仪，具有采集并存储雨量信息、雨量报警、现场雨量曲线打印以及通信等功能。此外，通过采集各监测点降雨量，结合各监测点历年降雨情况，分析和判断降雨的严重程度，为用户提供雨量实时监测信息，实时在电子地图上展现工务段的报警信息，并提供日报表、月报表等统计信息。该系统主要监测监测点地区的日雨量、最大雨量时间、雨量最大值、连续雨量、每个正点时刻的雨量等参数。管理人员根据历史雨量监测信息、实时雨量数据，结合天气预报情况制订警戒措施，实现了指导防洪的目的。

冻土地温自动监测系统主要是针对青藏线特殊的气候环境条件而研发的。该系统利用安装在冻土监测区的地温自动监测设备采集冻土的温度变化情况，数据误差控制在±0.05e 的范围内，精度较高。监测设备也可以扩展用于冷库和冷藏车等温度的测量。此外，系统还具备无限传输模块，该模块将采集的数据通过 GSM-R 网络实时传输到中心数据库，形成冻土地温知识库。配套的土地温度数据管理软件能实时对地温信息进行统计分析，然后通知相关单位采取防御措施，防止路基变形，保证行车安全。该系统对采集的冻土地温数据进行分析处理，自动形成年平均、月平均地表温度、冻结指数、融化指数、过余冻结能力和最大季节融化深度等统计数据。

道岔融雪监控系统通过监测雪地环境下的道岔工作状态，根据设备内建的算法分析，设定加热阈值，当满足条件时，输出加热信号，启动加热。该系统主要检测环境温度、钢轨温度、是否下雪等参数。其监控装置主要由德国提供，目前只安装在青藏铁路的格拉段和当雄-玉珠峰线路上。

天气预报系统运用卫星、雷达、大型计算机等高科技手段对卫星云图、雷达气象图进行分析，能够实现查询天气及降水实况、特殊天气（大风、暴雨、冰雹、高温等灾难性天气）信息服务、长期气象服务等。该系统主要监测铁路沿线的大气温度、湿度、风力、风向、雨雪等天气状况。目前该系统已经在全路实现联网运用，由各路局当地气象局每日 2 次（早上 8 点，下午 5 点）将该局铁路沿线主要站点天气预报数据发送至工务部门。

（4）视频监控的监控设备。

视频安全监控以多媒体技术、计算机网络技术、视频压缩编解码技术为核心，采用嵌入式操作系统以及内置 Web 服务器技术，构造视频安全监控网络。主要应用有车站作业远程监控系统、客运站视频监控系统、治安重点部位和复杂区段护路视频监控系统，网络化合视频监控系统等。在自动监视模式下，能够自动对监视区域进行行为分析，实现对异物"入侵"的自动跟踪监测；能够结合行为分析功能以及与动力和环境开关量监控系统的联动，实现告警功能，告警时可自动实现视频的切换、保存以及抓拍。查询告警信息时，系统可以自动查找告警时间及相应时段保存的对应视频文件。

视频监控系统主要有机车安全监控系统、货车装载安全监控视频系统、车务远程网络监控系统、客运站视频监控系统、牵引变电所远程视频监控系统、货场视频监控系统和线路视频监控系统等。

机车安全监控系统由车载设备、地面数据服务器、铁路局通信服务器、地面查询分析工作站等构成，通过无线数据通信将机车运行状态、机车监控装置、走行部检测装置等信息实时上传铁路局集团公司，实现对列车安全运行的实时监控。机务系统已将信息技术应用于机车调度指挥、机车运行状态检测、检测数据采集、检修作业监控等领域。车载智能设备已经发展到覆盖牵引、制动、辅助系统、列车控制、司机室显示器及其电器的监测与控制等方面，通过对机车在线运行的实时监测、分析，向地面提供机车在途运行故障与状态信息，以及地面向机车乘务员途中故障处理提供远程技术支持。充分利用车载设备的检测记录信息，可为机车检修、质量及技术管理系统实现检修生产、设备管理等生产管理过程数字化、网络化提供信息支持。

货车装载安全监控视频系统主要具有超限监测、车门识别及车序识别三大功能。监测设备主要安装在进站或出站咽喉区，它采用图像处理技术的原理，根据采集到的车辆图像，经过一定的算法处理，得到图像中车辆的相关尺寸，判断车辆是否超限；通过分析现场各种车辆，并根据车辆的几何尺寸特点，针对棚车设计一套算法，迅速取得棚车车门图像；按照车轴通过的顺序及车轴间距，来判断所测数据是否属于同一辆车。该系统主要监测车辆的几何尺寸、棚车车门、车轴顺序及车轴间距等参数。

车务远程网络监控系统通过对各监视点的有效控制，包括站场切换，目标锁定，图像、声音、对话的调节，录像、查询、回放、剪辑；通过对云台水平、垂直转动的控制，以及摄像机焦距、变焦、光圈等技术参数的调节，实现目标搜索与锁定；当需要监听现场情况时，可随监视画面实现同步监听；通过扬声器、拾音器和传声器可实现监控与现场人员的对话；可根据存储硬盘容量大小进行滚动覆盖式循环录像；当需要调阅查询历史记录时，可对查阅对象位置、日期和时间段进行设置，通过系统自动搜索，实现目标回放。该系统实现了远程控制、图像监视、语音监听、双向对讲、滚动录制及检索回放等功能，主要监测站场目标的图像、声音和对话等参数。目前，该系统已形成了覆盖全路所有车站的车站作业安全监控体系。

客运站视频监控系统在无须重新布设各种线缆的情况下，使用网络视频服务器与现有的IP网络相连，将现场实时图像及时传送到远端监控中心。通过远程实时监视和控制，各级领导可以在各自的办公电脑上对车站内公共区域进行实时现场监控，便于了解员工工作情况，提高员工工作积极性。该系统主要监测客运站员工的工作状态。

牵引变电所远程视频监控系统具有图像监视监听；控制灯光及门禁；视频报警、防火、防烟、防潮、防盗；实现对图像的自由存放、回放及逐帧搜索画面；摄像机预置；警视联动、自动进行超温检测和报警、优先等级和使用权限的设置、用户操作的记录和控制权的自动协商等功能。该系统能监视任一路摄像机的画面并对其云台和镜头进行控制，还能对现场进行监听。每个变电所分为七个镜头：镜头1用于监控主控室，即监测工作人员的工作情况；镜头2、3用于监控高压室的两个端，即监测断路器和母线；镜头4用于监控电容室，即监测晚间电容有无放电情况；镜头5、6用于监控200 kV进线，即监测变压器、断路器、避雷器、隔离开关；镜头7用于监控馈线、放电情况、操作情况、隔离情况，即监测变电所到铁路接触网的引线。该系统在全路范围内大面积使用。

货场视频监控系统运用先进的传感器、监控摄像、通信、图像处理和计算机等技术，组成一个多功能、全方位监控的数字处理系统，对货场关键地点进行传感成像、信号传输，实现对车站货场的远程实时监控，并能将监控的情况记录备查，加强货场安全管理，防范货物丢失被盗和火灾等突发事故。该系统实现了视频、报警联动、多画面同时监控、安全控制、权限管理、数据传输和硬盘录像等功能，主要监测货场内的仓库、站台、车辆通道等状况。

线路视频监控系统实施全线视频监控，通过运用摄像头和智能分析软件，自动识别告警，工作人员根据告警状况对发生事件进行有效和及时地处理，进而保证行车安全。该系统主要监测铁路线路周围的治安情况以及线路上列车的运行情况。

2. 部分安全检查监测装备已具有较完整的规章制度保证

各专业部门对部分安全检查监测系统已经制定相关的技术标准、运用管理维护办法，建立系统日常运行监控和维护机制，明确监测信息运用分析的职责，实现动态监测、数据集中、联网运行、远程监控，形成信息管理闭环。

（二）铁路安全保障技术体系存在问题分析

从铁路安全保障体系要求来看，全路来看目前还存在以下几点不足，有待进一步完善、提升，具体如下。

1. 监控设备技术水平和覆盖率低

目前行车安全检测、监测技术和装备水平仍较低，监测、监控手段仍较落后，且某些监控设备的安装主要集中在六大干线。各厂家之间的生产未形成标准化、规范化，建设投资不足，产品的应用推广面有限，此外还存在许多技术空白。

比如车务专业方面，主要的安全检测系统是车务远程安全监控系统，目前该系统的安装实施基本是按站段来完成的，因此系统设备的厂家较多，且彼此设备不能实现互联互通，生产力布局调整后，导致一个站段内出现多个系统厂家设备并存，以及一个站段内部分车站有监控设备，而另一部分车站则无设备的局面，使监控系统不能很好地整合在一起。有的设备陈旧老化，故障频繁，维修成本大，设备的维修、更新无计划，设备维修费用没有出处。

机务方面，六大干线上，TCDS 系统仅在 121 个行调台、1 348 个车站上安装了监测设备，其覆盖率还远远不够；LAIS 列车运行状态信息系统目前仅在大部分路局建立了应用服务器工作站和调度查询台，还未实现对六大干线的全面覆盖；LKJ-93 型监控装置还在继续使用，但监测水平较高的 LKJ-2000 型监控装置和 LKJ-05 型监控装置，其推广应用及研发力度还不够；机车乘务员的"按图行车、贴线运行"的操纵水平较低，应用机车乘务员安全正点平稳操纵综合考评系统还未得到推广；动车组列控车载设备（ATP）与监控装置还未完全实现对 ATP 控车区段运行数据的记录及分析检索；对干线客运机务段未全面配置机车走行部综合检测装置及走行部专项检测装置。

工务方面，干线上的主要桥梁都未设置先进的实时监测系统，也未有专用的桥梁检测车；

尚缺乏有效的钢轨焊缝检测手段和道床、路基检测设备，也无有效的隧道、桥涵监测技术手段；目前部分探伤车的速度还处于 40 km/h 的水平，探伤车作业时占用线路的时间较长；综合检测车轨检数据、动力学检测结果和车载式线路检查仪数据还未实现综合运用，对优化和完善轨道动态质量容许偏差管理不足；雨量监测装置的稳定性有待提高，雨量计的布局未能按照列车运行速度以及密度进行调整，并且全路雨量计型号品种较多不统一，抗雷击能力较差，汛期经常遭雷击而损坏；在对灾害性天气的预警方面，铁路局与气象部门未能完全建立有效的联系机制，未能充分利用地方气象部门的自动观测站、卫星云图、气象雷达图等各种雨情监测手段，实现与铁路沿线雨量监测网络的对接。

电务方面，列控设备动态实时检测系统因只装备 13 列动车组，对地面应答器、轨道电路、电容状态做到了全面检测，但对车载列控设备检测只局限到 13 辆动车组。而且从历史统计数据看，列控系统车载设备在使用过程中出现一些问题，虽然大多是双套设备，对行车影响不是很大，但由于动车组交路安排紧，检修作业时间非常短，不能在第一时间掌握故障隐患，会直接影响安全高效行车；信号微机监测是按照 2000 年制定的 5 信号微机监测技术条件 6（TB/T2496-2000）完成的，已不能满足第六次提速和生产力布局调整对电务设备的要求，目前信号微机系统还不能实现对 ZPW2000 型自闭设备各种技术指标监测、列控系统监测、TDCS/CTC 监测，而且道岔转辙机的监测功能还不完善，ZPW-2000 自动闭塞设备、CTCS-2 列控系统等关键设备还未纳入微机监测之中。

车辆方面，5T 系统全路布点不完整，未形成覆盖全路安全监控网络。六大干线 5T 系统建点布局不完整，尚不能系统、全面地实现网络监控、局间互控覆盖功能；主要运煤通道和非六大干线尚未建设 5T 系统；红外线轴温探测系统的检测速度也有待提高。

货运方面，货运计量安全检测设备是运用较为成熟的安全监测设备，但目前路网性货检站还没配齐超偏载检测装置、轨道衡、危险货物检测仪等货运计量安全检测设备。货车装载视频监视系统的功能、运用和管理还不完善，不能完全实现包括来车提示、"问题车"分类存储分析、货车重空状态核对、货物品名核对、篷布苫盖和押运信息提示、车次及车号信息显示等扩展功能。

2. 部分设备监测系统的网络化程度低

由于缺少网络的支持，大量日趋增加的安全监测信息依然要靠手工进行传递、上报，信息滞后，而且以手工方式上报的安全统计数据存在失真的可能，安全管理部门和相关领导难以客观真实全面地了解现场的实际安全状况。此外，由于没有大型数据库的支持，对低层上报数据的加工处理手段差，影响所提炼的信息质量，宝贵的安全监测数据不能长期保存，无法提炼升华为行车和维修提供管理决策信息。分散、孤立的安全监测设备需要网络的支持才能充分发挥其作用。

比如工务专业的晃车仪和轨检车，都还没实现完全联网。晃车仪虽然目前可通过通信网络实时把信息传递到总公司、局、段，工务段通过通信网络及时反馈整治处理后的信息。但还不能做到所有设备联网，并且把数据进行集中存储和综合分析运用。轨道检查车和动车组综合检测车的检测信息尚不能实现全部信息传递，并且未形成实时传递。雨情的监测能力不够，主要表现在铁路局雨量计目前尚未实现全部联网，不能实现雨量信息的自动传输和实时预警。货运方面，目前轨道衡也还未实现设备的全路联网。

因此，建设行车安全综合监控信息网络，变独立应用为联网应用，变单点监测为多点协同监测，变单项运作为综合运作，变粗放型管理为科学管理，以信息化带动行车安全监测技术设备的系统配套发展，形成系统集成的，网络化、信息化程度较高的安全保障体系，是必然的发展趋势。

3. 信息共享程度低

我国的安全监测保障技术的应用大部分仍然处在局部产品的单独应用阶段，并且分属不同部门，由不同业务管理、使用，相互之间没有建立通畅的信息交换和综合利用通道，信息相对封闭，信息资源不能共享，不能对多点或多项信息进行综合评判与利用，无法全面掌握了解行车安全状况及灾害预报报警情况，无法对路网上运行的不良设备状况进行监控与跟踪，更难以利用这些安全信息进行行车管理决策。而现阶段，系统化、综合化是世界行车安全监控系统和设备发展的总体趋势。因此国内的行车安全监控技术应向多功能化、系统集成化方向发展，加大投资，积极推广运用。在单项设备上，要不断扩展安全技术装备的功能；在系统层次上，铁路各个专业的安全监测系统要实现系统集成和信息共享。

（三）铁路安全保障技术体系完善建议

首先，要不断提高设备技术水平，扩大设备覆盖率。例如工务专业，要提高钢轨探伤车的检测速度；各检查监控车间（工区）、线路车间推广和应用轨道检查小车和电子平直尺；建立提速线路基雷达检测评价技术及方法，初步对提速线路基进行评价，完成雷达检测路基评价体系建设。车辆专业要在原 5T 可研批复布局的基础上，进行扩大覆盖范围建设。重点在六大干线和主要货运通道合理布局，在其他干线及边缘支线适当布点消除安全监测盲点，进行全路统一规划，分步实施。货运方面，要配齐配好货运计量安全检测设备，在年货物运量50 万吨以上的车站，散堆装及重质货物发送量较大的车站，发送液化气和年货物运量 30 万吨以上的铁路专用线（专用铁路），以及与合资铁路、地方铁路接轨站或分界站，必须配置轨道衡和安全检测设备；主要货检站具备危险货物检测和超偏载、超限检测、货车装载状态检测监控等安全检测监控设备。加强货运计量安全检测监控系统、货车装载视频监视系统的建设和运用管理。

第二，要完善设备监测系统的联网应用水平。例如，货运专业要完善轨道衡系统的联网运用。工务方面，完成 PWMIS 信息系统建设项目的设备购置、安装调试、技术培训和试运行工作，形成铁路总公司、铁路局、工务段计算机三级信息网络。电务专业要加快电务管理信息系统建设。按照"统一领导、统一规划、统一标准、统一资源、统一管理"的原则组织实施，建成铁路总公司、铁路局、站段直至工区的计算机网络，实现静态监控和动态检测数据的网络传输和数据库管理等。

第三，要加快建设和完善相关管理制度。例如，车辆方面，强化"5T"系统运用管理。各车辆段要切实抓好管内已安装使用的"5T"系统运用管理，做好数据统计，对使用中存在的问题要认真分析原因，做好记录，及时反馈。货运专业要规范货运安全设备运用管理。利用动车组综合检测车、电务试验车和CTCS-2车载动态检测装置组成动态检测网络，统一各种动态检测设备的检测标准；完善电务检测信息管理制度；建立动车组故障分析制度。机务方面，建立远动监控制度。积极用好、维护好供电远动，完善供电远动功能，发挥供电远动的作用。变配电所实现综合自动化、远动控制和视频监控，供电段设置电力远动调度台及复视系统，铁路局实现供电、电力远动系统合并，集中统一指挥供电、电力设备的运行工务专业要制订三维定测系统管理办法和工作制度，建立台账和日常检查制度。此外，要规范行车规章修订制度。各级行车规章管理部门应按权限及时组织规章、标准、办法的"修、建、补、废"工作。建立车务部门行车规章电子文件库和网上审批系统，完善规章网络发布、交流、查询及维护等工作。各级规章管理部门应开展经常性的调研活动，针对规章执行过程中存在的问题和不足提出整改意见，对行车规章实行动态化管理。

第四，要加快系统整合和综合运用。整合、集成、优化既有铁路运输安全监控系统。在已有的各安全子系统的基础上，铁路总公司组织有关部门提出建设铁路总公司、铁路局、站段三级实时监控管理平台的技术条件，铁路局依据技术条件尽快研究提出工程可行性研究报告和具体实施方案，并组织实施，形成监测管理和决策一体化、覆盖全路的安全综合检测监控网络。

第五，实现远程共享传输网。现有铁路计算机网络是以中国铁路总公司为核心，涵盖全国所有铁路局集团公司以及绝大部分站段的三层四级星形网络。中国铁路总公司到铁路局集团公司之间为骨干网，铁路局集团公司到基层站段之间为基层网。铁路局集团公司范围内的基层网中又部署了网络汇接点，基层站段先上联到网络汇接点，然后由汇接点再上联铁路局集团公司。铁路各新建线路都按照这个结构扩展新建线路范围内的计算机网络，新建客运专线计算机网络的基本结构和组网模式与现有铁路计算机网络基本一致。安全检测信息接入铁路计算机网络，可以使全路范围内的资源得到共享与利用，可以满足各种应用的需求。

第六，资源整合与信息共享。数据库级共享将从各系统获取的报警数据和相关业务系统的基础数据进行集中存储，形成共享数据库，以支持系统功能应用和各系统间的数据交换，由共享数据库统一发给有共享需求的业务信息系统，或业务信息系统到共享数据库中提取。应用系统级共享可根据服务方式的不同，分为信息直接交换方式和服务共享方式。对于信息直接交换方式，信息共享平台通过接收原系统的数据接口，完成格式转换和协议转换，实现不同系统间的快速信息交换。对于服务共享方式，信息共享平台通过对业务系统所需的功能进行提炼，按标准格式对单一功能模块或重新组合的功能模块进行封装，对外提供数据查询服务和应用功能服务。

总的来说，要想实现铁路运输安全保障技术体系能随时发现问题，并解决问题，达到预防事故和消除事故隐患的目的，一方面采取上述相关措施建议；另一方面完善现有铁路运输安全保障管理体系也是不可或缺的。

三、铁路运输安全保障管理体系

铁路运输安全保障管理体系是安全保障理论体系、安全保障技术体系在安全培训、设备质量保障、安全规章制度以及安全考核激励机制方面的有机整合。

1. 安全培训保障机制

安全培训保障机制是铁路运输安全保障管理体系得以有效实施的重要保障机制，是实现运输安全有序可控目标的最基础保障。

2. 设备质量保障机制

保证设备处于良好状态，使设备的技术状态稳定。

3. 安全规章制度机制

安全规章制度机制是铁路运输安全保障理论、技术以及管理体系在安全保障应用方面成功模式的制度化、标准化。

4. 安全考核激励机制

安全考核激励机制是根据当前运输安全状况、事故的益本比分析等确立的一套科学考核机制，是运输安全良性循环发展的重要保障。

四、铁路运输安全保障体系框架设计

（一）铁路安全保障体系框架

铁路安全保障体系是保障铁路安全运行、预防和避免事故发生以及尽量减少事故损失的一个复杂大系统。深入探索和把握安全规律，建立健全铁路安全保障体系，形成长效机制，是确保铁路持续安全稳定的关键性、基础性工作。构建铁路安全保障体系应从铁路运营安全保障工作的系统性、复杂度和行车安全保障系统的大系统特征出发，着眼于人、设备、环境和管理四个方面来构建。为了保障铁路运营安全，国内外铁路部门都采取了各种安全方法和手段。我国铁路安全保障体系主要有八个方面的内容：

1. 安全检查监测保障体系

在铁路运行的过程中，采取最先进的技术，对影响铁路安全的人员、移动设备、固定设备和环境等因素的状态以及运输对象实时监控，通过整合既有各专业系统的安全检查监测系统，实现信息共享和综合利用，随时发现问题并解决问题，达到预防事故和消除事故隐患的目的。

2. 规章制度保障体系

以《技规》《行规》《站细》《段细》等基本规章为依据，分系统、分层次建立规章制度管理办法，形成不断充实和完善的工作机制，保证各专业、各层面的专业规章、技术文件、作业标准、作业程序和管理制度科学严密、统一规范、动态优化、具体可行，达到规范作业行为和设备标准的目的。

3. 固定设备保障体系

准确把握线路桥隧、通信信号、供电接触网等设备设施的内在变化规律，采用先进维修手段和科学维修模式，精检细修，实现对设备动态质量的有效控制，更新维修理念，优化检修资源配置，采用先进维修手段，创新维修方式，强化关键部位控制，加强设备精检细修，全面提升设备质量，确保动态达标。

4. 移动设备保障体系

以确保动车组质量为重点，加快综合检修基地建设，强化动车运用所管理，规范动车组检修流程，全面提高动车组养护维修水平；以专业化、规模化、集约化为方向，科学合理地设置和调整机车车辆检修资源配置，完善检修工艺和标准，提高检修质量。健全机车车辆运用管理、机车乘务员一次出乘作业和列检检查作业标准。完善机车车辆运行监控设备设施修、管、用制度，形成科学、可靠的移动装备安全保障体系。

5. 运输指挥保障体系

以确保高速提速干线畅通为重点，强化运输集中统一指挥，进一步完善行车组织管理办法，规范调度命令发布，加快调度系统信息化建设，全面提升行车组织指挥水平。完善应急救援预案，规范突发事件应急响应程序，形成指挥顺畅、反应迅速、救援处置有力的行车组织指挥和应急救援保障体系。

6. 货运安全保障体系

重点是强化货运安全基础管理，严格危险货物承、托运人和超限、超长、超重、集重货物承运人资质审查，严格落实货物装载加固方案和装载质量控制，严格进行货运计量安全检测监控，严格执行货检区段负责制和货检作业标准。加快货车装载、计量、危险货物运输、货检和货运站监控等系统的建设和运用，形成源头控制、途中把关、运行监控的全过程管理。

7. 治安防范保障体系

以治安综合治理，净化铁路运行安全环境为主要内容，深化治安综合治理工作，健全爱路护路联防机制，按照"三个专门"的要求，保持线路巡防力量，保证防护设施完好，实现时速 160 公里及以上提速区段"零死亡"。加大"六类"治安案件防范、打击力度，杜绝严重危及行车安全案件的发生。

8. 职工素质保障

重点是完善职工培训制度，加强培训管理，形成总公司、局、站段三级培训制度体系。加快开发适用于高等教育、职业教育和职工培训的教材以及应知应会培训手册，形成铁路专业教材体系。利用铁路既有资源和设施，完善铁路培训基地和应知应会基本功训练基地。加强职教管理队伍、师资队伍建设，提高职教管理水平和授课能力。

铁路运输的高度集中和联动性特点，需要车、机、工、电、辆多部门的协同配合，因而安全管理工作难度较大。安全保障体系是一个完备的有机整体，八个系统之间既相互联系、互为支撑，又各有侧重、自成体系，必须统筹规划，系统负责，协调推进。

铁路交通安全保障体系的核心是信息技术的全面综合集成应用，应满足以下三个特征：

（1）系统性。高速铁路运营安全保障技术体系要从安全系统工程的角度出发，一方面，要保证高速铁路各种基础设施和关键装备的先进性、可靠性和安全性基本要求；另一方面，高速铁路各子系统都是实现系统总体安全目标不可缺的组分，都承担着特定的、不同方面的、不同层次的、分工明确的行车安全保障任务，该体系应该通过各子系统的功能集成获得最大的系统总功效。

（2）综合性。综合开发和利用监控和检测到的高速铁路运营安全相关状态信息，有效地辨识系统中潜在的危险因素，从而能够客观地分析高速铁路运营安全态势，以便采取相应的对策来不断提高、改善高速铁路运营安全水平。

（3）高效性。高速铁路运营安全保障技术体系应以运营安全信息流作为指导、协调和管理高速铁路运营的依据，加强车、机、工、电、辆各部门之间以及与系统外相关部门之间的协作效率，从而能够更全面实施控制，做出各个层面的科学决策，保证高速铁路运营安全保障管理工作的高效性。

（二）铁路安全检查监测保障体系需要建设的主要内容

建立铁路安全检查监测保障体系虽然受到各国学者和安全管理者的认同，但由于它本身作为一个新理念和复杂的过程尚待完善，而且涉及多学科、多部门，铁路安全保障管理的特点和内容决定了其应用必然受到来自观念、机构、技术等方面的冲突和挑战，实施起来难度很大。如何保证其顺利实现是各国面临的一个重大课题。

纵观各国铁路安全管理的实践，在实施铁路安全检查监测保障管理的过程中，都以科学的理念为指导，结合实际确立合理的法律法规或规章制度，建立综合的安全检查监测保障管理系统，基于网络实现高度信息化，固定和移动监测数据通过地面和无线网络实时传给监控中心集中管理，各部门同步得到交通安全共享信息，形成全方位、立体化和网络化的行车安全保障体系。

正是通过铁路安全检查监测保障体系的建立和完善，才能够促进和实现铁路行车安全的可持续发展。因此研究和建立铁路安全检查监测保障体系非常必要，其建设的主要内容包括规范的规章制度管理、完整的设备基础数据、先进的检查监测装备、严格的事故故障管理、健全的检查监督队伍和综合的信息处理平台。

1. 规范的规章制度标准

规范的铁路规章制度标准体系是建立安全检查监测保障体系的基本前提。

为了保证铁路的运营安全，日、德、英等国都通过国会、议会等国家最高权力机构颁布了有关铁路安全的系列法令和法规，通过法制对铁路安全运营实行监督和管理。例如，日本的《铁道营业法》《铁道事业法》《平交道口改进促进法》等；德国的《德国通用铁路法》《铁路建设和运营管理规程（EBO）《铁路责任保险管理条例》等；英国的《英国铁路安全法规》《铁路管理法》《铁路与交通安全法》等。这些铁路安全法都是经过长期实践、补充，最后修改完善的，具有很强的权威性。各国铁路企业根据本国铁路的法律法规也制订了有关行车安全的规章和条例，使铁路生产活动有法可依，违法可究，把铁路安全工作置于全社会的支持和监督之下。

为了确保铁路建设与施工中的安全，欧盟制订了 2004/49/EC（RSD）号指令，规定了解决铁路基础设施建设、维修以及铁路运营中的安全问题的要求。要求欧盟各国建立独立的国家安全监督机构，负责审查并向铁路运输经营者及铁路基础设施管理者颁发安全证书，对铁路运输经营者和基础设施管理者的安全管理部门进行监督。英国于 1997 年 4 月颁布了《在铁路环境内施工作业的安全管理》，英国铁路路网公司、各运输公司等进行的所有铁路工程施工必须执行该标准。该标准还对有关人员或机构（例如铁路公司）的代表、计划监督者、工程设计者、主承包者、项目经理等的资质、技术能力、管理水平和责任等进行了详细的规定。

在安全管理方面，我国铁路安全管理的相关标准及体制相对滞后。我国铁路技术水平和装备水平在持续提高，但相关技术规范、规程、标准以及管理规章有些还不完善，规章制度和管理办法跟不上技术装备的发展，相关的技术标准、规范严重滞后，有的甚至发生冲突、混乱现象。尤其是大量的新技术、新装备投入使用以后，设备标准、技术标准、检修标准、管理制度滞后的问题非常突出。

我国高速铁路发展迅速，重载运输也取得较大发展，高速铁路和重载铁路的设备标准特别是检查检测、监测监控装备滞后的问题相对更加突出，设备的选用和定型还处于实践和摸索的过程中，有的设备引进后还没有真正把技术消化就投入了使用，有的设备技术标准和检修标准只是简单套用国外标准或是在国外标准基础上的简单改动。

归纳起来，我国铁路在规章制度方面主要存在四个方面问题。

（1）规章制度调整变化较快。随着铁路发展，有关规章制度进行了大量修改，正是由于规章制度变化比较频繁，传达学习又不彻底，部分干部职工难以适应。

（2）部分规章制度不够严密。一些部门制订的规章制度，有的内容缺项，有的条文与现场实际不符；一些新规章与既有规章衔接不紧密；一些部门的要求相互矛盾，令现场无所适从，难以指导现场安全工作。

（3）有些规章制度缺乏统一性。由于各铁路局之间规章制度有很大差别，一些跨局作业的职工，尽管是同一种作业，但需要熟悉不同的规定。在机车交路大幅度延长，跨局委托维修方式大量采用，特别是跨局调度指挥的新形势下，这个问题显得十分突出。

（4）部分规章制度缺项。许多新设备的检修维护标准没有制订，一些铁路局和站段的规章制度细化任务还没有落实，需要尽快解决。

因此，当务之急应是尽快总结新技术、新装备、新的运营管理方式情况下的安全管理规律，明确设备技术和管理标准，规范规章制度管理。并且，还要针对设备更新和新技术的大量投入使用，各个岗位急需一批懂技术、业务熟练的实际的专业人才，加强职工队伍培训，解决当前培训系统不完善的问题。建立规范的规章制度和标准要以设备标准和基本的规章制度为依据，分系统、分层次建立和完善各项规章制度办法，形成"科学严密、统一规范、动态优化、具体可行"的规章制度。

科学严密，就是结合新技术、新设备大量运用的实际，从理论到实践，从技术标准到作业标准，深入进行科研论证，确保各项规章制度经得起运营实践的检验。

统一规范，就是以基本规章为基准，建立覆盖各专业、各层面的专业规章、技术文件、作业标准和作业程序，形成统一、规范、完备的规章制度体系。

动态优化，就是根据铁路运输生产组织的变化要求和运输安全工作实际需要，及时废止、修订和补充完善各项规章制度和办法，确保各项规章制度具有较强的时效性和指导性。

具体可行，就是依据基本规章制度，每个层次、各个系统制订出明确、具体、细化的规章制度，确保落实到一线、落实到岗位。

我国铁路根据铁路建设、改革、发展、装备现代化、开行高速列车以及大面积提速后的新情况、新变化、新要求重新修订大量的规范、规程、规则等，其中主要涉及操作及维修保养标准有三大部分，一是设计规范类。如：铁路路基设计规范、铁路轨道设计规范、铁路电力设计规范、铁路信号设计规范、铁路工程节能设计规范、铁路动车组设备设计暂行规定、铁路 GSM-R 数字移动通信系统工程设计暂行规定等。二是技术规程类。如：铁路技术管理规程、铁路有线技术管理办法、铁路技术管理办法等。三是专业技术管理规程类。铁路运输调度规则、铁路机车运用管理规程、铁路机车操作规程、单司机执乘机车操作规程、铁路线路修理规则、铁路信号修理规则、铁路通信维护规则、铁路客车运用维修规程、铁路货车运用维修规程、铁路动车组运用维修规程、接触网运行检修规程、变电所运行检修规程等。

随着铁路快速发展，各种规章制度和标准，特别是有关安全技术设备、检查监测监控装备的管理制度和标准，还必须不断修订和完善。

2. 完整的设备基础数据

安全检查监测保障体系是针对设备和设备的运用过程进行检查监测，因此，建立完整的设备基础数据库是构建体系的基础。长期以来，铁路各部门、各单位都定期对行车设备进行清理统计。专业部门定期的有每年的秋检，对所有的行车设备建立档案，财务部门每年有固定资产统计。从铁路局、站段到车间、班组都已经有完整的设备档案。随着计算机技术的发展，这些设备档案都已经实现了电子化。90 年代以后，铁路线路地理信息系统逐步完善，线路桥梁隧道等设备三维电子地图得到了广泛应用；调度集中、微机联锁以及 CTC 等系统不断升级运用以后，信号设备基础数据及其设备状况基本能够实时掌握；TMIS、DMIS、ST 系统以及列车运行监控系统开发运用以后，机车、车辆以及列车编组、检修等情况可以实时查询；HMIS、客票系统等的广泛运用，列车装载货物、运送旅客等情况已经可以及时查询。

铁路信息化建设日趋规范，基础数据管理规范基本形成，基础数据管理要求更加明确，各种基础数据字典正在逐步形成。包括线路字典、干线线路字典、车站字典、线站字典等在内的路网基础数据集，包括监测点字典、车次字典、机车字典在内的监测设备基础数据集，包括单位字典、管理单位人员字典等在内的管理基础数据集，包括监测系统字典、监测项类型信息、专业字典、报警类型字典等在内的分类字典数据集，正在建设之中。

信息化建设水平不断提高，所有铁路局计算机都已经与站段联网，实现了铁路局、站段互连互通。其中，大部分铁路局实现了与车间联网，个别铁路局甚至与主要行车班组实现了联网办公。

3. 先进的检查监测装备

我国铁路行车安全技术装备水平有了长足的发展，有关行车安全的监控、检测、救援、维修等设备逐步现代化，行车安全逐步实现了由单靠人工向依靠安全监控设备的转变。但与国外发达国家相比，总体来看目前行车安全检测、监测技术和装备水平仍较低，监测、监控手段仍较落后。各厂家之间的生产未形成标准化、规范化，建设投资不足，产品的应用推广面有限，此外还存在许多技术空白。由于运输能力日益紧张而资金又匮乏等原因，长期以来，铁路处于超负荷状态，全国铁路有大量运输设备超限运行，不少运输设备、线路桥梁病害未及时检修，带病运输，很多技术难题有待开发和研究，有关设备管理的规章制度还有不严密之处，设备安全隐患严重。总体来讲，监控设备技术水平和覆盖率低，有待提高。

安全基础设施方面，铁路各专业部门需按照专业建设、专业管理、专业运用的原则，不断完善和提升相关安全检查监测保障硬件基础设施的技术水平和覆盖率。工务部门需尽快完善动车组综合检测车、车载式线路检查仪系统，对所有提速线路特别是时速200公里及以上的提速线路质量进行动态检测监控。电务部门需完善信号微机监测系统，将CTCS-2列控系统纳入检测监控。车辆部门要进一步扩大"ST"系统覆盖范围，实现对车辆质量的实时监控。机务部门需完善机车运行监控系统、列车运行状态信息系统和接触网检测装置，对机车、牵引供电设备实施有效监测。货运部门需完善货运计量安全检测监控系统和危险货物运输安全监控系统，实现对货运超偏载和危险货物运输的实时监控。公安部门需完善治安防范视频监控系统，实现站、车、线防火防爆、清理扒车、预防货盗、阵地控制的有效监控。各部门其他监测系统，需要按照统一的标准加快研究和建设，成熟时纳入安全检查监测体系。各铁路局需对现有的各专业监测系统和管理信息系统进行全面调查摸底，掌握各系统的研发、建设、运用情况，按照统一标准，对既有检查监测系统和管理信息系统进行完善，明确各系统纳入安全检查监测保障体系需要做的工作。

4. 严格的事故故障管理

我国《铁路交通事故应急救援和调查处理条例》（国务院令第501号）颁布实施后，铁路相关部门立即下发了《铁路交通事故调查处理规定》和《铁路故障调查处理规定》，对铁路交通事故和设备故障的调查处理予以明确。

规定事故发生后，事故现场的铁路运输企业工作人员或者其他人员应当立即向邻近铁路车站、列车调度员、公安机关或者相关单位负责人报告。有关单位和人员接到报告后，应立即将事故情况向企业负责人和事故发生地安全监管办报告。铁路运输企业列车调度员将事故概况分别向事故发生地安全监管办、列车调度员报告。事故发生地安全监管办接到事故报告后，将事故基本情况向安全监察司报告。涉及其他安全监管办辖区的事故，发生地安全监管办及时传送至相关安全监管办的安全监察部门。列车调度员接到事故报告后，应立即向安全监察和专业部门及领导报告。事故涉及其他部门时，通知相关部门负责人。发生特别重大事故、重大事故，由办公厅负责向国务院办公厅报告，并通报国家安全生产监督管理总局等有关部门。发生特别重大事故、重大事故、较大事故或者有人员伤亡的一般事故，安全监管办向事故发生地县级以上地方人民政府及其安全生产监督管理部门通报。事故报告的主要内容应包括事故发生的概况、设备基本状况、旅客及伤亡情况、设备损坏程度及对铁路行车的影响情况，事故原因的初步判断等。安全监管办和铁路运输企业向社会公布事故报告值班电话，受理事故报告和举报。

事故调查处理权限规定，特别重大事故由国务院或国务院授权的部门组织事故调查组进行调查。重大事故由组织事故调查组进行调查。较大事故和一般事故由事故发生地安全监管办组织事故调查组进行调查。认为必要时，可以参与或直接组织对较大事故和一般事故进行调查。根据事故的具体情况，事故调查组还可由工会、监察机关有关人员以及有关地方人民政府、公安机关、安全生产监督管理部门等单位派人组成，并应当邀请人民检察院派人参加。事故调查组认为必要时，可以聘请有关专家参与事故调查。发生一般 B 类以上、重大以下事故（不含相撞的事故），涉及其他安全监管办辖区时，事故发生地安全监管办应当在事故发生后 12 小时内发出电报通知相关安全监管办。自事故发生之日起 7 日内，因事故伤亡人数变化导致事故等级发生变化，依照规定由上级机关调查的，原事故调查组应当及时报告上级机关。事故调查组根据需要，可组建若干专业小组，进行调查取证，调查组组长组织审议专业小组调查报告，并在规定期限内研究形成《铁路交通事故调查报告》，查明事故发生的经过、原因、人员伤亡情况及直接经济损失；认定事故的性质和事故责任；提出对事故责任者的处理建议；总结事故教训，提出防范和整改措施建议。《铁路交通事故调查报告》报组织事故调查的机关同意后，安全监管办的安全监察部门在事故调查组工作结束后七日之内，根据事故报告，制作《铁路交通事故认定书》，经批准后，送达相关单位。事故认定书是事故赔偿、事故处理以及事故责任追究的依据。事故调查中发现涉嫌犯罪的，事故调查组应当及时将有关证据、材料移交司法机关。发现安全监管办对事故认定不准确时，应予以纠正。必要时，可另行组织调查。事故责任单位接到《铁路交通事故认定书》后，于 7 日内，填写《铁路交通事故处理报告表》，按规定上报《铁路交通事故认定书》制作机关。

5. 健全的检查监督队伍

我国铁路系统在运输安全管理上，实行行业主管部门垂直管理体制。按照《铁路法》赋予的职责，行使铁路行业安全监管职责，并在长期实践中形成了一套完整的制度体系。

作为国务院铁路主管部门负责全国的铁路运输安全监督管理工作，对地方铁路、专用铁路和铁路专用线进行指导、协调、监督和帮助，主要职责为加强铁路运输监督管理，建立健全事故应急救援和调查处理的各项制度，按照国家规定的权限和程序，负责组织、指挥、协调事故的应急救援和调查处理工作。内设安全监察司，由行车安全处、劳动安全处和综合处共 3 个处、21 人组成，主要职责为监督、指导部属单位安全生产和安全管理工作，拟定铁路行车、路外伤亡、职工伤亡等事故处理规则及安全监察工作规章和制度，组织铁路行车重大事故、重大职工死亡事故、锅炉压力容器爆炸事故的调查处理等工作。在全国铁路范围内按区域设立 6 个安全监察特派员办事处，每个办事处 6 人，作为派出机构，在授权范围内行使安全监督管理职权。

依据《铁路运输安全保护条例》赋予的政府职能，经中编办批准，国务院铁路主管部门按照铁路局集团公司管辖范围设立了多个铁路管理机构，负责本区域内的铁路运输安全监督管理工作。各个铁路管理机构内设安全监察室，其主要职责为加强日常的铁路运输安全监督检查，指导、督促铁路运输企业落实安全管理的各项规定，按照规定的权限和程序，组织、参与、协调本辖区内事故的调查处理工作。各铁路管理机构根据管辖区域设立铁路办事处安全监察室，行使安全管理职权。

6. 需要建立完善的信息处理平台

目前部分铁路局既有的安全保障管理系统，虽然在管内的安全管理方面发挥了一定作用，但离构建安全检查监测保障体系还有很大的差距。关键就在于这些系统大多相对独立，信息没有为安全监督管理部门所共享，安全监督部门也缺乏有效的监控手段，同时各个专业系统需要进一步规范和完善，在某种程度上均存在着网络化、综合化程度不高、功能不够健全、标准不尽统一、数据格式多样、基础数据编码不完全一致、监测信息接入标准尚不规范等问题，主要表现在以下几方面：

（1）网络化程度不高。

（2）对自然灾害的监测预警水平低。

（3）行车安全监控系统的综合程度不高。

（4）安全保障综合体系尚未建成。

因此，必须建设一个统一的网络化、综合化、集成化程度较高的安全检查监测保障体系的工作平台，即安全检查监督管理信息系统。

（三）铁路安全检查监测保障体系的构建思路

建设安全检查监督管理信息系统就是利用计算机和网络手段，将各专业设备检查监测报警信息、安全检查信息、事故调查分析处理信息等采集、传输、入库，形成可以共享的数据平台，通过对数据进行分析汇总等加工处理，为各级安监部门及相关业务人员提供交通安全服务，加强对铁路安全的监督和管理。该系统的建立将促进各专业安全检查监测系统的完善，实时、准确地搜集和传递安全检查监测信息，加强安全报警信息处置过程（包括人工检查）作业监控，实现信息共享，及时发现和解决安全生产中的关键性、倾向性、前瞻性问题，加强安全监测信息的管理和分析，强化安全监督作用。按照专业建设、专业管理、专业运用的原则，在不断完善专业监测系统的前提下，铁路安全监督管理信息系统将逐步丰富和完善专业监测信息的接入和运用，与各专业监测系统共同构成全方位、立体化的铁路安全检查监测信息技术保障体系。

依据上述铁路安全检查监测保障体系需要建设的主要内容及实际需求，构建铁路安全检查监测保障体系的总体思路如下：

按照专业建设、专业管理、专业运用的原则，以时速 200 公里及以上提速设备为重点，依靠先进可靠的检查监测工具和手段，采取人机结合、动态检测和静态监控结合的方式，以各专业监测系统和管理信息系统、安全管理信息系统为基础，以安全检查监测、安全诊断评估、安全信息反馈处理、安全问题跟踪落实四个环节为重点，在统一的信息平台上，通过对各种安全检查和监测信息进行综合分析，按照规范的信息处理流程，实现信息在相关作业、管理环节间受控流转和综合运用，使相关人员及时掌握设备质量、现场作业和安全管理中存在的问题，制订和完善相关的制度和措施，保证问题得到及时整改，实现安全生产有序可控；实现对主要行车设备、主要行车岗位、安全关键部位全方位、全过程的检查监测、信息反馈、考核评估，加快形成监控有力、反应灵敏、闭环管理的铁路安全检查监测保障体系。具体分为以下几个方面：

1. 安全检查监测

铁路各业务部门需要逐步装备和运用先进的检测手段，实现对本系统主要行车设备的动态监控。工务、电务、车辆、机务各部门应充分利用先进的技术监测手段对各硬件设备实行动态检测监控。

2. 安全信息诊断评估

要以专业部门为主，综合部门和安全监察部门参与，加快建立总公司、铁路局、站段三级固定设备和移动设备安全运行信息诊断评估网络，建立和完善行车设备安全运行和故障信息收集、分析、诊断和评估制度办法，明确诊断评估标准，规范作业流程，实现安全信息资源的科学合理利用，形成指导安全生产的有效依据。

3. 安全信息反馈处理

按照信息反馈及时、准确、高效的原则，抓紧建立各专业、各系统安全信息反馈处理平台，完善日常管理、监督、考核制度，落实管理责任；进一步健全部门间、系统间、与铁路局、铁路局与站段间信息沟通、交换、共享机制，最大限度地提高安全信息资源的利用率。

4. 跟踪落实

按照分级控制、分层管理、分类处置的原则，建立完备的安全问题信息库，铁路局、站段检查监测诊断所发现的问题，全部建档入库、分类管理、动态更新；建立通畅的信息传输通道，确保各类安全问题信息及时、准确传递到责任部门和运输一线；建立问题整改落实机制，充分发挥铁路局、铁路办事处、站段安全监察队伍作用，加强对问题整改情况的检查，及时处理各类安全隐患和问题。

5. 实现安全检查监测信息的分类掌握、分级管理、信息共享、综合运用

所谓分类掌握、分级管理就是将信息按专业分类别进行采集、传递、处理、统计、分

析、反馈，并根据信息对安全的影响程度进行筛选，分为三个等级，分别由总公司、铁路局、站段进行监控。所谓信息共享、综合运用就是要对检查监测设备发现的信息，与人工检查复核、日常检查情况结合起来，及时发现关键性、倾向性问题，有针对性地加强检查监督，超前防范。

做到现场能监控、超限能报警、处置能追踪、数据能分析、结果能反馈，形成闭环管理的安全检查监测保障体系。

（四）铁路安全检查监测保障体系的总体框架

根据以上构建思路，得出铁路安全检查监测保障体系的总体框架如图 4.4 所示。

铁路安全检查监测保障体系总体框架，具有以下三方面的含义：

一是以共享的规章制度为支撑，即以《技规》《行规》《站细》《段细》及有关设备质量标准、作业规程为核心，铁路局、站段分别建立分专业的规章制度信息库。

二是以各种设备基础信息平台为支撑，将工务、电务、牵引供电等固定设备基础信息，机车运用、列车运行、现车管理、货物装载等移动设备等实时信息，按权限实现共享。

三是构建安全检查监测保障信息服务平台。该平台是铁路安全检查监测保障体系的工作平台，主要由监测报警信息处理、安全检查信息处理和事故调查分析处理 3 个核心子系统构成。该平台在铁路局建立统一的铁路安全监督管理信息共享平台，整合、接入既有成熟的各专业安全监测报警、人工检查问题和事故调查分析等信息，实现总公司、铁路局和站段的铁路安全监督管理三级联网和安全信息的共享，提供安全信息的综合管理、分析决策和信息服务；通过监测报警信息处置、安全检查信息处置、事故调查分析处置和综合分析处置四个闭环管理，掌握全路安全动态，切实提高铁路安全监督管理的实时性、针对性和有效性，形成系统化、网络化、信息化程度较高的铁路安全检查监测保障体系。

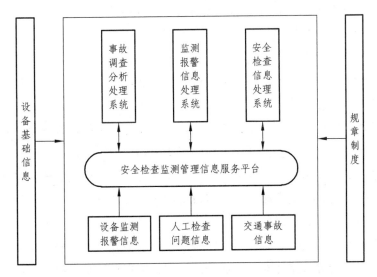

图 4.4　铁路安全检查监测保障体系总体框架示意图

其中，监测报警信息处理系统，利用现代信息技术，建设系统化、网络化、信息化程度较高的安全监测报警信息处理系统，将各专业监测系统的报警信息进行采集、存储，实现报警的联网实时监测和预警分析，实现跨专业信息共享，并与人工检查问题信息融合，为安全监督管理部门提供报警动态监测、报警处置监督、报警信息综合查询和分析等服务，防患于未然，是保障铁路运输安全的有效的途径。该系统的建立将促进各专业安全检查监测系统的完善。按照成熟、一个接入一个的原则，该系统将逐步丰富和完善各专业监测信息的接入和运用，与各专业监测系统共同构成全方位、立体化的铁路安全检查监测信息技术保障体系，提升铁路安全管理水平，保障铁路安全持续稳定。

安全检查信息处理系统，采用计算机、网络、数据库手段，运用工作流技术将安全问题发现、处理、整改、反馈、销号等进行闭环的信息化处理，并进行安全质量的量化考核评分，实现安全检查信息的"分类、分层，分权、分责"管理，实现业务的自动流转、信息的充分共享，加强安全检查信息及其处理情况的监督，充分发挥安全信息在安全生产中的实效、快捷、准确的处理与反馈功能，为各级相关业务管理人员、安全监察人员提供安全管理服务，通过对数据的统计、分析，及时捕捉到高质量的安全生产信息，以便正确分析安全生产形势，准确实施决策，达到安全预警、问题预防的目的。

事故调查分析信息处理系统，实现了事故管理的三级网络化应用，进一步规范了事故管理工作，实现了安监报一、交通事故、设备故障和综合安全信息的全过程闭环管理。该系统的建设实施，可提高铁路安全监管的工作效率和管理水平，及时准确掌握铁路交通事故信息；提高信息数据的共享能力和获取能力，使交通事故信息为落实事故责任追究，防止和减少铁路交通事故的发生提供帮助；提高数据统计的便捷性和准确性，准确、快速统计出各种报表，将安监人员从繁重的统计工作中解脱出来；能够进行多种类型、多个纬度的历史数据对比分析，为管理决策提供数据支持。实现铁路各级安全监督管理部门、业务部门、调度部门、办事处及基层站段在一个平台上完成所有业务数据集中管理的目标。

建设铁路安全检查监测保障信息服务平台，就是要将安全检查监测信息变独立应用为联网应用，变单点监测为多点协同监测，变单项运作为综合运作，变粗放型管理为科学管理，以信息化带动行车安全监测技术设备的系统配套发展，形成系统集成的，网络化、信息化程度较高的安全检查监测保障体系。

安全检查监测保障体系着重强调安全监察职能的发挥，全面提升安全监督管理水平。安全检查监测保障体系的研究应该实现由以前出了事故再去救援的被动安全理念向以信息技术为实现手段的抓小放大、超前预防的主动安全理念转变。安全检查监测保障体系以保障运营安全为总体目标，以与运营安全相关的固定设施、移动设备等为检测、监控和管理对象，以先进、成熟、经济、适用、可靠的信息技术为支撑，以信息系统为管理手段，通过不断集成与创新形成的对铁路运营安全态势分析、对可能发生的事故进行预警以及事故发生后应急救援的有机整体，以此指导铁路运营安全保障的控制、管理和决策工作。

第三节 铁路运输安全事故处理及救援体系

铁路运输事故处理及救援体系围绕三个方面展开：铁路运输事故处理及救援理论体系、铁路运输事故处理及救援技术体系以及铁路运输事故处理及救援管理体系。铁路运输事故处理及救援体系是事故预防、安全保障失效情况下的一种补救体系，其目标在于最大限度地降低事故的严重程度。事故发生后，如何在最短的时间内抢救伤者、减少延误和恢复正常运营是铁路运输事故处理及救援体系重点研究的问题。

一、铁路运输事故救援框架结构

构建以理论体系为基础，技术体系为手段，管理实施体系为主体的三维事故救援体系，其结构如图 4.5 所示。救援综合实施体系是基于救援理论体系、技术体系和管理体系制定的救援资源优化布局、救援资源动态调度、救援方案实时生成、救援措施高效实施的综合性体系。理论体系为其提供机理指导，技术体系为其提供方法手段，管理体系为其实现系统控制。

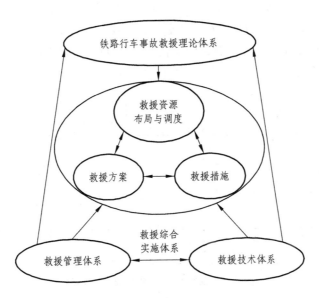

图 4.5 铁路行车事故救援框架结构

二、铁路运输事故处理及救援理论体系

铁路运输事故处理及救援理论体系是基于第一生命特征、救援预案、联动调度以及事故

165

再现等方面的基础性理论研究，其目的在于为技术体系、管理体系以及法规标准体系的建立提供理论依据。

1. 第一生命特征理论

事故发生后的半小时称为黄金生命半小时。第一生命特征理论研究人的生理特征，指导事故伤亡的现场自救与互救，有效地降低事故伤亡程度。

2. 救援预案理论

基于铁路运输事故的损失情况、发生位置、救援设备的布局，设计不同的救援预案，提高事故救援的应急能力及救援效率。

3. 联动调度理论

铁路运输事故发生后，各救援部门的快速响应是事故应急的最基本要求。事故的通报、调度值班人员的列车运行调整、事故救援人员的出动等均应保持相互之间的协调呼应并尽可能在最短的时间内完成。

4. 事故再现理论

事故再现理论的研究，用于指导事故再现技术的开发，分析事故发生的原因与机理，并最大限度地避免类似事故。

铁路行车事故救援理论体系包括救援规划原理、救援管理整合原理及救援综合实施原理，如图 4.6 所示。救援规划原理由系统时变性机理及救援资源非均衡机理构成；救援管理整合原理由救援的有序性机理、救援系统的反馈性机理、救援系统的联动性及分级救援机理构成；救援综合实施原理由系统可恢复、救援响应快速化、预防事故连锁反应及扩散效应为理论基础建立。

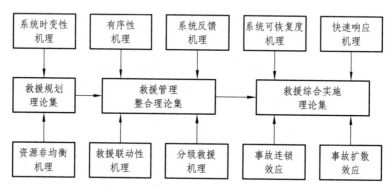

图 4.6 铁路行车事故救援理论体系

三、救援系统规划理论集

救援规划原理的时变性由救援系统的突变性、易损性及不确定性构成；而救援系统的非均衡性主要由救援信息的不对称性、救援资源的非均衡性及事故分布非均衡性组成，如图 4.7

所示。铁路行车系统是一个相对开放的空间系统，其与社会、自然环境均不断存在信息、能量交换。这一特性决定了系统自身很强的突变性及易损性，其表征为自然灾害对铁路线路的破坏及非法性行为对铁路运输安全的影响等，这客观上要求在进行系统规划设计时务必分析确定系统与自然环境及社会环境系统间交互的匹配性。铁路行车系统是非均衡性系统，其事故危险源分布具有很强的离散性及不聚集性，因此在空间体系分布上呈现一种非平衡性，如铁路沿线自然灾害的分布。而救援资源及信息由于系统初始状态的限定也呈现一定的非均衡性，其表征为事故发生后，灾害信息传输的延迟及救援时救援物资设备的长途性运输。系统合理规划的目标就是在确保全局救援最优的前提下，寻求一种相对平衡，使救援资源、救援信息与救援相匹配。

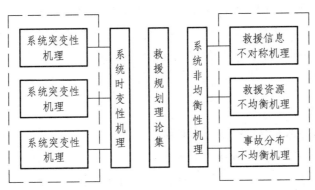

图 4.7　救援系统规划理论集

（一）救援管理理论集

救援管理整合的有序性、回馈性、联动性及分级原理如图 4.8 所示。

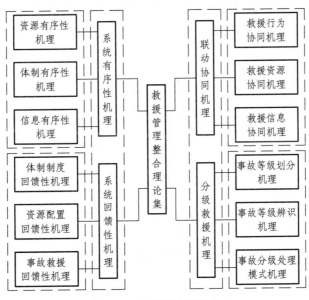

图 4.8　救援管理理论集

167

1. 系统有序性机理

救援活动的进行及救援体系的日常管理不是一种自组织行为而是一种主观行为，是救援管理层救援意识、救援理念在实施层的具体体现。这就客观上要求系统对资源的管理控制，救援信息的处理及享用呈现一定的有序性与制度性，其表征为铁路救援制度的确立及救援职责范围的确定等。系统有序性机理对系统的体制制度、运作模式从哲学有序性角度进行分析与研究，为各类体制及规章制度的建立提供理论基础。

2. 系统回馈性机理

救援管理系统与救援实施系统间存在着反馈回至性。这一特性表现在铁路事故救援方案的及时调整和救援管理体系的改动。整个救援体系就是基于以上这种动态回馈性，不断调整系统结构及运作模式使之实现对事故的快速响应。系统回馈性机理就是从救援管理体制的回馈性、救助资源配置回馈性、事故救援回馈性等 3 个层面对系统和事故灾害的回馈性机制及机理进行系统的研究。

3. 联动协同机理

铁路行车事故救援体系是一个综合性救援系统，涉及机、车、工、电、辆及路外众多部门。如何构建其整体联动机制，确保各子系统间的协调运作是协同理论解决的核心问题。救援行为协同理论从救援人员行为的协同管理、救援物资、设备、设施的协同调用、各类救援信息的协同共享三个方面出发确保系统对灾害事故反应的合理有序。

4. 系统分级救援机理

根据事故灾害的程度不同，其事故处理模式与方法也不同。铁路事故分级救援机理对事故灾害的划分原则、划分方式、划分依据进行了界定。此外对各级铁路事故影响范围、事故的模糊辨识、分级救援的模式与体系等关键性问题进行系统性研究，为事故灾害的分级处理提供必要的理论依据。

（二）救援综合实施理论集

救援综合实施的事故损失最小化、救援响应快速化、预防事故连锁反应及扩散效应抑制如图 4.9 所示。

1. 救援阈值机理

任何事故均存在一定的可恢复点，如人员救助必须在一定的时间范围内予以实施，救援阈值机理就是对事故发生后受伤人员、受损物资、设备及受影响的铁路运输秩序的可恢复阈值进行系统分析与研究。建立时间与其可恢复度概率函数模型，为系统规划与设计及救援实施提供理论依据。

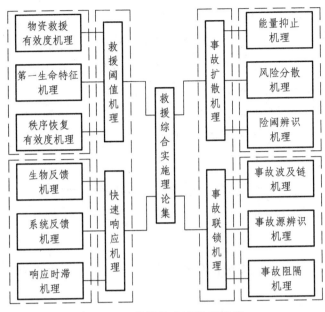

图 4.9　救援综合实施理论集

2. 快速响应机理

救援系统建立得合理与否很大程度上取决于救援系统对事故灾害的响应速度。快速响应机理从个体初级救助、系统综合救助、救助时滞差 3 个层面对快速响应机理进行研究。其中生物反馈机理从个体初级救助的角度分析其救助机理；系统反馈机理从"监测→辨识→报警→响应"救援链的角度分析救援系统对事故灾害的响应；响应时滞性机理则是在以上二者研究基础上对救助响应时滞进行研究。

3. 事故扩散机理

事故灾害发生后事故现场处于一种能量紊乱状态，如对其不进行及时处理与控制将会使事故造成危险、损失扩大化。危险控制性机理，通过对各类事故灾害类型的详细划分，确定各类灾害的产生机理、波及范围，从能量抑制、风险分散、响应时滞 3 个层面对危险控制进行研究。

4. 事故连锁机理

事故灾害的发生不是一个静态过程而是一个动态叠加过程，因此对于事故灾害的救援需从动态灾害链的角度分析事故灾害的影响及根源，从源和链的角度对事故灾害予以控制，事故链机理为其链式控制提供了必要的理论基础。

四、铁路运输事故处理及救援技术体系

铁路运输事故处理及救援技术体系基于救援理论体系，融合了应急救援前台技术以及应急救援后台技术，其核心在于强调联动性、快速性。

169

1. 救援列车技术

当线路上发生事故或有大的障碍物时，前去抢修事故的列车称为救援列车。救援列车系统由牵引机车、救援起重机、吊臂平车、平车、棚车以及修理车、工具车、宿营车、餐车、工程材料车等组成，并配备有一定数量的救援人员，停放于指定车站，发生事故时可随时主动进行抢修。救援列车的工具配备、人员配置及责任分工、救援列车的编组、列车的出动等都对铁路运输事故的救援起着至关重要的作用。

2. 线路开通技术

线路开通技术主要是根据线路的损坏情况，如何选择线路的恢复方法（便线开通或原线开通）以及修建便线、抢修线路等技术，其目的在于迅速开通线路，恢复通车。

3. 事故勘查技术

事故勘查技术是运用科学的方法，对事故现场进行实地勘验和检查，为事故再现与分析提供基础技术资料。

4. 事故再现技术

事故再现技术是事故分析的重要手段，能更好地模拟事故发生的原因、机理及过程，为避免类似事故的发生提供技术支撑。

从系统结构整体框架的设计到救援活动的管理再到救援活动的具体组织实施，其中任何一个环节存在缺陷都将影响救援系统对灾害的控制和处理。基于以上认识可将行车事故救援技术体系划分为规划设计技术群、救援管理技术群、救援实施技术群，如图 4.10 所示。

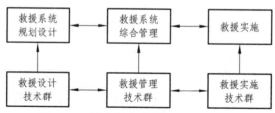

图 4.10　铁路行车事故救援技术体系

五、铁路运输安全事故处理及救援技术体系存在问题

（一）应急救援组织管理的问题

1. 缺乏统筹规划，协同运作

目前铁路运输突发事件应急救援组织管理体系是分散管理，没有一个综合的应急协调指挥中心，缺乏统筹规划，易造成行政低效，不利于有效地沟通与合作以及社会资源的应急整合。

2. 人力资源配置覆盖面不合理

在人力资源配置上，存在重救援基地、救援列车建设，轻救援队伍建设的错位倾向。救援基地配置专职管理人员和技术人员，工作属"脱产后备"性质的专业队饭，但由于出动概率小，覆盖区域受限，专业作用发挥不突出。而各救援队的组建以生产车间班组为基础，虽然能迅速到达事故现场，但缺乏救援专业管理和技术人员、救援专用设备和工具、救援专业知识培训，救援综合能力低、技能单一。

3. 尚未形成完善的应急救援组织保障机制

针对目前的救援组织，铁路主管部门、各相关专业技术部门、政府、群众组织尚未形成一个统一完善的组织保障机制，权责不清晰、关系未理顺。现存的救援组织机制一般侧重于组织流程，缺乏有针对性的、规范有效的处理步骤。

4. 铁路运输事故应急处理与救援缺乏统一的信息网络平台。

目前，铁路救援信息资源整合还不到位，应急指挥平台体系建设步伐不快，功能还不健全，还没有建立起有效的覆盖全局的事故采集点和信息资源数据库，还未形成覆盖全局的危险源、应急物资储备、应急队伍配备、应急避难场所等在内的共享信息，不能有效实现应急信息跨地区、跨行业、跨部门的实时交换、处理与充分共享。

（二）救援决策支持系统问题

铁路的发展需要建设一套科学的决策支持系统，目前的铁路运输突发事件应急救援主要依靠人工做出决策，这种决策方式越来越显示出其弊端，具体如下：

（1）高铁技术的发展带来了一系列全新的救援需求，如高速列车的救援、长大隧道救援等，救援决策人员不一定完全具备从事这些救援所需要的经验，对构成救援行动的要素掌握不足，导致救援行动不及时、救援决策不正确、救援过程中发生二次连锁事故或安全隐患的情况屡有发生。

（2）人的现场指挥决策在危急的时刻容易产生疏忽而导致次生事故的发生。

（三）系统规划与设计技术群

救援规划及设计技术群由救援网络规划技术、事故危险源预测排查技术、救援资源优化布局技术和救援系统模拟仿真评价技术组成，如图 4.11 所示。

1. 救援网络规划设计技术

救援活动中人员、物资、设备的运输，离不开完善的救援综合交通网络。救援交通网络规划技术，就是结合危险源辨识及预测技术、交通网规划技术，对铁路沿线周边交通网络进行规划与设计，使之与行车系统薄弱点良好衔接为后期事故灾害救援提供有效的物资运输保障。

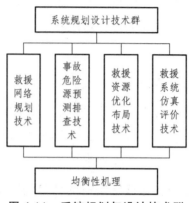

图 4.11　系统规划与设计技术群

2. 事故危险源预测及排查技术

事故的发生不是一种均态的分布而是具有一定的"集聚性"，其表征为铁路沿线事故黑点的存在。事故危险源辨识及预测技术，就是通过数理统计方法结合事故分析方法及事故预测原理对沿线事故发生的地点、类型、等级进行辨识与预测，从而为系统规划时救援网络规划和救援资源配置提供依据。

3. 救助资源优化布局技术

救援物资在空间上的合理布局是保障救援行为迅速有效的基础，救援资源布局技术以救援网络规划理论为基础，结合事故危险源分布运用系统工程的多目标决策分析理论，建立救援物资的合理布局体系，为救援物资的优化配置提供技术手段。

4. 救援系统模拟仿真评价技术

系统规划与设计方案的合理与否需要在实际系统运行中检验，但行车事故救援系统是一个宏观系统，一旦方案存在缺陷势必造成社会资源的浪费。救援系统模拟仿真及评价技术运用计算机模拟仿真手段为系统规划方案的测评提供技术平台。

（四）救援管理技术群

救援管理技术体系包括救援行为协同技术、救援资源管理 GIS 技术、救援交通诱导技术、事故等级模糊识别技术、行车安全实时监控技术、救援资源优化调配技术及救援辅助决策技术，如图 4.12 所示。

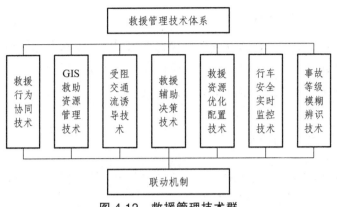

图 4.12　救援管理技术群

1. 救援行为协同技术

如何保障在救援时各部门间的协同运作是救援有效实施的必要保障。救援行为协同技术就是从行为管理学的角度出发为系统联动机制的建立、部门职责区域范围的划分、救助资源的协同调度与管理提供必要的理论依据。

2. 基于 GIS 救助资源管理技术

救援活动中对救援物资、数量、类型、地点的掌握是合理调配救援资源的基础。GIS 技术使得决策者能在空间、数量、类型上更好地掌控救援物资，从而使救援决策更加有效化、有序化。

3. 受阻交通流诱导技术

受阻交通流诱导技术是一项综合性流量调节技术，它通过相关客、货运信息系统及行车调度系统将受灾害影响而滞塞的交通流进行疏导，将事故灾害对正常运输秩序的干扰降至最低点。

4. 救援计算机辅助决策技术

由于救援活动的多目标性，决定了救援决策的复杂性。计算机辅助决策技术通过对各类灾害信息、救援资源信息的综合分析，用数学方法寻求最优的救援方案，为救援管理方案的制订提供方案备选集。

5. 救援资源优化调配技术

灾害事故发生后，需根据事故灾害的地点与等级迅速制订详尽的救援物资调配方案，以期实现对灾害的迅速响应。救援资源优化调配技术为该目标的实现提供了方法与手段。

6. 行车安全实时监控技术

要实现对事故灾害救援的有效指挥及对灾害事故的有效反应，必须实时了解事故现场的灾害信息。行车安全监控技术为实现运输过程中的车对地、车对车、地对车、地对地的闭环监测体系提供必要的技术手段。

173

7. 事故等级模糊识别技术

事故等级的不同，其救援模式及救援方法也不相同。但事故等级的划分很大程度上取决于定性分析，故对其等级的判定具有一定的模糊性。事故模糊辨识技术就是以系统工程学方法结合数理统计方法，为事故等级的定量辨识提供支持。

（五）救援实施技术群

救援实施技术群包括事故灾害勘察技术、事故源辨识诊断技术、事故灾害控制技术、事故灾害综合救助技术、救援现场组织技术，如图 4.13 所示。

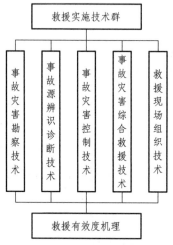

图 4.13 救援实施技术群

1. 事故灾害勘察技术

事故勘察技术是众多技术的集合体，主要包括事故类型辨识技术、事故范围分析技术、事故诱因探寻技术等。该技术体系的建立可为事故灾害现场勘测提供必要的技术手段。

2. 事故源辨识诊断技术

由于事故存在一定的波及性，其发展与发生过程呈现一定的链式。因此在对事故处理时需对事故的危险源进行辨识及诊断，以期从根本上控制事故扩散。

3. 事故灾害控制技术

事故灾害的发生不是静态的而是动态波及的，事故灾害防控技术体系以事故灾害波及链理论为指导，探询事故波及动态链，从对链的破坏实现对灾害的防控，避免事故灾害范围的扩大。

4. 事故灾害综合救助技术

该技术是多种救援技术与方法的综合体。它包括人员救助技术群、行车设备救助技术及行车环境救助技术群。该技术体系的建立可为事故实际救援提供技术支持。

5. 救援现场组织技术

救援过程中需调动大量的人力、物力。如何在实际救援活动中保障现场救援活动的协调有序，是实现有效救援的保障。救援组织行为技术从管理学的角度出发为现场施救中的救援指挥提供必要的技术指导。它与协同技术分属两个不同的层次。

六、铁路运输事故处理及救援管理体系

铁路运输事故处理及救援体系是基于事故档案、救援人员培训、救援资源以及事故应急等建立起来的一套管理体系。

1. 事故档案管理

根据以往发生的事故（包括未造成损失及伤亡的险性事故）资料，分析事故发生的原因、机理及其过程，建立事故管理档案，使救援人员的培训、救援资源的配置及布局、事故应急管理等更具有针对性。

2. 人员培训管理

建立事故处理、事故救援人员培训管理机制，提高事故处理及救援的效率。

3. 救援资源管理

救援资源的管理主要包括两个方面：一是救援设施设备的引进、保养、维修等管理工作，二是救援设施设备的布局管理。根据线路周边环境、列车类别、常发事故类型以及其他因素等确定救援资源的配置。

4. 事故应急管理

根据第一生命特征、救援预案以及联动调度等建立的一套应急管理体制，包括平时的应急培训以及事故发生时的应急指挥。基于系统论可构建救援管理实施框架体系，其体系结构如图 4.14 所示。

救援管理体系是一个综合性体系，它又可划分为管理与实施层。其中救援管理层又可分为救援资源管理及救援实施管理两部分。救援资源管理是救援活动的基础，它包括救援人员管理、物资管理、事故资料分析与处理及救援预案库的建立等。救援方案制订是救援实施管理的核心，它依据资源管理给予的软硬件平台对事故实现迅速反应，产生相应救援方案，下达至救援实施层予以具体实施。救援实施层负责在事故发生后按照管理层下达的各项救援指令，进行现场抢险救援活动。它按照事故勘察、事故救援、事故恢复这一链式模型进行运作。

总的来说，铁路行车事故救援系统作为一个复杂大系统，对未来铁路的发展是十分必要的。它有助于系统性、协同性、前瞻性和科学性地把握铁路行车事故救援中的问题。研究铁路行车事故救援的结构体系，以便进一步开展铁路行车事故救援的研究工作。通过建立的包括理论、技术、管理实施三要素的研究体系力求反映铁路运输行车事故救援的内在要求，有利于铁路行车事故救援研究在广度和深度上的进一步拓展。

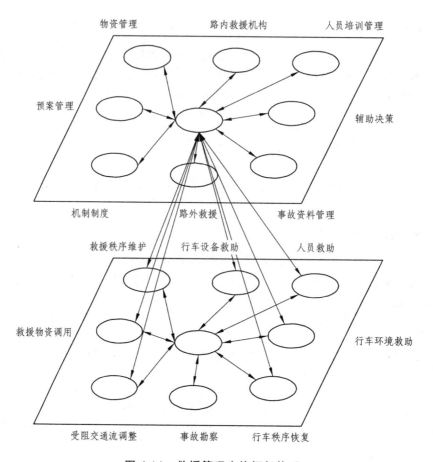

物资管理　　　路内救援机构　　　人员培训管理

预案管理　　　　　　　　　　　　　　　　辅助决策

机制制度　　　路外救援　　　事故资料管理

救援秩序维护　　行车设备救助　　人员救助

救援物资调用　　　　　　　　　　　　行车环境救助

受阻交通流调整　　事故勘察　　行车秩序恢复

图 4.14　救援管理实施框架体系

第五章 铁路运输安全系统管理分析

第一节 铁路安全管理分析

一、铁路运输安全管理存在的问题

1. 铁路运输管理体制问题

在社会经济飞速发展的趋势下，我国铁路运输体系的组织结构以及工作形式都产生了巨大变化。随着信息技术的普及，社会运行的节奏也越来越快，特别是在电商平台普及后，交通运输量大幅提升，对于铁路运输的管理要求也更高。但是就目前的概况来看，国内铁路管理体制依然是铁路总公司领导下的管理体制，这种管理模式使得各个地区的交通运输条件以及铁路线路特点等无法全面体现出来，也无法做到针对性管控，对于安全问题的防范策略无法保证符合实际管理需求。

2. 员工专业能力欠缺问题

随着经济的飞速发展、科技的进步，列车的货运量逐渐加大，各种高科技设备被应用于铁路安全管理之中。在这种背景之下，新设备的应用就对铁路员工提出了新的、更高的要求。但是，目前员工的技术水平以及专业知识无法满足维护先进设备的要求，无形中降低了铁路运输的工作效率。

3. 列车晚点率问题

列车运行时间的精准度掌控是当前我国铁路运输管理的关键课题之一，但是就目前的概况来看，铁路列车晚点的问题依然普遍存在，因列车的运行有特定的路线及时间要求，一旦列车的运行时间脱离了原本计划，管理中心无法及时做出反应，则容易导致运行安全受到威胁，可见列车晚点问题的影响不容忽视。

4. 设施陈旧老化问题

现阶段，我国的铁路设备仍存在陈旧、老化的问题，这些设备得不到及时修理，是产生故障隐患的基本原因。技术设备老化会导致出现安全事故，不仅使列车难以运行，造成巨大的经济损失，也会影响其他列车的正常运行，甚至会引起乘客的不满情绪。除此之外，铁路基础设施建设的速度过快，而现有的安全技术设备已经逐渐不能满足现阶段铁路安全管理的需求。

5. 安全管理理念陈旧问题

当前国内的铁路管理部门依然习惯于恪守成规的落实管理工作,这种形式化的管理手段虽然更方便实施，但是往往存在诸多弊端漏洞，如果管理规范得不到及时革新，在出现新的安全问题时，往往很难追究责任。除此之外，随着铁路列车车型的增加、线路的拓展，如果依然采取以往的管理模式，很难能适应新时代的实际管理需求。

二、铁路运输安全问题的对策

1. 优化铁路内部管理机制

即便是完善的铁路系统，也必须要有科学的管理体系为基础，才能够体现出管理优势、做好管理工作。这是说，要确保铁路运输的安全性，必须要首先着手优化铁路内部的管理机制。从列车检票方式优化、进站安检手段革新到行驶过程中的治安管理、紧急安全事故的防范措施优化等，都要得到贯彻落实，以确保铁路安全管理制度能够跟上铁路运输体系的发展步调，满足每个时期的管理需求。在铁路货运安全管理方面，需要制定符合安全要求的规章制度和法规条文，围绕铁路运输安全这个中心，落实制度和责任。针对铁路运行方面，需要加大科技投入，应用科学的铁路技术装备，淘汰不符合安全要求的运输设备。不断升级改造现有的行车安全监管装置，消除铁路运输设备上的安全隐患，在运输安全生产管理中以科技硬件取代烦琐的人工监管工作，这样不仅可以切实提升运输效率，还可以避免出现人为操作问题。通过构建安全信息系统，能够提升安全系数，保障整体货物运输安全。

2. 完善铁路安全法规

法规是做出管理决策及落实管理工作的依据，对于铁路运输管理相关法规条文的完善，有利于开展管理工作，保证管理决策有依据、有出处。各地的铁路企业、各级政府、相关行业与广大社会公众，都要在铁路安全法规当中履行相应的义务，一旦违背法规，无论身处哪个层次，都要承担责任，接受惩罚。目前已经有许多国家针对铁路安全颁布了专门的法律，如《铁路安全法》等。而我国的铁路法规如果要得到进一步完善，应当在一定程度上借鉴国外的法规，并且以国内的铁路管理需求为基础去调整法规，以达到管理目标。要将安全管理列为核心内容，达到针对性落实安全管理的目标。

3. 改革铁路设备设施技术

铁路安全管理需要有相应的技术为基础，才能够真正做到高效、精准。特别是在信息时代，随着我国科学技术水平的不断发展，各个领域的专业设备都在逐渐革新升级，铁路运输领域的设备设施亦是如此。为确保铁路运输流程的安全稳定，必须要积极革新设备，为安全管理提供支持。从铁路客运的各个环节入手，包括进站认证、行李安全监测、站内消防系统及其他警报系统、检票系统、站台安全管理系统等，都应当以安全为基本原则去进行革新，以保证能够维护站内整体安全。对于废旧的设备与系统，必须做到及时整修或是淘汰，才能保证站内的各项业务能够正常运行。

4. 加强安全责任的意识，建立起安全考核体制

考核体制的建立对于铁路管理部门来说是必然需求，因为铁路运输的各个流程是相互关联的，所以即便是内部某个员工的个人能力与素养不足，都可能影响铁路各项业务流程的正

常推进。为此必须要将交通运输安全管理的权责落实到内部的每个岗位、每一个人。而为了保证权、责、利的分配精准，首先必须要建立起专业化的安全监管机构。采取随机抽查的方式去审核现场的所有业务流程，包括货运、客运以及各个相关部门。只有全面落实审核工作，才能尽可能排除所有可能影响交通运输安全的各类风险，并且要保证将相关安全事务与员工的个人利益关联起来，挂钩薪资与职位，才能够真正起到正面约束作用。

5. 建立激励机制，提升职工积极性

对于铁路交通运输体制内的人员来说，激励机制的落实关系到其工作态度与工作成果。但是每个人的诉求不同，为了真正体现出激励性，必须首先定位员工需求，同时给予员工所需要的刺激。当前的激励主要体现在以下几个方面：一是名誉激励，即给予优秀员工相应的称号，如"见义勇为员工"等；二是物质激励，指一定的奖金或其他物质福利；此外还包含惩罚激励及竞争激励，一定的惩戒，是让员工对于自身错误加以重视的必要途径，合理的岗位竞争更是激励员工的必要途径；最终还要考虑到假期、学习机会等其他形式的激励。通过各种激励手段，能够保证内部人员的素养得到提升，思想水平得到提升。

第二节　铁路法律法规分析

一、现行铁路法律法规的问题

（一）铁路法制的相关问题

1. 建设管理体制存在的问题

在铁路建设市场方面缺乏有效的竞争。我国的铁路建设市场由于历史原因长期处于行政垄断状态，转企改革虽有改变但进程却较为缓慢。目前，中国铁路建设的主力大多数为大型央企，其中中铁与中建占据了铁路建设市场份额的大部分，进入该领域时间不长的中国交通建设股份有限公司所占份额相对较少，其余份额都被中水、中建等央企占据，几乎没有其他企业参与的空间。在这些大型央企占据铁路建设市场垄断地位的情形下，市场缺乏有效竞争，就容易出现违法违规的现象，既影响市场正常秩序，也影响铁路建设的健康发展。怎样打破铁路建设市场的垄断，让更多的企业进入到这个市场中来，活跃竞争氛围，是我国铁路建设亟须解决的问题。

2. 铁路投融资体制存在的问题

近年来，中国采取的铁路投融资模式为省部合作，过去铁路建设的资金主要依靠国家，地方对铁路项目出资也是以政府投入为主。铁路的融资资本结构不合理、融资方式单一、投资管理落后，铁路建设规模的扩张和融资能力的增强均受到了制约。在铁路机构改革后，资金问题仍是铁路发展的困扰，要想进一步推进改革，必须直面问题解决困境。

从现实来看，我国铁路的融资难度很大，因为铁路融资是与其行业特征息息相关的。从

投资的回报率来看，铁路建设的项目规模大、投资多，投资的回收期较长，投资回报率低，这类项目的投资只靠市场自身对资源配置的调节是不能实现的。从资产边界来看，铁路行业是典型的网络型基础产业，所有服务均须通过实体网络的互相联通以及系统运营才能够实现。但公司制企业要求明确的企业边界，需要完整独立的资产产权，企业的所有业务关系均须遵循市场交易的原则。而且很重要的一点是，市场化的企业目标是企业利益的最大化，而铁路自身的垄断性和规模经济性是很难更改的，铁路的经营一定要考虑整个路网的利益。还有一点原因，是铁路项目均有较强的外部性，成本和收益不能得到充分的补偿。铁路建设的项目一般都具有社会功能，并提供公益性的服务，而铁路的运营过程则受到追求利益和承担责任双重目标的限制，这也与一般企业只考虑利益的最大化形成矛盾。对于社会资本来说，铁路的特性抬高了行业的准入门槛，增加了投资者的风险。

中国铁路总公司的高负债率也使铁路融资难度有所提高。我国铁路的投融资主要采用了低成本的银行贷款、发行债券等方式，但此种方式提高了融资的利息，从而使成本提升。因为铁路投资的高强度及过长的回收周期，新的项目很难在短时间内取得收益，且大量公益性任务也使得政府资金捉襟见肘，铁路发展在较长时间内都处于举债建设状态。

与此同时，社会资本进入铁路行业的相关法规不够健全，在投融资体制改革中，铁路建设在吸引社会资本方面仍无太大进展。原因是社会资本对不透明的铁路运营系统仍保持着警惕，对投资收益没有信心。如果要吸引社会资本，还要赋予其一定的决策及控制权力，这就需要铁路方面让渡一部分权力给社会资本，但如何让渡、转移哪部分权力、如何分配资源等一系列问题都没有明确的相关规定。在实际操作中，遇到问题如何保障投资人的权益也没有法律法规和政策规定，让投资者对投资持万分谨慎的态度。解决上述问题需要政府的资金和制度支持，形成一个公平的市场环境，保证社会资本受到平等非歧视的待遇。利用社会投资支持铁路项目的主要问题，还在于投资人难以承受铁路建设的高风险，一旦运价管制和利益分配体制等伤害到投资者的利益，就会打击其投资积极性，相关政策的缺乏是社会资本投入的主要阻碍。

已经进行的铁路投融资改革并没有从根本上解决铁路建设资金来源少、投融资渠道单一的问题。权益性资金在铁路建设资金中的比例较低，直接投资铁路建设的大型企业数量少、投资占比低；股改上市融资虽然有突破，但其规模小，不能充分发挥融资平台的作用；扩大股份制改革的试点进展缓慢，投融资政策法规相对缺失，已经出台的投融资改革政策在实际操作上也收效甚微。

3. 公益线路及补贴存在的问题

中国铁路的公益性现状是：铁路建设投资责任划分不清楚，政企分开后，独立自主经营的企业性质与承担普遍服务性质的公益性运输存在着矛盾。公益性运输的覆盖范围广、运输量巨大、优惠比较多，已经成为影响铁路企业运营效益的重要因素，铁路负担了大量应该由政府承担的支出，公益性铁路投资形成的巨额债务带来了一定的金融风险。在正在进行的改革中，若是让铁路运输企业继续承担政府职责而不对其进行补偿，就会与改革要求的政企分开目标相违背，无法让铁路企业追求市场利益的最大化。在阻碍改革进程的同时对公益性运输服务的提供也会有所影响。

过去铁路运营采取的交叉补贴机制已经不能满足企业的发展需要。交叉补贴机制对铁路提供的运输产品价格造成了不真实的状态，使铁路运输企业不能获取真实的收入与盈利。且在铁路的公益性与经营性没有完全理清的情况下，过去的铁路需要用经营性业务盈利来弥补公益性服务的亏损。在这种体制下，铁路企业没有生产经营的激励，导致生产经营的效率不高。而且在交叉补贴机制下，铁路企业即使是因为自身的经营出现问题造成亏损，也有可能主张亏损是公益性服务带来的，从而要求政府给予补贴。在公益性运输与经营性运输不能完全分清的情势下，政府难以对企业进行有效监管，杜绝这一现象发生。

结合铁路的投融资体制改革，针对铁路公益性服务一直没有形成长效的合理补偿机制，对企业的可持续发展产生了阻碍。由于缺少对铁路公益性服务的透明机制，难以吸引铁路系统以外的投资者参与；且铁路企业内部的经营性和公益性一直没有明确地理清，难以对铁路企业形成有效的激励；随着铁路公益性线路和运输的增长，铁路系统难以承受发展的负担，无法参与到市场的公平竞争中来。

4. 铁路运价存在的问题

在运力增加、多元主体参与到铁路运输中来，各种运输方式形成有效竞争的环境下，对传统的铁路定价方式提出了很大的挑战。我国的铁路运价管理相对死板，运价水平整体偏低，政策也不统一，难以适应铁路改革的发展要求。我国铁路有其自然垄断性，市场化程度仍然不够，且铁路运价制定不能体现各地区的铁路建设成本及铁路运营成本差异，使运价与成本分离，不能完全反映出成本。现实情况是目前的运价水平整体偏低，影响了铁路运输企业的收入，难以吸引社会资本的加入。

以"绿皮车"为例，这种车提供一部分运输的基本服务，具有一定的社会福利属性，便民的同时也引导乘客更多地使用铁路这种节能环保的交通方式。铁路在成本上相较公路、民航有一定的优势，按成本定价也会比公路、民航便宜许多。但"绿皮车"现在的运价水平显然偏低，应考虑进行运价调整。

5. 铁路监管存在的问题

中华人民共和国成立后，政府的严格管控对我国的铁路行业复兴与发展起到了重要的作用，伴随着我国社会主义市场经济体制的发展，现阶段政府对铁路行业的监管机制已经在一定程度上限制了其发展。在政企不分的阶段，政府对铁路行业实施的是直接管控，而不是真正意义上的监管。政企分开后，确定了监管主体并划分监管职责，铁路监管逐步走上正轨，但仍有较大进步空间。

专业监管机构的监管职能还需要落实。在法律层面上，铁路监管只有规章制度进行规范，缺乏法律背景。《铁路法》相对滞后，监管方面的条文不全面，亟须补充、修改来完善铁路监管的法律依据和执行标准。现行的监管体制还有一空白点，即缺乏单独的问责监督机制。为防止监管失灵，应建立保障政府监管权力运行的机制，尤其需明确对监管结果负责的监管主体责任划分。因为存在着政府失灵的情况，所以单独问责监督机制的建立是不可或缺的。政府失灵是指个人对公共物品的需求在现代民主政治中得不到很好满足，公共部门在提供公共物品时趋向于浪费和滥用资源。在政府触及经济监管的情况下，若没有对具体责任的追究，则易产生政府权力滥用、监管失效的严重后果。我国仍有多种监督渠道没有被充分开发，社会监督还未产生应有作用，尚有很大的进步空间。

（二）铁路安全法规制度内容不完善

现行的铁路安全法规制度部分内容陈旧，已经与实际情况脱节，过去的规章和规范性文件涉及高速铁路安全的内容较少，铁路委托管理方面的法规制度欠缺。如过去制定的《铁路交通事故应急救援和调查处理条例》《铁路交通事故调查处理规则》中很多内容都是针对铁路主管部门的，未严格区分政府的监管责任和企业的主体责任，而在铁路体制改革后，国家铁路局和铁路总公司的职能已经重新定位。又如铁路委托管理市场经过多年发展，已涉及国家铁路、合资铁路及地方铁路的运输组织、固定设施、移动设备、用地管理等各个方面，但部分专业缺少指导性的委托管理办法，相关支持性法规制度与委托管理市场的发展不够匹配。

（三）铁路安全法规制度体系不健全

我国铁路安全法规制度体系整体呈现金字塔结构，法律和法规数量较少，虽然部门规章和规范性文件众多，但由于缺少上位法支撑，其效力层级低且适用范围有限，社会影响力弱，导致公众对铁路安全的法律意识不强。在法律层面，我国还没有专门针对铁路安全的法律，特别是高铁安全方面的法律，目前地方政府只有河北、湖北、云南、贵州、甘肃、福建、江西省制定了铁路安全条例；在规章和规范性文件层面，现行大量安全方面的规章仍为过去制定的，铁路体制改革后，国家铁路局又陆续出台了一部分规章，安全规章整体上较为分散，缺乏系统性，交叉重叠，呈现碎片化特点。

二、铁路法律、法规体系的完善

（一）加快《铁路法》的修订

1. 关于铁路投融资的立法建议

投资融资对铁路的发展至关重要，由于现行的《铁路法》对铁路投融资方面的条款规定相对较少，在《铁路法》的重构中，应丰富铁路投融资部分内容。应学习国外值得借鉴的做法，体现铁路立法的时效性，让铁路改革有很好的法律保障。

首先，从法律上要准确规定铁路投资融资的概念，给规范管理打好制度基础；其次要明确铁路投融资发展的基本前进方向，确定投融资模式的内涵和操作方式；再次，确定投资融资各方的权利义务关系，制定融资平台的准入门槛和退出机制，并对社会资本进入铁路领域做出明确规范，指明社会资本进入铁路领域的方式方法，鼓励社会资本进入铁路领域。还可借鉴前文所提的日本政府调动社会资本积极性进入铁路领域的做法，在进行铁路建设的过程中，允许建设单位可以开发附近的土地，如荒地、停车场、办公房屋等，从而最大限度地促进投资者收益的提高，让资本有所保障。

《铁路法》还要保证投资者处于平等的法律地位，营造公平的市场环境，对多层次的投资主体进行合理规范，依法保护各投资者的合法权益。中小型的投资者可以与控股股东协商签订维护其合法权益的特殊条款，通过监督企业的运营来维护投资者的利益。同时完善风险防控机制，对投资融资的审批等流程做出具体规定，保证资金有效利用，增加资金流动的透明度，降低还款风险，给投资者一定的保障。按照公司法的规定，中小投资者参与投资的铁路企业享有经营自主权，控股股东不得干预。中小投资者可通过法律程序要求控股股东停止干预企业经营权的行为，并获得赔偿。

保障投资者投资的铁路运营权，是吸引社会资本进入铁路建设的关键。当前形势下，社会资金十分充足，但要吸引其进入铁路领域，就要让投资者看到利益，如果没有发展前景，投资者不会对项目贸然注资。铁路运营直接关系到投资的经济效益，铁路线路的价值体现，主要看线路本身的运营管理与后方通路是否畅通。路网的互联互通，是保障铁路运营权亟须解决的问题。在《铁路法》的修订中，可以明确以下几点：第一，所有的铁路线路均公平享有及负担与其他线路接轨的权利义务；第二，铁路线路的经营者，享有公平合理通过其他铁路线路完成运输的权利，同时有让其他铁路线路通过其所有线路的义务；第三，在互联互通的基础上，要保障直通清算的顺利进行。明确直通运输经营者之间不得拖欠，需及时清算财务，逾期不清算的要承担相应的法律责任。还可授权国务院铁路行业主管部门制定相应的监督规则，保障直通运输当事人的合法权益。

2. 关于公益线路及补贴的完善线路

可从法律层面上对公益性铁路进行界定。2006 年推出的《农村公路建设管理办法》规定，要推行以政府为龙头、农村社区与社会辅助参与农村公路建设投资的机制。我国公路交通的快速发展同样是通过政府的政策导向或者制度安排实现的。参考相关行业的经验，国家可在《铁路法》的修改中，明确公益性运输的界定、任务承担主体、补贴主体、补贴方式、补贴标准以及补贴范围等内容，也可制定与《铁路法》配套实行的较为灵活、政策性的单行补贴办法、条例。可根据干线铁路和支线铁路的分类，划分铁路项目规划建设的责任主体，并实行分类建设运营。发挥政府的统筹协调规划职能，通过对各级政府铁路建设的职责权利划分，明确各级政府对铁路建设和发展应负的责任，保证政府明确铁路建设的资金来源。

关于补贴的内容，借鉴国际经验，可在《铁路法》中对铁路公益性运输范围的界定如下：一是针对学生和伤残军人的优惠票价予以补贴；二是针对青藏线等公益性铁路政策性亏损部分予以补贴；三是对"绿皮车"在考虑调整 1995 年确定的运价基础上，视情况予以适当补贴。并且取消过去对化肥等支农物资的优惠政策，将其并入农业补贴中直接补给农户。对紧急救援、军运等特殊运输，将其作为政府的购买服务，不再纳入补贴的范围内。

现阶段在坚持公益性运输职能的前提下，还要调整、完善补贴机制。确立地方政府的补贴主体地位，明确划分中央政府与地方政府的责任，建立职责清晰、政策协同的分层补贴机制。可以效仿英国对补贴进行分类，一是针对干线铁路的补贴，二是对支线铁路的补贴。在补贴总额一定的前提下，优先满足基础设施的补贴。干线铁路在路网的布局中占有重要的地位，承担着较重的运输任务，政府有责任承担干线铁路的建设。对于公益性路网干线铁路，应当由中央财政资金全额投资，或将项目资本金提到 75%以上，由财政资金进行投入。支线铁路主要是为发展地方经济服务的，建议由地方政府进行投资建设，国家可鼓励沿线综合开发、多元经营，引导社会进行投资，进行市场化运作。中国铁路总公司可在管理和技术等方面给予支持。

取消原有的交叉补贴机制，实行公开的补助。对各铁路企业的年度补贴和专项补贴进行公开，让社会可以有效进行监督。通过《铁路法》的修改，确立坚持依法补贴和公开补贴的原则。还可引入竞争，通过政府购买、特许招标等方式，利用市场的竞争机制，增强补贴机制的激励性，促进成本的降低。加大中央财政预算内资金以及地方财政对铁路的投入。国家应积极落实政府对公益性铁路项目的投资责任，建议国家财政尽可能多地承担建设资金。对公益性铁路，在建设时期还可给予税收政策优惠，如减免其全部或部分税款，或按缴税比例进行返还等，政府可通过各种方式来分担铁路的建设责任。

3. 关于铁路运价的修改建议

通过制定规范性文件的形式，对政府定价、政府指导价、市场化调节价的范围、制定主体、程序、监督等做出明确规定。同时完善政府的监管，逐步减少事前的价格监管，赋予铁路运输企业更多的自主定价权；充分发挥反不正当竞争和反垄断机构的事后监管功能，进而实现多元价格监管主体之间的协调。目前铁路运价体制改革在持续推进中，既要立足于现实，又要为未来改革做好铺垫。

关于票价改革的基本方向，应以稳定铁路运输市场为目标，要逐步缩小政府定价和指导价的范围，在可竞争的领域内逐步放开对价格的管制，向市场调节价一步步靠拢；在垄断环节要加强监管，建立科学合理的监管定价调整机制。按照与公路的合理比价关系整理出铁路货运价格幅度，建立铁路货运与公路货运价格相协调的调节机制。在铁路货物运输价格和社会资本建设铁路的货物运价放开的基础上，进一步放松对国铁企业货运运价的限定，赋予国铁更大的货运运价浮动权。结合我国国情并借鉴国际运价管制方式，积极创造条件，逐步将铁路货运价格由政府指导价过渡为市场调节价，让运价制定更加灵活。优化铁路运价的分类，明确划分出中央与地方政府的铁路运价管理权，建立铁路运价分层的管理体制。取消不同性质铁路之间的客运运价管理和政策差异，对所有的铁路运输企业都做到待遇平等。同时，应该简化铁路货运的运价种类，优化铁路运价结构。

4. 关于铁路监管的修改建议

应在《铁路法》中对铁路监管机构的法律地位、职能权力、隶属关系、行为规范等进行明确。法律应保障铁路监管机构合法的监管地位及监管的权威性，为监管机构的铁路监管权行使提供法律依据，同时也要约束监管机构合法行使权力，用法律确保监管机构的独立。

要加强对铁路监管机构的监督与管理。保证专业监管机构即国家铁路局独立公正、客观地行使监管职能。监管机构的独立包含两个方面；一方面是监管机构与政府其他部门的分离；另一方面是监管部口不受监督对象的干扰。可将对监管政策的研究划拨给政府法规研究部，实现执法权与立法权的分离。从英国的经验来看，将价格监管等铁路经济性监管职能整合到交通运输部下属的独立监管机构，即国家铁路局，是监管组织架构设计的基本趋势。这样会加强铁路经济性监管机构与社会性监管机构间的有效沟通，提高决策效率。

《铁路法》还应明确对铁路监管机构的约束监督机制，以防止监督失灵。监管机构应由专业人员划分责任进行管理，并按照铁路监督规则对监督结果负责。在监督机构内部设立独立的问责机构，负责追究当事人及领导的责任，明确监督结果的具体负责人，做到有责可纠、有责必纠、独立问责。还可引进媒体、群众等第三方社会监督，让铁路监督过程公开透明，保障人民的知情权，确保铁路监督机构在法律规定范围内进行监管。

政府对铁路监管涉及面广，《铁路法》不能完全涵盖监管相关的详细规定，可拟定铁路监管的主要内容，确定铁路监管的目标及框架内容。规定铁路监管机构的权力：可在法律规定范围内具体制定详细的监管条例；给企业发放铁路经营许可；对运价及市场准入进行监管，以此来提升监管效率。

针对运价监管，可配合《铁路法》制定铁路行业的价格监管法，明确运价监管的对象、方式等具体问题，给实际操作提供法律细则。还可完善铁路运价提升听证制度，对企业的成本费用、财政补贴情况等进行听证监督，约束价格垄断的形成，降低运价变动的风险。

（二）健全铁路安全法规制度体系

我国铁路应当统筹推进铁路安全法规制度建设，加强顶层设计，建立科学、健全、完备的法规制度体系。一是加大立法力度，将国家对铁路行业的基本定位、发展政策纳入法律规范，明确政府对铁路行业监督管理职责和企业作为市场主体应有的权利和义务，提升整个体系的权威性，更好地依法保障社会公众利益和企业合法权益，形成与铁路发展相适应的法制环境；二是积极推进高铁安全立法，促进铁路监管部门、各级地方人民政府及相关部门、铁路运输企业等共同营造良好的高铁外部环境；三是协调各省级地方政府研究制定铁路安全管理相关地方规章，健全完善地方铁路安全法规制度体系，强化地方政府对路外安全环境治理的责任。

（三）健全配套规章及规范性文件

目前我国铁路运输安全规范主要分为三级，第一级为《铁路法》第四章铁路安全与保护及《生产安全法》等；第二级为行政法规，包括《铁路安全管理条例》《铁路交通事故应急救援和调查处理条例》等；第三级为自定的规章和规范性文件，主要是《铁路技术管理规程》《行车组织规则》《铁路行车事故救援规则》等。可知在现行三级规范下，第一、二级铁路安全法律法规较少，内容多围绕政府相关部门、铁路运输企业、社会公众的行为要求展开，但较少涉及行车标准、技术基准、安全监管具体措施部分，尤其是近年来铁路步入高铁时代，路网建设、设备技术等均有实质提升，这些变化要求均较少在法律法规中体现。第三级的规章层面多数效力低且适用范围有限，在无法律与行政法规进行指导规范的领域，其存在也就缺少母法依据。此外，还存在无法满足现代化发展需求和部分内容重叠、矛盾的情况。

从我国实际出发，应着重完善规章制度管理，健全配套规章及规范性文件。可从以下几个角度进行完善：

（1）把控《铁路法》《铁路安全管理条例》等法律法规的修订和审议工作，在以上综合性法律法规中巧设政企安保义务、行车标准、安全监管措施、安全信息公开等相关内容条款，发挥基本法的功能，对下设规章制度起到有效指导和限制的作用。

（2）严格规章审查制度。我国应加强规章审查，进一步明确规章制度等文件的审查主体、审查时间、审查程序及处理办法，有效落实规章审查工作。对于现有规章，加强规章管理工作检查力度，以三季度或年度形式进行全面检查，促进规章调研整改工作。

（3）建立统一规范的规章制度体系。现行规章制度存在数量较多、内容广泛、时效性相对较差等情况，以行车标准为例，我国仅各基层站段制定《车站行车工作细则》来规定行车标准，但由于各地方程序操作不同，部分地方仅依据上级要求作框架性规定，部分地方则规定过细导致缺乏可行性，无法建立统一的行车管理标准，为行车安全带来隐患。针对类似情况，在制定规章的过程中，应减少笼统、抽象、宣示性条款，避免模棱两可、缺乏可执行性的条款，避免重复上位法的做法，条文内容应具体化兼具可操作性。分系统、分层次建立规章制度管理办法，在各系统、各层次制定明确、具体、细化的规章制度，确保执行落实到岗。尤其在安全技术领域，应结合新设备、新技术、新工艺对铁路提出的要求，以《技规》《行规》《站细》《段细》等相关作业规程为核心，在铁路局集团公司、站段间分别建立规章制度信息库，强化信息共享，逐步使规章内容统一化。

综上，铁路相关部门需根据铁路运输的发展状况及时跟进修订相关法律法规，围绕铁路运输安全的重点，采取必要措施，预防铁路法规规章过繁、过杂、相互抵触或难以执行的矛盾。同时，保证各层面的规章制度、技术文件、安全管理体制科学严密、统一规范、动态优化、具体可行，以完备的法律法规及规章制度规范铁路安全的方方面面。

第三节　铁路设备管理分析

一、设备管理系统

（一）设备管理内容

设备管理应包括设备如何进入企业，到最后如何退出生产使用的全过程管理，即设备生命周期管理，主要分为4个阶段：采购、跟踪、管理、出让（设备报废），具体内容如图 5.1 所示。

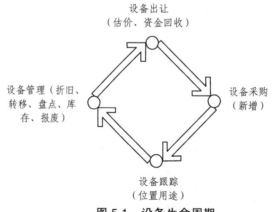

图 5.1　设备生命周期

设备管理系统涉及业务可分为：设备管理、维修管理、物资（库存）管理、采购管理。设备管理是一个周期循环的过程，各项业务间有着内在业务逻辑的关系。

1. 设备管理

设备管理能实现对设备的综合管理功能，并详细记录设备所有历史情况，方便设备管理人员进行设备分析和处理决策。主要功能要求如下：

（1）记录设备台账的基础信息：要求能记录设备台账基础信息，如设备名称、型号、类型、使用年限、折旧年限，设备和物资管理的对应关系；对于设备特性，还需进行特性参数记录，能实现设备铭牌的管理如机车的燃油储量、最大速度、标称功率等；对于设备，一些相关维修历史能进行记录，如设备事故管理，能实现对设备的折旧管理。

（2）设备体系结构管理：企业设备是由地理位置、系统和设备组成，要求有能力进行设备系统结构管理，方便维修人员在设备维护时不必进行设备编码的记忆，只要按照熟悉的设备体系结构就可快速找到设备，进行维修工作安排和记录；同时可按照设备体系结构进行维修成本的统计、维护成本的计算，方便进行设备管理成本分析。

（3）设备备件结构管理：所有设备都有其备件结构，要求库房进行相应备件储备，能建立设备备件结构，方便在维修工作安排时对备件的快速寻找（只在和该设备相关备件中进行挑选，而不是在整个备件库中去寻找）；同时在备件进行储备时，可方便知道该备件用途，以便及时、合理储存备件。

（4）设备档案管理：能实现对设备的技术资料管理、维护手册、操作手册、安装过程资料管理、设备验收资料管理、安全文件管理和相关图形、影视文档、设备购买合同等；同时可对设备维修过程中的一些记录文件进行管理，方便维修时直接查询这些文件，找到所需信息，快速解决问题。

（5）设备历史管理：设备所有操作、维修历史都可在设备管理中直接查询，方便设备维修分析、故障分析、移动跟踪、设备处理或者报废时提供全面评估信息。清楚设备历史维修成本结构、成本趋势，方便决定设备最终处理决策；了解设备及设备类型的整体状况，能对设备及类型进行完好率计算，知道设备目前性能状况；能计算设备故障率，了解设备运行状况，决定维修策略；能计算设备利用率，知道企业资金投入的有效产出。

（6）设备的仪表读数管理：有些设备是通过检测进行设备性能跟踪，同时对于这些仪表读数，可根据需要进行设备维修技术的工作触发。

（7）设备的保修管理：要求记录设备保修信息，记录详细保险条款，紧急维修中的设备如在保险中进行维修提示，记录在保修下的维修成本，进行索赔管理，记录设备保修索赔历史。

2. 维修管理

维修管理要求能实现对设备多种维修方式的管理支持，如紧急维修、计划维修、预防性维修、预测性维修、状态检查；对于大型维修活动如大修、技术改造、安装等能按照项目进行管理。主要要求如下：

（1）维修基础管理：维修的工作分类、项目分类；建立企业内部部门信息，方便后期维修工作管理，设备责任到部门；能对维修人员在技术技能上进行分类，通过对维修技术工作人员需求情况进行分析，建立以后合理人力需求结构；维修人员管理，可建立员工详细个人记录、工作记录及详细资料，包括工资、工种、培训等信息，方便资格认证的查询，可按员工、班组或按设备类别统计人力资源和人力成本，能对员工休假进行记录。

（2）紧急故障维修处理：能对紧急故障提出申请，在申请中能准确记录故障地点、时间、发现人、该故障的负责部门，方便维修工作处理；能对紧急维修申请进行审核，判断申请的合理性；能对故障维修进行维修分析，判断故障原因并进行解决方法的积累，逐步提高维修管理水平。

（3）计划维修管理：能对计划维修工作进行管理，计划工作包括定修管理、日常维护管理、润滑管理、状态检修管理、点检管理，并对这些维修工作进行详细工作记录和成本记录。

（4）项目维修：对于企业内部的设备大修、项修、技术改造、安装项目进行管理，能对项目中的维修活动按照工单进行安排。

（5）故障分析体系管理：能对一种设备类型的故障建立专家分析系统，通过对设备故障的积累，建立设备故障信息，针对该故障从表现到问题本质原因积累，最后形成解决这种问题的方法，方便以后进行维修故障快速查询，节约维修时间，保证设备正常工作时间。

（6）维修标准体系的管理：针对维修知识的不断积累，对维修记录进行分析，建立企业对固定缺陷的解决方法，对固定维修工作的执行步骤、物资需求建立标准，对维修设备的安全操作规范、同种设备类型的标准维修策略、对维修项目的标准执行过程。这样可提高工作效率和维修水平，增加维修安全系数，降低企业维修成本。

3. 物资管理

物资管理能实现对库房的基本业务管理，同时提供业务分析功能，不断提高库存管理水平。具体要求如下：

（1）物资基础管理：物资基础信息管理，如物资编码、名称、物资分类、规格型号、保险、危险程度、存货计价方式、库存方式、仓库、货位、计量单位、备件技术资料等相关基础信息管理；备件替换件管理，能将功效相通的备件相互关联，方便在备件短缺时快速找到备用方法。

（2）物资业务管理：物资发放管理，是针对工单领料、领料单领料、借料单领料、批准的外售单进行物资发放，确认发放对象和数量，并记录交易记录；物资退库管理，是当工单计划制订不准确或其他原因造成领用备件未使用完时，退回剩余物料，有效控制成本；移库管理，是根据物资管理需要，在厂内仓库间调拨；盘点管理，是对仓库进行库存数量和实际数量的核对管理，所有库存业务信息都会被详细记录，如备件数量、种类、价格、交易人、时间，以供库存分析。

4. 采购管理

提供对库存补充或工程直接购买的采购业务功能，如采购申请、订单、接收等业务，具体内容如下：

（1）采购基础管理是采购基础信息管理，如供应商信息、采购条款、运输条款、合同条款、验收条款的管理。

（2）采购业务管理：采购申请管理，是对使用部门提出物资需求计划形成的采购申请进行审批的过程管理；询价管理，是按照需求建立询价清单对不同供应商进行询价，对反馈回来的询价进行比价，确定最终采购供应商的过程；采购订单管理，是对确定需要采购的活动进行采购管理，确定采购订单数量、采购运费、费用计算以及采购遵守的合同条款；合同管理，是和供应商签订合作协议；到货验收，是管理备件的接货、验收、入库的过程，当采购的备件到仓库后，仓库保管对物资的数量进行确定，接收需要检验的物资要经过验收小组来进行验收确认，并进行验收记录；发票管理，是采购物资入库发票的管理；退货管理，是采购备件入库后，由于产品质量等原因，经与供应商协商，退回向其购买的备件。

（二）目前企业设备管理存在的问题

从目前铁路部门情况看，由于传统设备维护观念和手工作业手段的束缚，使得目前的设备维护管理面临以下困难和需求：

（1）设备管理部门缺乏专业应用系统软件开发的必要技术条件和系统性，对国际先进的设备维护管理思想与方法缺乏有效及时的跟踪渠道，造成管理功能缺陷、数据不能共享和技术可扩展性差，因此已无法适应目前企业大量先进技术装备和其他资产的维护管理需求，一定程度上阻碍了企业设备维护管理工作向更高层次发展，从而让企业有关部门的业务管理工作效率、科学合理的规范作业管理流程以及更新员工的业务工作技能等方面受到制约。

（2）缺乏先进高效的维护计划编制、反馈和控制手段。年度维护计划的准确性和预见性较弱，月度维护计划的执行缺乏监控与有效合理的反馈工具，造成上情下达不准确、欠力度，下情上达不及时、无规范，使得维护计划无法获得满意的执行效果，也无法对计划执行情况进行科学的定量比较分析。

（3）备品备件的分级库存管理是传统管理和手工作业方式的不得已的对策，随着生产规模的不断扩大和生产技术装备的不断更新，给企业造成事实上的库存管理失控和资源的极大浪费。

（4）缺乏有效的定量化管理工具，无法实现备品备件库存结构的合理化，以及备件和设备维修的关系没有完整定义。

（5）缺乏对设备及其备品备件的基础数据的统一规范的管理和控制，如编码规则不规范、不统一。

（6）设备维护有关部门对设备维护重要性的认识与现代化管理的要求之间存在一定的差距，或对现代设备维护管理思想缺乏足够的了解。如维护计划经常得不到很好的执行，常常是坏了再修、坏了才修；没有理解和充分应用多种维护管理模式。

（三）铁路设备管理的完善

1. 加强设备管理意识

设备管理是一个企业重要的基础管理工作，主要包括对设备的规划、选购、安装调试、使用保养、维修、改造与更新，直至报废，实行设备的全过程管理，是对设备全过程的一生管理。只把工装的配备、设备的更新改造以及设备的使用现状作为设备管理主要内容的管理思路，整天盯现场、抓现场、保现场的被动管理手段，势必造成管理人员不足，基础管理工作得不到重视，基础管理工作无人愿意去做的现象。设备管理人员应该清楚地认识到，设备管理是一个设备的全过程管理，是一个设备的一生管理，只有最基础的工作做好了、做扎实了，设备发生故障才会少，才能更好地为现场服务，设备管理工作才能正常化。特别是对于铁路企业来说，"以设备保工艺，以工艺保质量，以质量保安全"更是把设备管理提高到了举足轻重的位置，抓好设备管理工作是每一个铁路企业面临的一个重要任务。

2. 注重设备的前期管理

设备的前期管理主要包括设备的前期规划、设备的选型购置、设备的安装调试，直至设备的校验投入使用。设备前期管理的每一个环节在设备管理中都占有重要的位置。设备的适用性、设备的质量等都将直接影响该设备的效能，影响设备的一生。

目前，在设备的前期管理工作中，只注重设备的购置、设备的安装，而对设备的前期规划、选型和设备的校验工作还缺乏足够的重视。作为设备管理人员，应该做到对企业的发展方向、企业的发展需求了如指掌，对设备的规划、选型要做到满足当前、着眼发展，要对规划项目及设备进行更多的了解和调研，确保购置设备的实用性和超前性。要尽量减少因盲目购置设备，使得设备短时间内因性能落后而被淘汰，或因设备适用性差而无法使用或其他因素导致的闲置，造成大量资产损失，给设备管理工作带来麻烦。只有抓好前期规划、调研和论证，才能减少和避免这种现象的发生。

前期管理工作中的设备校验也是比较关键的一个环节。首先是校验工作要对设备使用人员和维修人员进行培训，使设备使用人员和维修人员对一个新设备做到全面了解。对校验中发现的设备安装和质量等问题，要及时与厂家进行协调解决，使新装设备处于一个完好状态。另外，新设备的技术资料必须完整、齐全，为设备建立台账、档案，为以后设备的使用和维修提供依据。

3. 强化设备基础管理

设备基础管理的主要工作包括对新设备进行分类、编号,对设备资料管理和资产管理,对设备使用、维修进行管理,制定有效的管理制度,及时掌握设备的数量、技术状态、分布情况、设备动态和设备包机人员等基本情况,完成设备的履历、设备的检修计划、设备大检查大鉴定等报表,对设备入固资、调拨、封存、报废等动态进行鉴定并办理手续,建立设备台账,确保设备各项技术指标达到要求等。

设备基础管理是设备管理中的基础，是一项比较烦琐的工作，也是一个非常重要的工作，设备的基础管理的好坏体现一个单位的设备管理水平。设备的基础管理工作应该从以下几个主要方面来做：

（1）完善设备基础管理制度。首先应制订操作性比较强的规章，并能够严格执行，要让设备管理人员、维修人员、使用人员做到有章可循。特别是铁路站段整合后，各段原来的管理模式、管理制度都不太一致，需要根据现在的实际情况，制定出一系列的设备管理规范，要做到制度统一、管理统一。特别是要考虑到异地车间管理的特殊情况，形成一个整体、完善的管理体制。

（2）加强新购设备的管理。随着客货车多次提速，对车辆的技术要求、技术标准越来越严、越来越高，工装设备也在不断更新。特别是站段整合后，规模变大了，对车辆装备投入力度加大了，使得站段每年都有大量的新购设备。因此，必须对新购设备及时进行验交、对资料进行收集，以及对人员进行培训等方面加强管理，使新设备进入站段后能够及时得到正常化的管理。如果忽视了某个环节，即使短时间内不会发生问题，但久而久之也会给设备的管理、使用和维修带来麻烦。比如：在新设备安装使用后，如未对设备的技术资料及时进行收集归档，未对设备及时进行编号入账，未对使用人、维修人进行系统的学习和培训，而仅仅是将设备安装投入使用后就不管不问，在以后的管理中，就可能发生不对设备进行检修，或发生设备故障后，由于查找不到相应的资料而无法进行维修，只能被动地依靠厂家来处理。这样既浪费时间，也浪费资金。如果新购设备管理不到位，会为以后的管理工作埋下隐患。

（3）加强设备的定置管理。要使每一个设备都有一个确定的位置，使每一个设备管理人员、使用人员、维修人员都能够清楚地知道设备所处的位置，使设备的账物相符。这看似非常简单的问题，但做起来并不容易，特别是那些移动设备更是难以管理。站段整合后，站段管理的设备急剧增多，多者几千台，其中异地车间又比较多，管理人员对异地车间的设备情况不熟悉。为充分利用资源优势，还有许多设备需要互相搬迁移位，随意性较大，造成设备比较混乱，给设备的检修、管理工作带来了许多困难。对此，加强设备定置管理工作就显现得非常重要。

如果设备都有其相应的位置，设备的每一次搬迁都必须经过相关部门同意并办理相应手续后，并对设备定置情况进行及时调整，使每个设备的动态都能够及时掌握，使各级设备管理人员都能够确切地了解到设备的状况、状态。把设备的定置管理工作做好，可为设备的检修、设备的管理提供可靠的依据和保证。

（4）加强设备的履历、台账管理。设备履历簿是铁路车辆部门的基本统计资料和研究、改进、增强单位能力的主要技术资料。基层站段应该对设备履历的填报高度重视，不断提高填报质量，建立完整有效的设备台账，合理地编制下达设备的检修计划，及时做好设备动态管理和记录，做好设备台账报表管理工作，做好设备的基础管理工作，确保设备的技术状态良好。

（5）加强设备鉴定和评定工作。一年一次的设备鉴定和评定工作是设备管理中一项长期的工作，也是一项体现设备维修队伍水平的工作。站段整合以后，由于管理范围大、设备数量多，多数单位对设备鉴定工作重视度不够，鉴定工作只是应付一下，做做记录，完成报表填报而已。有些单位甚至连鉴定所需的仪器都不齐全，检修人员也不懂鉴定标准和方法。设备的鉴定工作首先应制订详细的鉴定计划，对主要设备严格按照鉴定标准进行鉴定。对鉴定中发现达不到完好的设备，应及时进行整修，使其达到完好。如果一个单位每年都能够认认真真地做好设备鉴定工作，平常设备的故障率一定会大大降低。

（6）设备的报废管理是设备基础管理中的最后一项，最终实现设备的全过程管理。设备的报废需对设备按照报废标准进行鉴定，确认无使用价值后，需填报审批表，办理相应审批手续，上交报废设备，并进行销账。近几年，随着铁路货车高速发展，工装设备更新换代比较快，无使用价值的设备比较多，再加上生产力布局调整，站段整合，使许多闲置设备长期无人问津，许多设备由于技术落后而被拆除，拆除设备无处可放，甚至丢失，造成设备混乱、账物不符、利用率低下、资产损失现象较为严重。加强闲置设备管理和报废，可有效解决和利用闲置设备，也是体现一个单位设备管理水平好坏的重要环节。

4. 抓好设备的保养维修

设备的保养和维修是设备管理工作中的一项重要内容。只有做好设备的保养和维修工作，才能保证设备良好的技术状态，才能更好地为现场服务。

抓好设备的使用和保养，必须从设备使用人员抓起。使用人员应该熟悉设备的基本性能，熟知设备的操作规程，能够熟练操作设备，能够处理设备的一般故障。作业前，要对设备进行全面检查和润滑。作业中，要严格按照说明书和操作规程作业。完工后，要对设备进行清理、清扫和维护。另外，要定期对设备进行全面检查和保养，发现问题及时处理。单位也应重视设备使用保养管理，督促并提高使用人员的设备保养意识，不能只重生产、轻管理，只重运用、轻保养，要形成一个重视设备保养的良好氛围。

抓好设备的维修，同样也应从维修人员抓起。要不断提高设备维修人员的技术业务水平。特别是随着铁路的高速发展，铁路工装设备的技术含量逐步在提高，微控设备已占据了半壁江山。科技含量的提高也要求设备维修队伍的素质必须提高。目前多数铁路企业还缺乏既具有丰富的现场经验，又具备广博的业务知识和现代化知识的高水平的维修人才。培养设备维修队伍的后备人员，应该受到一个企业设备管理人员的高度重视。其次，要抓好设备的检修，要对主要设备的主要部位、关键环节以及设备不良部位定期进行状态检修，要能够通过检修去排除一些设备隐患，要通过设备检修来保证设备的质量，从而减少设备的临时故障。目前一些企业忽视了设备检修，对检修质量把关不严，一味拼设备，造成整天忙于处理临时故障，没有时间和精力去对设备进行检修，形成越不检修，临时故障越多，又越没有时间去检修的恶性循环。只有认真组织和开展设备状态维修，抓好设备检修的质量，才能摆脱目前的状况，形成一个适应铁路改革发展的设备维修体制。

5. 完善设备管理激励机制

目前铁路企业设备管理工作还缺乏有效的激励机制。特别是站段整合后，各单位设备管理力量还比较薄弱，现场设备使用人员、维修人员工作量大、待遇低，无法调动其工作积极性和创造性。因此，完善设备管理激励机制显现得至关重要。加强设备管理的激励机制，对设备管、用、养、修进行约束，对其行为进行规范，组织开展检查，对表现好的要进行奖励，对差的要进行考核，有效地提高设备各级人员的积极性，提高设备的管理工作。有些铁路企业开展的季度检查评比制度和红旗设备评比制度等都是比较好的管理手段。

6. 做好设备信息化管理

为适应车辆部门管理机制不断创新的需要，特别是生产力布局调整后异地车间的增多，设备管理必须改变以往落后的管理方式，开展设备信息化、科学化管理，满足铁路跨越式发展的总体要求。

开展设备信息化管理，充分发挥网络优势，弥补管理人员的不足，实现对设备台账管理、新购设备管理、设备保养和维修管理、设备履历管理、设备人员管理、设备报表管理以及设备故障管理等的设备综合化管理，实现资源共享、远程监控。通过先进的网络技术、先进的管理手段，实现对异地设备和设备管理远程监控，改变以往依靠人工掌握设备状况、依靠手工统计报表和数据的落后的管理手段，更好、更全面地掌握设备的技术状态和信息，实现设备全过程现代化管理。

二、铁路设备管理系统

铁路设备管理系统随着我国经济的快速发展也得到了各方的重视。目前，我国对于交通运输的需求在不断增加，铁路作为重要的运输方式也得到了迅猛的发展，满足了我国民众生产生活的需求。但是，铁路设备的种类和数量得到不断增加，铁路设备管理难度不断增大。因此，运用信息化的铁路设备管理系统是现实社会的必然要求，实施铁路设备管理系统能够极大减轻设备管理人员的工作量，提高设备管理效率。实现铁路设备管理信息化，能够提高设备管理的科学性和有效性。

（一）铁路设备管理系统应用情况

1. 铁路设备管理系统介绍

铁路设备管理系统是一种信息管理系统，注重信息化管理建设，通过数据收集方式对设备的信息、运行状态、维修检查等进行及时更新，根据铁路企业的具体要求标准，实现设备的维护、维修、保养、采购、报废等计划的制定，对设备全生命周期进行信息化管理，保证设备处于安全工作状态。铁路设备管理系统的实施是为了充分发挥铁路设备的效能，实现铁路设备优化配置。铁路设备管理系统的优势在于能够将每件工作责任到人，减少重复无用的工作，提高铁路设备效率，保证设备随时投入生产，提高生产经营效率。

2. 铁路设备管理系统功能

设备管理系统是一个具有系统性的程序，因为涉及内容较多，需要遵循不同设备管理内容。设备管理可以分为四个方面，即采购管理、库存管理、应用管理、维护管理。

（1）采购管理。铁路设备管理系统首要的环节就是采购管理，对设备性能和应用都有重要影响。如果采购部门采购的设备质量较差，则会对设备的使用效果和寿命造成损害，不仅给企业带来经济损失，还会降低铁路运输安全性和可靠性。因此，铁路企业都很重视设备采购环节的管理，选择有实力和信誉的供应商。采购管理依据铁路企业的设备申请情况，确定企业实际需求。采购管理还能全方位反映设备基础信息。采购完成后，库存部门与系统进行交接，对设备质量和数量进行检查。

（2）库存管理。库存管理相当于一个中转站，也起到很重要的作用。库存管理根据设备的属性，对设备进行分类管理，对设备的应用情况进行分析，为采购部门的采购计划提供数据支持，减少企业库存压力，提高铁路企业资金配置效率。设备库存管理主要内容包括对设备种类、数量、型号进行记录，并根据日期、类型进行合理分类；同时还负责物资发放工作，明确库存数量，防止设备的遗失遗漏，保障铁路企业设备利益。

（3）应用管理。设备的应用管理是铁路设备管理系统的主要内容，是对设备应用过程信息的集合，对部门决策和设备分析都有重要影响。设备应用管理的主要内容分为以下两个方面：

一是设备基本信息的记录，主要包括设备型号、类型、名称、使用年限等，同时对设备运行参数进行记录。

二是对设备在运行过程中出现的故障或维修情况进行记录和管理，并根据汇总的数据对使用性能和寿命进行分析。为了使设备运行更加科学和规范，必须要加强设备应用管理力度，制定完善的设备管理制度。管理人员才能够充分掌握设备的运行情况，对于设备的维护重点进行了解，提高设备管理效率。

（4）设备的维护和维修管理。设备的维护和维修关系到设备运行状态，对于设备的安全性和稳定性都有影响。设备管理系统在维修方面能够跟踪设备状态，合理制定维修计划，有效减少铁路设备损耗，减少事故发生。在设备维修维护过程中，管理人员根据事先在设备管理系统中的计划进行检修工作，设备管理系统会把相关信息记录在系统中，方便管理员的查询与检查。

（二）铁路设备管理系统优势

铁路设备管理系统的优势可以从以下三方面来展现：

（1）系统开发技术可行。目前，铁路设备管理系统应用技术比较成熟，开发语言基本使用 Java。Java 语言简单易用，方便维护，使开发更为方便和安全。

（2）系统开发经济性优势。我国铁路技术发展已经十分广泛，具备了较高的技术水平和经济条件，铁路管理信息化系统的开发在此基础上能得到更好的开发条件，铁路设备管理系统开发成本一般在企业承受范围内，设备管理系统的应用能在一定程度上减少设备管理的损耗和投资，进而提高了设备利用率，能创造更多的收益。

（3）系统的可操作性优势。铁路设备管理系统界面简洁、操作方便，即使不是技术人员也能够进行操作管理，并且会给系统配备使用说明书，使工作人员经过简单培训即可上岗。

三、设备维修

随着铁路跨越式发展步伐的加快，随着全路更高技术水平提速战略的实施，目前铁路设备维修水平与现场实际需要之间的差距问题已经显得日益突出。如何对现有的设备维修工作进行改革，实现有突破意义上的创新，缩小上述差距，甚至使设备维修管理适当超前于现场实际需求，让先进的维修管理模式引领设备质量的提高，将是新的历史形势下急需研究解决的一个重要问题。

（一）设备维修存在的主要问题

1. 设备制造水平不高，造成出现"积压式"的设备维修状况

由于各种原因生产厂家很少真正承担起因设备质量问题引发的维修责任，大量设备隐患

不得不由使用单位承担，造成了设备制造中的质量遗留问题"积压式"地交给设备使用单位。这不仅增加了使用单位正常维修工作量，也将原本属于生产厂家的设备制造成本变相转变为使用单位的设备维修成本，更重要的是使用单位被迫承担起了在技术上难以承担的维修任务，增加了确保设备正常运行的难度。

2. 中间技术力量薄弱，造成出现"铅垂线"的设备维修状况

随着新型机车设备、超常无缝钢轨、机车主体信号等新型设备的不断投入应用，特别是智能化监测、维修设备的大量引入，不仅对现行的设备维修规程带来了深刻影响，更对设备维修队伍的技术素质带来了巨大的挑战。从现场的实际情况看，由于设备维修队伍中中间技术力量相对比较薄弱，现行维修体制就像一根砌墙用的铅垂线，任何一种新设备的使用，无论其技术跨度有多大、科技含量有多高，有些甚至是工程技术人员还没搞明白的设备，就全盘交给现场来维修管理，千斤重担赌博式地压在了现场。这种过分的要求就变成了"强求"并直接导致技术设备管理的"虚位"，进而导致大量设备隐患的漏检失修，这将对运输安全构成严重威胁。

3. 生产布局不合理，造成出现"小而全"的设备维修状况

几十年来，由于设备技术含量小、生产作业效率低，特别是铁路沿线工区受交通工具的限制，铁路运输设备一直沿用的是小规模的设备维修模式，其实无论生产规模是大是小，都需要相应的工种来维修设备，这就逐渐形成了生产规模小、维修工种和维修设备相对齐全的设备维修模式。这种设备检修模式在设备技术简单、种类单一的发展初期，确实能够满足设备维修需要并能达到质量控制的目的。

然而，随着设备技术水平的不断提高，素质相对较低的维修人员和简单的维修工具已经难以满足设备的维修需要，同时管理者已经开始认识到，小规模的生产布局结构不仅造成维修设备的浪费性重复投资，更制约着技术作业质量的不断提高。

4. 技术监测水平不高，造成出现"经验修"的设备维修状况

多年以来，由于受技术监测水平不高、监测装备落后的制约，从设备制造到设备保养、设备检修等各个环节，都没有真正引进和采用监测技术，致使在运输生产现场还只能依靠经验具体判断设备是否该进行维修、设备故障到底出现在什么地方、季节性设备故障的多发部位在什么地方等。如目前机车车辆系统还在执行的段修、辅修等"定修"管理模式，在多年前列车速度慢、车流密度小的情况下，是基本能够满足实际工作需要的。但是，随着铁路提速、提效战略的不断实施，列车速度不断提高、车流密度不断加大，确保运输安全的风险变大，提高运输效率的呼声变大。如果还继续执行"经验修"设备维修模式，盲目地设定设备维修周期，一方面造成在设备还能正常工作的情况下，进行例行性维修，会严重影响设备使用效率；另一方面还会造成设备还在维修周期内，但由于缺乏正常保养致使设备带着安全隐患运转，随时都有可能发生设备故障甚至是行车事故，这将严重影响正常的运输秩序。

（二）设备维修的对策探讨

1. 推行"工厂维修"模式，解决设备使用单位处理故障难的问题

发挥生产厂家的技术优势，将厂家引入设备维修，是有效解决"积压式"设备维修弊端的重要举措。生产厂家（包括科研院所）参与现场设备维修应从以下途径实现：

（1）质量保证期内的维修。厂家必须明确设备质量保证周期，在质量保证期内发生非人为因素造成的设备故障时，应由厂家承担起故障设备的包修责任，对有重大缺陷的使用单位还有权要求厂家召回自己的产品或采取补救性措施。

（2）现场出现疑难故障时的快速维修。对于现场技术人员难以理解动作原理的高技术设备，一旦出现疑难故障且不能恢复正常使用时，生产厂家必须安排专家紧急赶赴故障现场，帮助使用单位迅速排除故障。

（3）产品寿命周期管理。生产厂家应建立产品使用档案，加强对产品投入使用后的追踪管理，对即将达到使用寿命的要及时通知使用单位提前采取处理措施，对超过寿命周期而继续坚持使用的，要言明其危害性。

2. 推行"专业维修"模式，解决现场职工处理故障难的问题

随着现场设备技术含量和技术水平的不断提高，设备技术不再像以往那样简单地涉及一门或两门科学技术知识，可能要涉及更多更复杂的科学技术知识。这就势必要求对维修分工进行细化，走专业化维修的道路，有针对性地提高维修人员的技能水平，真正做到专而精，从根本上解决现场职工面临多学科技术知识难以处理设备故障的问题。为此，可以探索从以下几个方面做好专业化维修工作：

（1）界定专业维修范围。要开展专业维修，就需要对相近的维修作业内容进行合并，对涉及技术科目不同的进行拆分，在充分考虑方便专业维修的情况下，合理对专业维修范围进行界定。

（2）建立专业维修标准。走专业化维修道路就是要提高设备维修质量。技术标准是保证专业化维修质量的关键。为此，必须建立一整套专业化维修技术作业标准，用以指导和约束专业化维修作业。

（3）建立专业维修队伍。这不仅需要在现有的职工队伍内部培养和选拔业务技术骨干作为专业维修的骨干力量，还应该大胆引进铁路急需的专业人才或技术专家，甚至可以将技术含量高的设备转交其他专业化维修水平高的单位负责维修,从而在不扩大生产规模的情况下，实现设备维修质量的快速提高。

3. 推行"集中维修"模式，解决维修设备重复投资浪费大的问题

由于开展新技术设备的检修工作需要的检修仪器和机具十分昂贵，分散配置既不现实也不经济，必须在一定的范围内集中配置，这样可以发挥人员集中、设备集中、技术集中的优势。此举既节省资金，又便于管理，是解决维修设备重复投资购置的有效办法。比如：目前的信号监测监控网络设备不局限于某一家，处理信号网络设备问题单靠一个电务段、一个检修所很难有效解决，因此需要成立一个部门来负责网络的维护和故障处理。

4. 推行"状态维修"模式，解决设备使用效率低和安全运行风险大的问题

从国外发达国家设备在线监测维修的成功实践看，由于智能化在线监测技术的广泛应用，彻底改变了过去手摸眼看、锤敲灯照、拆开检查等方式简单、效率低下的检查方式。过去较为烦琐的定期检查，变成了现在的速度快、判断准的简单快捷的检查，这为随时随地对设备技术状态进行"诊断"提供了便利条件，更为推行设备"状态维修"模式创造了技术前提。在实行设备状态维修后，设备维修工作就可以打破"定修"管理模式，依据设备的实时技术状态决定是否进行检修，避免了盲目停机检修的问题，这对提高设备使用效率、降低设备安全运行风险具有十分重要的意义。

目前，尽管我国铁路设备开始尝试着在设备的关键部位安装实时监测记录设备，但监测数据的单一性、不稳定性却是比较突出的，这就决定了在对关键部位是否进行拆卸检修的问题上，这种监测结果只能提供一定的参考，而对整机技术状态的判断更是无从谈起，这也就严重制约了"状态维修"模式的推广。为此，管理者要在设备制造环节就强化在线监测技术的引入和应用，大胆借鉴国外发达国家的成熟技术，提高国产设备的在线"诊断"能力，为推广设备状态维修创造条件。

第四节　铁路应急救援分析

一、我国铁路的应急救援

为应对铁路突发事故的发生，国家近年来出台了很多政策和管理规定，如 2013 年国务院颁布的《国家突发公共事件总体应急预案》中明确，对铁路等突发事故，铁路应急管理部门要完善相关工作程序和方法，建立健全的协同应急管理。2015 年又相继出台了《铁路突发事故应急救援和处置条例》《高速铁路突发事件应急预案》《铁路交通事故应急救援规则》，对铁路应急管理的建立和实施予以明确的规定，相关政策和文件的密集出台，表明了国家对铁路突发事故的高度重视。而铁路作为我国重要的货运交通工具和大众化的客运交通工具，其突发事故造成的危害要大于公路、水运等交通运输方式。

二、我国铁路应急管理存在的问题

本部分主要从应急管理理论提出的突发事件预防预警、应急准备、应急响应等阶段对我国铁路应急管理中存在的问题进行分析。

（一）预防预警阶段

我国铁路应急管理预防预警阶段存在的问题主要表现在缺乏持续全面的风险评估工作。在应急管理过程中，预防工作是一个重要的、长期的过程。铁路运输生产包含车、机、工、电、辆多个部门，包括众多设备，任何一个设备的状态变化都会带来新的风险，所以必须持续做好风险评估和预先控制工作，预见所有可能发生的突发事件和不可规避的风险，只有这样才能进行充足的有针对性的准备和正确高效的响应。

例如，受持续强降雨影响，嫩江上游曾发生 30 年一遇的大洪水，嫩江中下游、松花江干流发生 10 年一遇的较大洪水，黑龙江干流发生 1987 年以来最大洪水。洪水导致黑龙江省内黑河、大兴安岭、北安等多地的铁路被冲毁，导致铁路运行受阻，多列列车停运，运行秩序混乱，火车站滞留大批旅客。绥化、牡丹江等地区还发生列车脱轨事故，严重威胁旅客的生命安全，这在一定程度上暴露了铁路应急管理中存在的一些问题，这些问题一部分反应在铁路缺乏持续、全面的风险评估工作。

（二）应急准备阶段

我国铁路应急准备阶段主要存在的问题是应急准备不力，既包括应急资源的准备不力，也包括应急预案准备不力以及应急组织体系的准备不力，这主要表现为以下几个方面：

（1）一方面是目前我国铁路注重事后的处理，突发事件发生后才启动应急预案，成立应急管理机构，而在事件发生前的应急准备做得不充分。

（2）另一方面是铁路传统突发事件的物资、设备等应急保障不力，例如一些地方的冰冻灾害造成的大规模旅客滞留，在一定程度上是由于铁路内燃机车储备不力造成的。

（3）应急预案缺乏可操作性。铁路相关部门根据事件的类别制订了一系列的应急预案，应急预案规定了突发事件的组织体系，以及各个部门之间的责任。但应急预案应该更明确各个部门间的协调关系，确立在突发事件发生时应该保护的对象和应采取的措施，明确应对突发事件时需要的应急资源等。

（4）铁路部门对新型突发事件的应急准备不力。长期以来，铁路对行车事故的救援有着一整套行之有效的规章制度、组织方法和救援方案。因此对事故灾难突发事件的处理、应急救援工作积累了一定的经验。但是对自然灾害类、突发公共卫生事件类、突发社会安全事件类公共突发事件的应急处理救援能力相对薄弱。

（5）较为缺乏完善的组织体系。过去铁路相关部门根据事件的类别分成不同的应急小组，这种分部门、分灾种的应急管理模式，表面看起来各司其职，但在群灾齐发或一因多灾的复杂局面时，缺乏统一的应急管理系统，既不能形成应对极端灾害事件的统一力量，也不能及时有效配置分散在各个部门的救灾。如果事件的性质非常清楚，并且相关部门有着清晰的处理权限和职责，事件的处理将会是非常高效的。但如果发生的事件性质不明确，而相关部门又出现了职责重叠的部分，那么事件的处理效率将会大大降低。铁路应急管理系统的构建是否合理将影响到铁路应急管理工作的具体运行情况。

（三）应急响应阶段

目前我国应急响应阶段的主要任务是应急救援指挥。该阶段存在的问题主要是：

（1）救援指挥决策所需信息不全。目前国内事故救援指挥工作主要由技术人员和领导干部依靠自身的技术和经验，参考铁路沿线工务、机务、电务、车辆以及事故救援等设备状况，进行事故分析和决策指挥。但这些相关的资料和数据大都分别存储在不同业务信息系统中，有的甚至是以图纸档案的形式存储在各个部门内，紧急情况一旦发生，查找起来较为困难，往往造成因资料不全而贻误最佳抢修时机。

（2）缺乏铁路沿线地形地貌等地理信息。铁路事故救援方案是与事故发生地点相关的，地理信息对决策方法的选择具有决定意义。它可以完全否定某一类救援方法，例如事故发生在桥梁上，则所有与起重机相关的救援方法都不能实施。铁路沿线地理信息的缺乏，导致一旦有事故发生，如果救援人员不能快速到达事故发生点了解事故现场的具体地形地貌和设备情况，救援指挥人员就无法及时做出科学合理的救援方案，只能在到达事故现场后再做出决策，这样往往也会贻误救援时机。

（3）缺乏有效的辅助决策系统。在铁路应急管理过程中决策者往往只能根据自身的经验和判断进行决策，难以保证应对方案的科学性及方案实施效果的有效性。突发事件的发生、演变，以及造成危害引发的各种各样的问题有其内在的原因和自身的规律。它们之间存在着错综复杂的逻辑关系。要想在有限的时间内做到有效地应对，将损失降到最低，就必须在信息系统的基础上建立相应的应急管理决策辅助系统。

总体来说，我国铁路应急管理体系仍有较大进步空间，现代社会突发事件呈现高度复合化的趋势，应对复合型突发事件必须以组织化、集约化、系统化的应急管理体系形态，集中各方面的资源，从应急管理体制、机制和法制等各个领域予以加强，才能奏效。

三、完善我国应急体系

1. 预防预警阶段

根据以上的分析，我国铁路应急管理在预防预警阶段应该建立长期的动态的风险评价机制。风险的评价和辨识是应急管理的基础，只有做好风险的评价工作，才能采取相应的措施减少突发事件带来的影响。加强铁路应急管理工作首先要做好风险的评价和辨识，建立一个长期的动态的实时的风险评价机制，提高应对新问题、新情况的能力。

2. 应急准备阶段

在应急准备阶段应该进行以下改进：

（1）设立应急管理常设机构。应急管理是一个长期的、持续的过程，需设立专门的应急管理常设机构，处理各种突发事件的综合协调，主要功能分为日常运作和应急响应两个方面，在日常运作中，该部门主要负责对可能引起突发事件的设备进行信息采集、分析，进行应急过程中的物资储备等，为应急响应做好准备；一旦突发事件爆发，应当随即转为应急响应程序，启动相应的预案，进行应急指挥工作。

（2）加强应急预案的可操作性。应急预案是应急管理的纲领，应急预案的内容应该包含各种突发事件应急管理全过程，一旦有突发事件发生，应能够根据应急预案迅速采取应对措施，不至于出现无法可依、仓促应对、措手不及的局面。也就是说应急预案应该是一种文字化的行动，应该具有较强的可操作性，不应该流于形式。

（3）加强对员工的培训和应急预案的演练。应急管理的能力取决于多种因素，良好的应急教育和培训会直接影响政府和个人在面临突发事件时的反应，从而影响应急管理的能力。加强对员工的培训和应急预案的演练有助于提高民众对突发事件的熟悉程度，增强员工的应急管理意识，提高员工应对突发事件的能力，从而更好地应对突发事件。

（4）应急能力评价体系。铁路应急管理能力是指对突发事件的预防预警能力，以及突发事件发生后，与铁路所相关的组织、人力、科技和资源等要素所表现出的敏感性。从而最终能够减少人员伤亡、财产损失、环境破坏以及尽快恢复正常运营状态的能力，它是与铁路运营所相关的自然要素与社会要素、硬件设施与软件环境、人力资源和体制资源、工程能力与组织能力等多方面因素所表现出来的。在应急准备阶段，应该建立科学的应急能力评价指标体系，以实现应急管理体系的持续改进。

3. 应急响应阶段

我国铁路应急响应阶段的改进思路是建立铁路应急管理辅助决策系统。该系统实现各类应急数据信息的共享，实现资源的优化调度、事件和机构的分类分级、预案评估、事件评估、预案选择、预案的动态调整等，提供相应的分析功能，为决策提供依据。

完善的应急管理体系是应急管理成败的关键，应急管理体系是指应对突发事件时的组织、制度、行为、资源等相关应急要素及要素间关系的总和。建立比较完善的应急管理体系，是实现预防预警、准备、响应、恢复等应急管理各环节中各方面快速高效、有序反应，防止突发事件的发生，或减少突发事件的负面影响的重要保障。

4. 应急恢复阶段

突发事件过去后，铁路进行恢复重建就是为了尽快使事发地基础设施得以恢复，重新创造正常的生活秩序并帮助受害者建立信心。同时应该成立相应的突发公共事件调查小组对整个事件进行总体调查，包括事件发生的具体原因、人员伤亡及财产损失情况，应急响应的整个环节是否得当，法定责任人是否按法定程序履行了其职责，采取的应急措施是否依据了一定的标准，事件的性质，事件的发生是否存在责任人等。此外，预案信息反馈主要是针对在应急管理过程中，应急恢复阶段应该及时反映的应急预案的实施情况，有助于应急准备系统进行应急预案的进一步修正。

参考文献

[1] 肖贵平．铁路运输安全管理[M]．北京：中国铁道出版社，1999．

[2] 宾任祥，等．铁路运输安全管理概论[M]．成都：西南交通大学出版社，2001．

[3] 刘勇．铁路运输安全管理与成本控制手册[M]．北京：光明日报出版社，2002．

[4] 沈斐敏．安全系统工程基础与实践[M]．北京：煤炭工业出版社，1991．

[5] 肖敏敏，等．道路交通安全工程[M]．北京：中国建筑工业出版社，2012．

[6] 廖济广，等．铁路安全系统工程[M]．长沙：湖南大学出版社，1987．

[7] 曹琦．铁路安全系统工程简明教程[M]．成都：西南交通大学出版社，1988．

[8] 王泽申．安全分析与事故预测[M]．北京：北京经济学院出版社，1990．

[9] Ebeling，Charles E．可靠性与维修性工程概论[M]．北京：清华大学出版社，2008．

[10] 黄祥瑞．可靠性工程[M]．北京：清华大学出版社，1990．

[11] BS 迪隆．人的可靠性[M]．周广涛，译．北京：宇航出版社，1991．

[12] 杜存信．道路交通事故处理办法问答[M]．北京：科学出版社，1992．

[13] 库尔曼，等．安全科学导论[M]．武汉：中国地质大学出版社，1991．

[14] 周世宁．安全科学与工程导论[M]．徐州：中国矿业大学出版社，2005．

[15] 张燕，等．施工企业安全生产管理[M]．北京：中国建筑工业出版社，1991．

[16] 黄守刚．铁路工程建设安全生产管理[M]．北京：中国铁道出版社，2011．

[17] 刘双跃．安全评价[M]．北京：冶金工业出版社，2010．

[18] 唐琤琤，等．道路交通安全评价[M]．北京：人民交通出版社，2008．

[19] 王武，等．交通行为分析与安全评价[M]．北京：北京理工大学出版社，2013．

[20] 刘铁民，等．安全评价方法应用指南[M]．北京：化学工业出版社，2005．

[21] 高秀平，等．安全管理[M]．北京：中国水利水电出版社，1998．

[22] 常占利．安全管理基本理论与技术[M]．北京：冶金工业出版社，2007．

[23] 中国建筑工程总公司．施工现场危险源辨识与风险评价实施指南[M]．北京中国建筑工业出版社，2008．

[24] 刘诗飞，等．重大危险源辨识及危害后果分析[M]．北京：化学工业出版社，2004．

[25] 程孝龙，等．智慧城市重大危险源安全监控开发设计[M]．武汉：华中科技大学出版社，2013．

[26] 连义平，等．城市轨道交通安全管理[M]．成都：西南交通大学出版社，2011．

[27] 铁道部第四勘测设计院编．高速铁路[M]．北京：中国铁道出版社，1984．

[28] 过秀成．道路交通安全学[M]．南京：东南大学出版社，2001．

[29] 贾利民，等．高速铁路安全保障技术[M]．北京：中国铁道出版社，2010．

[30] 刘卡丁.城市轨道交通系统安全保障体系研究与应用[M].北京:中国建筑工业出版社,2011.

[31] 周蔚吾.公路交通工程与安全保障技术[M].北京:知识产权出版社,2010.

[32] 林才奎.复杂地质条件下隧道施工安全保障技术[M].北京:人民交通出版社,2010.

[33] 铁道部机务局.铁路行车事故救援[M].北京:中国铁道出版社,1981.

[34] 汤震龙.美国铁路管理法[M].上海:商务印书馆,1923.

[35] 铁道部人事司.铁路管理案例[M].北京:中国铁道出版社,1999.

[36] 赵传云.铁路管理学[M].上海:商务印书馆,1934.

[37] 普尔菲勒迪斯.铁路管理与工程[M].北京:中国铁道出版社,2012.

[38] 曹钟雄.国外铁路法律法规选编[M].北京:中国铁道出版社,2003.

[39] 谭金宇.地方铁路设备及运营[M].北京:中国铁路出版社,1990.

[40] 王树模,等.工业铁路设备[M].北京:工业铁路设备,1987.

[41] 孔庆春.铁路交通事故应急救援知识读本[M].北京:中国铁道出版社,2008.

[42] 马林.铁路行车事故应急救援方法及装备[M].北京:中国铁道出版社,2013.

[43] 《危险货物运输应急救援指南》编译工作委员会.危险货物运输应急救援指南[M].北京:人民交通出版社,2010.

[44] 中国铁道企业管理协会运输委员会.铁路危险货物运输与安全[M].北京:中国铁道出版社,2011.

[45] 陈喜春.铁路危险货物运输应急管理[M].成都:西南交通大学出版社,2011.

[46] 中国铁道企业管理协会运输委员会.铁路危险货物运输事故案例[M].北京:中国铁道出版社,2009.

[47] 孙文红.铁路危险货物运输安全技术与管理[M].北京:中国铁道出版社,2012.